PHP経営叢書 日本の企業家

松下幸之助

理念を語り続けた戦略的経営者

加護野忠男
編著

PHP

PHP経営叢書「日本の企業家」シリーズ刊行にあたって

社会を変革し、歴史を創る人がいる。企業家といわれる人々もそれに類する存在である。溢れる人間的魅力が他人を惹きつけ、掲げる崇高な理念のもとに、人と資本が集まる。優れた経営戦略は、構成員の創意工夫を生かす。そうして新たな価値が創造され、事業が伸展する。社会の富も増進され、進化・発展は果てることがない。その歴史に刻まれた足跡に学ぶべきところは限りない。成功も失敗も現代のよきケーススタディである。

日本近代の扉を開いた比類なき企業家・渋沢栄一はいう。子孫に遺すべき家宝は「古人のいわゆる『善以テ宝ト為ス』ただこの一言のみである」と。けれども理想の実現に邁進した日本人企業家たちの実践知、そこにみられる「善」を「宝」となし、次代に継承するのは現代を生きる読者諸兄である。〝経営の神様〟と称された松下幸之助が説くように「人はみな光り輝くダイヤモンドの原石のようなもの」であり、個の絶えざる自己練磨の集合体が世の中であることを我々は忘れてはならない。

松下幸之助が創設したPHP研究所より、創設七〇周年を記念して刊行される本シリーズでは確かな史実、学術的研究の成果をもとに、企業家活動の軌跡を一望できるようにした。経営史・経営学の専門家が経営思想や戦略を掘り下げ、その今日的意義を考察するだけでなく、人間的側面にもアプローチしている。

各巻が、日本のよき伝統精神、よき企業家精神の継承の一助となれば、編集委員としてこれに勝る喜びはない。

二〇一六年一一月

編集委員　宮本又郎
　　　　　加護野忠男

序

これまで松下幸之助という企業家について様々な視点から議論がなされてきた。それらは経営理念に注目した議論が圧倒的に多く、筆者も何度となく論じてきた。二〇一一（平成二三）年に上梓した『松下幸之助に学ぶ経営学』（日本経済新聞出版社）でも、幸之助の経営理念を企業目的ならびに経営精神とのかかわりで論じている。

本書『松下幸之助』においても、経営理念は論じるが、これまでのそうした論述とは大きな違いがある。それは〝経営の神様〟と称された幸之助の「経営戦略」と経営理念のかかわりに焦点を合わせ、編集したところにある。第一部「詳伝」では、幸之助の時代ごとの経営戦略とそれに従う松下電器（現パナソニック、以下松下と略す）の経営行動の歴史、その根底にある経営理念や幸之助の見方・考え方を紹介するとともに、本人の重要発言、当時の経営にかかわった社内外の関係者の証言等を厳選し、できる限り要所に盛りこんだ。

第二部「論考」は、編著者である筆者が執筆を担当し、成長戦略と事業戦略の双方の視点から、幸之助の経営戦略を明らかにするとともに、その戦略がなぜ成功し、経営理念とどのように結びついていたのかについても論じるようにした。多くの場合、経営理念は経営戦略を支える役割を演じたが、経営戦略の制約条件となることもある。幸之助が「神様」といわれる理由を、そうした経営戦略面から説き明かそうとしたのが、本書の主眼であるといってもよい。

その議論の一端にここで触れてみよう。例えば戦前期の幸之助の経営戦略は、まさに「水道哲学」に表現された通りのものだった。量産につぐ量産により、製品コストを下げ、競争に勝つだけでなく、市場の拡大にも成功した。そして戦後においては、松下の製品のみを扱うショップ店での販売という独特のビジネスモデルを確立することによって競争優位を得ることができた。しかしその道程は平坦なものではなかった。戦後のビジネスモデルを支えた「共存共栄」という経営理念が偽りなきものなのか、社会から問われる時期があったのである。それは一九六四（昭和三九）年、家電業界に不況が忍び寄った時代のことである。

会長職にあって、経営危機を察知した幸之助は、卸売業を営む販売会社・代理店の社長たちを集め、三日間かけて開催した「熱海会談」の直後、営業本部長代行として現場に電撃復帰する。当時の状況からすれば、仮に業績の悪い販売会社・代理店を切り捨てる手法をとった場合、松下の経営状況はすぐによくなったのかもしれない。しかし幸之助は、そのような戦略をとらなかった。「共存共栄」という理念のもとで製販一体となって、お互いの経営を伸ばしていくという「決断」が会談の結末になされ、販売会社・代理店の自主独立性を高めるための経営戦略が実行されたのである。すなわち、現行の松下の製販分離型の事業部制という組織戦略の見直しが図られ、販売会社・代理店も含めたかたちでの再構築に取り組むことになったのである。それまでのように松下の営業部門を経由するのでなく、製造事業部と卸との直取引が推進され、やがて松下からの資本注入も行われたのである。「切り捨てる」ではなく「ともに努力して戦いましょう」という理念にもとづく組織再編・改革を幸之助は実践したことになる。

危機を突破した松下の系列のショップ店は一九八〇年代半ばまで増え続けるが、以後は大型量販店などの勢いが増して家電市場は激変する。系列の販売会社の再編・統合に果敢に取り組んだ熱海会談後の幸之助の経営行動は、その環境変化に中長期的に適応し、ソフトランディングをもたらす家電流通組織改革を戦略的に方向づける出発点になったともいえるのである。

そして筆者は、こうした議論を展開する中で、本書の副題にあるように、すぐれた戦略を実行した戦略的経営者としての「松下幸之助」を経営戦略論の枠組みをもとに論じようとしたのである。さらにいえば、幸之助の経営理念は、幸之助の価値観や使命感を表現するものであっただけでなく、経営戦略を表現する手段でもあったことを明らかにしたいと考えたのである。

あわせて、幸之助のそうした経営戦略と深い関係性を持つ経営理念だけでなく、人材育成、組織編成についても本書では考察の範囲を拡げるようにした。それは実際に、多くの企業家だけでなく、経営戦略論・組織論を専門領域とする学者にとって重大な関心事であるのだが、このような観点から、幸之助の経営を論じたものはこれまでに類がないのではないかと自負している。

なお本書の版元であるＰＨＰ研究所の創設者は松下幸之助である。創設七〇周年を記念した出版シリーズの第二巻として本書は刊行されることになった。各巻は三部構成で統一されており、本巻では同社の全面的な協力を得ることになった。第一部は、同社七〇周年記念出版プロジェクト推進室の藤木英雄氏により執筆された。伝記執筆で何よりも難しいのは材料の取捨選択である。同社やパナソニックには幸之助に詳しい研究員やＯＢがおられ、すでに多くの論考も発表されている中で、改めて書き下ろすのは容易ではなかったはずだが、藤木氏は果敢に挑戦され、簡潔にして不足のない詳伝をまとめられた。同氏の勇気と尽力を讃えたい。

また第三部「人間像に迫る」も、藤木氏とＰＨＰ研究所の協力があって完成できたものである。Ⅰ章では、幸之助の戦略を生み出した決断が、どのように行われたかを考える「手がかり」を提供している。幸之助が大切にした言葉の中から、企業家としての決断・行動を支えたと思われる言葉を計一四項選び出し、その基底にある幸之助の見方・考え方が読み取れる発言・記述を同社所蔵の膨大なデータから探し出し、所収した。Ⅱ章では、幸之助の傍にいた家族三人が幸之助をどう見ていたか、その本心が読み取れる発言・記述を収録した。企業家・幸之助の「人間らしさ」を垣間見ることができよう。

〝経営の神様〟と称された企業家を新たな視点から論じる本書が、読者諸兄の日々の経営をよりよいものにする上で、よき座右の書となれることを切に望んでいる。

二〇一六年一一月

編著者　加護野忠男

松下幸之助

理念を語り続けた戦略的経営者

目次

序

第一部　詳伝

道は無限にある

事業創造を彩る折々の言葉とともに

第二部　論考

〝経営の神様〟の核心に迫る

戦略的経営者としての松下幸之助

第三部　人間像に迫る

経営とは生きた総合芸術である

企業家・松下幸之助の残影

装丁◉上野かおる

第一部
詳伝

道は無限にある

事業創造を彩る折々の言葉とともに

I　企業家・松下幸之助の登場

一商売人としての人生を歩き始める

　パナソニックの創業者として知られる松下幸之助がこの世に生を享けたのは、日清戦争の最中、一八九四（明治二七）年一一月二七日のことだった。幸之助が生まれた明治期は三度の企業勃興、すなわち会社設立ブーム期があったとされているが、日清戦争後の一八九〇年代後半は第二次勃興期にあたる。経済史家の土屋喬雄がいうように、日本の近代資本主義が「一応確立し、その軌道が敷かれた」時期でもある。[1]

　関西の地では、例えば紡績の山辺丈夫、武藤山治といった後世に名を残す雇用経営者が台頭し、松本重太郎のような多くの企業設立に手腕を発揮する企業家も活躍の場を得ていた。そして幸之助の父・政楠も、そうした時代の息吹を感じて生きた世代だった。

幸之助の生家は和歌山県の小地主階級の旧家で、農家では富裕層に属した。七人の兄姉がいて、三男末子だった幸之助は幼少期、政楠と母・とく枝に大事に育てられた。何事もなければそれなりに豊かな生活を送ることができたはずだったが、進取の気性に富む政楠が米相場にのめりこんでしまう。失敗して散財し、一家は和歌山市内に移って下駄商を営んだものの、うまくいかずに閉店、その頃には次兄、次姉、長兄を病気で次々に失ってしまう。家計は次第に苦しくなり、幸之助はみずから生活の糧を得ることを運命づけられた。

一九〇四年一一月、幸之助は九歳で尋常小学校を中途退学、とく枝に見送られ、郷里を離れ、単身大阪に向かう。最初の奉公先は宮田火鉢店だった。あまりの寂しさに涙で枕を濡らすときもあったというが、働くことは嫌ではなかった。最晩年（九一歳）にこれまでで一番嬉しかったことは何かと聞かれ、この時代の初給料として五銭白銅貨を手にしたことを挙げている。

火鉢店は三カ月ほどして店を閉め、移転することになるも、縁あって五代自転車商会（堺筋淡路町、のち内久宝寺町）に奉公することが決まった。この船場界隈の奉公先で幸之助は商売のイロハを学んだ。

もちろん自転車の修繕や販売だけが仕事ではない。寒い冬の朝でも拭き掃除は欠かせなかった。冷たい水が小さな手を真っ赤にする。節倹はあたりまえで、店前を掃除して拾い得たゴミの中にも、再利用できるものがあれば捨てずに使い回すよう仕込まれた。

砂糖は甘く、塩は辛い。それは一口嘗めてみてわかる。頭で理解するのでなく、身をもって体験してこそ物事の本当の価値を知ることができる——幸之助の人生の底流に息づくこの行き方が丁稚時代に否応なく身につけられることになったのである。(2)

ところで幸之助が丁稚生活を始めた頃といえば、日本は日露戦争の只中にあった。国家の経済力を激しく消耗させる中でも、たびたびの戦果に戦意高揚がなされ、その活気を幸之助も感じ取っていた。「南山勝ったとか、二百三高地落ちたとかいって提燈行列をやった」という。(3) そうした時代に、同世代の少年たちが毎朝通学する姿を見、境遇の違いというものを感じながらも、幸之助は懸命に仕事に励んだ。奉公生活における様々な体験が「そのままぼくの人生観をかたちづくってくれたような感じが」すると述懐したこともある。(4)

丁稚奉公で培われた一商売人としての、礼を尽くした接客応対は、幸之助にとってかけがえのない財産となった。その姿勢は時々に感動を呼び、特に日本人企業家の心に強く訴えるものがあったようだ。

〝トヨタ中興の祖〟といわれた豊田英二もその一人で、専務時代に松下電器（以下、松下と略す）の工場見学に行って「頭の下がる思いをした」。というのも「玄関に着くと、関係者の方がずらりと並んで出迎えられていた。ひょっと見ると、その先頭に松下さんが立っておられた」からである。(5) おそらく英二が五〇歳代、幸之助は七〇歳前後のことである。

こうした姿勢は最重要顧客に対してだけのものではなかった。「相手が誰であろうと、別け隔てなく礼を尽くす。たとえば代理店謝恩会の宴会などでも、一見代理店の店員みたいな人が来て

従業員に感謝の意を表して

いても、その前に進んで深々と頭を下げ、お酒など注いで回っている」。それは決して仰々しいものではなく「自然と心が現われるお辞儀」で「とても真似ができない」ものだったと語ったのは、松下の三代目社長になった山下俊彦である[6]。

しかも幸之助は、得意先でなく、従業員に対しても深く頭を下げ、謝意を表することもあった。少年期に運命づけられた不幸が、結果として、幸之助の企業家人生に豊かな潤いをもたらすことになったのである。その生涯をこれから辿っていく。

幸吉と呼ばれた少年の才分

幸之助は、主人の五代音吉に幸吉と呼ばれ、五代夫婦にかわいがられたようだ。仲間うちでは幸吉とんである。音吉には、青年期に失明をしながらも、按摩から身をおこし、土地家屋の周旋等に才を見出し、事業家として成功した兄がいた。大阪に最初の盲唖学校を創立した五代五兵衛である。そこに、幸之助の父も一九〇二（明治三五）年から職を得ていた。

五兵衛は音吉の店に寄ることがあったので、幸之助はいろいろとためになる話を聞かされた。五兵衛には対象物件の中に入ればその値打ちを見極める力があり、それゆえ顧客の信頼を得、成功することができたのだと幸之助はいう(7)。

後年、従業員に対し、この五兵衛の話をしながら、われわれも工場の作業場に入ったらそこに響く雑音がはたして正しい雑音かどうか、キチッと仕事ができている雑音か、不良品ができている雑音ではないか、そうしたことがただちにわからないようではいけないと説いたこともあった(8)。五兵衛との出会いは、確かに幸之助の記憶に深く刻まれていたのである。

幸之助はどんどん仕事を覚えた。時々にその勤勉さと利発さ、正義感の強さが発揮された。同僚が店の品物を着服していたことが発覚した時、彼を罰しなければ自分は辞めるといって主人を困らせ、結局その意見が通ったことがあった。この公正さを求める姿勢は後年まで貫かれ、経営者は常に何が正しいかという視点のもとに判断を下さなければならないという揺るぎない経営哲学を確立している。

また自転車の初受注の際に、顧客に言われるがまま一割引を約束してしまい、主人に叱られた挙句、再交渉を指示され、泣き出してしまったというような微笑ましい逸話も伝えられている。

電気の仕事を通じて学び得たこと

一九〇六(明治三九)年、父がこの世を去り、幸之助は松下家の戸主となった。奉公生活は続いていたが、一〇年頃には転職を考えるようになる。父には生前「商売をもって身を立てよ」と申し渡されたことがあったが、幸之助はみずからの意志でその道を一度離れる。大阪市が「全市に電鉄を敷設し、交通網整備の計画」をたてた頃だった。「電車ができたら自転車の需要が少くなり、その将来は楽観できまい。と同時に反面、電気事業の将来は？　とここで私の心に動揺が起った。まことにすまぬがお暇をもらおう、そして転業しよう」(9)。半生伝『私の行き方 考え方』にはそう記されているが、まだ一五歳である。「あとから理屈をつければ、『これからは電気の時代だ』と直観したということになるけれども、正直な話、そのときはそんなに大げさに考えたわけではない。たまたま電車を見て、電灯会社を思いつき、奉公なら盆と正月しか休みがないが、電灯会社なら月二回休みがある、というくらいの思いであった。（中略）なんとなく仕事を変わりたいなと思っていたら、ヒョイと電車があらわれたというわけで、いわば一つの運命みたいなものであった」(10)とも述懐している。

転職を決意した幸之助は、姉・イワの伴侶、義兄の亀山長之助に大阪電灯への入社交渉を頼んだ。ところがすぐに就職できず、欠員待ちになってしまったため、義兄の勤務先、桜セメントに臨時運搬工として使ってもらうことになった。

力仕事に才を発揮することはなかったが、幸之助はこの時期にみずからの強運を確信する出来事に出遭う。作業場は埋立地にあった。行き来は船である。帰りの船で、一人の船員が足をすべらせたとき、船べりにいた幸之助は抱きこまれ、海に落ちてしまう。幸い暑い夏の日のことだった。溺れずに助かった幸之助は、後年この事件をよく語り、運の強さという目に見えないものを人物鑑定の際の重要な判断基準にするようになる。

その後、ようやく大阪電灯に職を得ることができた幸之助は、まず内線係見習工になった。屋内配線工事担当者の助手として電灯の新設・増設工事にあたり、やがて担当者に昇格する。需要家の中には有産階級の自宅、工場などもあった。この時期の体験を幸之助はよく覚えている。仕事にやりがいを感じ、新鮮な毎日を過ごす中で、幸之助は様々な訪問先を見、世相や人心の機微を覚えていった。通天閣の電灯工事、芝居小屋の芦辺劇場を映画館に改装する工事にもかかわった。寺の本堂の天井裏で配線工事もした。その時の大変さ、工事を終えて外に出たときの解放感を綴った随想もある。[11]

大阪電灯時代（下から３段目右）

幸之助が勤めた大阪電灯とはどんな会社だったか。経営史家の橘川武郎によれば、発起人に鴻池善右衛門や住友吉左衛門ら関西財界の重鎮が名を連ね、東京電灯への対抗意識から設立された民営企業であり、大阪市と一九〇六年に報償契約を交わして、市内の電灯事業の独占を保証されていたという。[12] 民有民営ではあるが、幸之助がのちに標榜するようになる「企業に社会の公器」という倫理観、公益性が世間から強く求められる事業体だったといえよう。

特許や実用新案への高い関心

仕事は順調そのものだった。持ち前の責任感の強さで、徹夜仕事も苦にせず働いた。しかしそれが身体に悪影響を及ぼしたのか、生来蒲柳の質の幸之助は微熱を伴う肺尖カタルを患ってしまう。以後、病とは切っても切れない仲になった。病とつきあい、病を味わう。そんな姿勢が自然に身についていく。

一八歳になり、学問の必要性を感じ、関西商工（夜学）に入学する。予科を修了、本科へと進むが、口述筆記の授業についていけず、中途退学した。挫折といえば挫折である。結婚は早く、一九一五（大正四）年九月だった。二〇歳のときに姉を通じて「淡路の人で高等小学校を出て、裁縫学校を卒業後、大阪にきて京町堀のある旧家に女中見習中の人」だと紹介されたのが、生涯の伴侶となる井植むめのだった。[13]

そして二一歳の時、幸之助は改良ソケットを考案する。電気設備工事の現場経験からその案は生まれた。[14]だが会社で採用してもらおうと上司の主任に見せたところ、欠点を指摘されてしまう。それから改良に没頭した幸之助は、独力で特許局へ実用新案を出願、一九一七年一月二四日に登録された。実用新案法（一九〇五年）が制定されて約一〇年後のことで、その年は二七二五件が登録されていた。特許登録になると一四四八件で、同年の欧米先進国の登録件数と比較すると歴然たる差があり、アメリカが四万一二四八件、イギリス九三四七件、イタリア四〇四〇件、ドイツ七三九九件、フランス四一〇〇件だった。[15] 明治・大正期の日本と欧米列強、特にアメリカとの工業力の差はこの特許件数でも明白だった。

幸之助は後年、松下の技術力の伸展ぶりに触れるとき、特許や実用新案といった工業所有権の出願件数の多さをよく引き合いに出した。[16] 現在のパナソニック本社内には、近代の科学技術に貢献した功労者を称え、計一一名の銅像が建てられているが、選ばれた中には発明家のエジソン、マルコーニ、平賀源内、豊田佐吉がいる。銅像を設置した一九六八（昭和四三）年、小説家の松本清張と対談したことがあったが、その際にも発明の話になった。幸之助は「街頭へ出ていってヒントを得てこい」と研究部員に言い聞かせているのだと語り、松本がその場で提案した商品企画に対して、研究部員に伝えると即座に反応している。[17] なお企業の特許マネジメントに関していえば、防衛特許に走るのも無理ないが、薄利で競争会社にも特許使用を許可するほうが望ましいというのが幸之助の基本的なスタンスだった。

発明に情熱を注ぎつつ、日々精勤していた幸之助は一九一七（大正六）年の春、検査員に最年少で昇格した。担当者の電灯とりつけを、後から検査して回り、不具合があれば手直しさせる。そんな仕事だったが、当時の工事人の目標でもあった検査員になると、行く先々で厚くもてなされたという。それはまだ「電気はこわい」ものだと認識されていた時代だからである。[18]

幸之助は検査員の仕事を要領よくこなした。しかしそのせいで余暇の時間が増え、次第に物足りない気分が増していく。しかも肺尖カタルは治る気配もない。身体は日に日に痩せていき、医者からは養生を勧められるようになるが、それが許されるはずもない。日給制の仕事だから一日休むとその分、生活に困ることになるからだ。家族にも不幸が続き、兄姉だけでなく、再婚した母・とく枝も病死している。そうした境遇の中で、どんな思いが幸之助の脳裏に浮かんでいたのだろうか。

熱意が数々の支援を呼びよせる

一九一七（大正六）年六月、幸之助は大阪電灯に辞職願を出す。ソケット製造に乗り出す決意を固めたのである。「主任さんは二回ともぼくのソケットをあかんといわれたけど、ぼくはどうしてもこれをやりたいのです。会社で採用してもらえたらけっこうですが、それがあかんとなったら、自分でひとつやってみたい。もし、これが失敗したときは、もう一ぺん会社へ帰って、今度は一切こういうことは考えんで、たとい職工に落されてもひたすら会社の仕事に精出します。一ぺんだけ自分でやってみたいと思うから、やめさしてください[19]」。

「前途の光明に身体中が奮っ[20]」た状態で独立したものの、手元の資金は退職金なども含めて一〇〇円に満たないほどだった。幸い大阪電灯時代の同僚だった林伊三郎からも借りることができ、当面は工面できそうだった。人材はというと、林に加え、同じく同僚だった森田延次郎、妻のむめの、淡路島から呼び寄せたむめのの弟・歳男と幸之助の計五人である。

ところが、主たる幸之助に肝心の技術がない。ソケットをつくる煉物の調合法を知らなかったのである。無謀というほかないが、よその煉物工場の周辺から原料のかけらを拾って分析したりしているうちに、煉物の調合法を教えてくれる人物が現れた。大阪電灯時代の同僚で、独立し、煉物工場につとめ、その製造法を学んでいたのだという。幸之助の熱意は、こうして他者からの支援を引き寄せることになったのだが、独立はそんなになまやさしいものではなかった。

原料を仕入れ、荷車で運ぶ力仕事は歳男が担当し、森田と林が売りに出た。大阪市中をかけずり回り、一〇〇個ほど売ったものの、一〇円足らずの売上である。厳しい状況が続き、とうとう資金が底をつく。むめのが質屋通いをしたのもこの頃である。大阪電灯の主任の意見が正しかったと言わざるをえない状況になった。林と森田は他に職を求めることになったが、この窮状にいたって幸之助に反対などできるはずがなかった。

僥倖が舞い降りる

「運命というものは不思議なものだと思います。人はみなそれぞれ志を立てるのですが、なかなか思い通りにいかないし、実現しにくい、けれども希望とは逆の道が自分にピッタリ合って成功する場合もある」(21)。だから、世の中のことの一パーセントぐらいしかわからないと思って、あまり一つのことをくよくよ気にせず、何ごとも結構という気持ちで日々処することが大切だと、幸之助はのちに説くようになるが、この時まだ二二歳である。窮境に思い悩まないほうが不思議な年頃だったにもかかわらず、他の仕事をやろうなどと考えずにソケットの改良に専念していたところに僥倖が舞い降りる。

一九一七（大正六）年の暮れ、扇風機の部品、碍盤一〇〇〇枚の注文がきたのである。発注元は川北電気企業社で、当時、芝浦製作所や三菱電機につぐ有力な扇風機メーカーだった。ソケットを売り歩いているときに幸之助の存在を知った問屋を通じての注文だった。流した汗は無駄にはならなかった。

幸之助いわく「食うため」に、大阪猪飼野の地で頑張っていた時代の出来事である。[22] 期限までに完納することができ、幸之助は最初の収益を得た。仕事が世間に認められたのである。以後、苦楽をともにした井植歳男は後年、幸之助のことを親しい経営者に聞かれて、こう答えている。

「わしは若いときの松下を秀才とも英才とも思わなんだ。だが、仕事に対する熱意はすごいもんだった」「体は非常に弱く、よく病気をしたし、あまり考えるので強度の不眠症にもなった。血圧もべらぼうに高かった。何回も死線を越えながら、事業に対する異常な意欲をもって五十年、五十五年一途にやってきて、その結果、ものすごい強靭な精神力の持ち主になった」。そして「知恵のある人間はたくさんできるが、あれだけ努力をする人間は今後は出ませんよ。第一そんな環境がありませんわな」とも語っている。[23]

歳男は戦後、独立して三洋電機を創業する。そして希代の企業家として名を馳せていた六五歳の頃に刊行された自著『大型社員待望論』には「苦しいこと、困難なことがいくらもあった。そんなとき私は、このスタートした頃の、資金も、経験も、設備も、技術も、信用も、すべてがゼロであったときのことをいつも思いおこした。すると、不思議に道がひらけてきたし、示唆を与えられるのであった(24)」と記されている。

独立開業のときがきた

幸之助は年明け早々、碍盤二〇〇〇枚の追加注文をもらった。改良ソケットの製造は棚上げして、碍盤の生産に集中した。初志をあきらめたわけではないが、決して頑迷にならず、現実と向き合う中で、状況が好転し始めた。まず人手が足りなくなった。場所も当然狭くなる。そこで大開町一丁目に移転して松下電気器具製作所を開設する。

一九一八(大正七)年三月七日、とうとう賽は投げられたのである。その地で碍盤のほかに製作されたのは改良アタッチメントプラグ(通称アタチン)だった。当時の一般家庭には一、二灯しか電灯がない。そこでコードを延長して離れた場所で電灯をつけるというニーズがあり、アタチンが必要とされる時代だった。幸之助が考案したアタチンは、安い費用で簡単につくることを目的にしたため、ネジ込み部分を古電球の口金で代用することにした。幸之助いわく「新製品というより、廃物利用」によって、コストダウンが実現された(25)。

価格は市場に出回る一般のものより「三割も安」く、実用新案も登録して、売り出した結果は上々で、松下の「第一声を業界に印した」ものになった(26)。また生産性向上のために、信頼できそうな人物であれば採用したばかりの職工にも秘密の仕事であることを理解させて製法を教え、仕事を任せるようにした。

当時、煉物の原料の製法は各工場とも秘密事項で、同族内で承継するのが普通だと知人に聞かされてはいたが、そもそも自身が他者に製法を教えてもらっているのである。のちに手がけることになる乾電池製造などは、国内では二〇世紀初頭（明治末期）に有力メーカーが登場し始めた業界だが、それらの工場で「乾電池製造を覚えた職工が、大正の初期から相次いで独立して家内工業として乾電池の製造を始めた」という状況がすでに生じていたという[27]。幸之助は、時代の流れに即した、合理的な選択をしたといえる。

（1）土屋喬雄［一九六七］、『続日本経営理念史』（日本経済新聞社）二一～二二ページ。同書では、明治初年からの「近代資本主義経済の育成のための殖産興業政策の時代は、大体において」、一八九四、九五年頃の日清戦争をもって「終わった」という指摘もなされている。さらに大正・昭和期までの歴史を眺望する中で把握されるところの日本資本主義の変遷と日本人企業家の経営理念の変化の関係性に研究者としての視点が向けられており、示唆に富む内容である。著者は渋沢栄一の伝記資料編纂者としても知られている。

（2）松下幸之助［一九六六］、『若さに贈る』（講談社）二三～二四ページによる。

（3）松下幸之助［一九六〇］、『仕事の夢・暮しの夢』（実業之日本社）二七ページ。

（4）PHP総合研究所編［一九九一～九三］、『松下幸之助発言集』一三巻（PHP研究所）一九二ページ。なお『松下幸之助発言集』は一九九一～一九九三年の間に計四五巻を刊行しているが、各巻引用にあたり、各章の注記における刊行年の区別は省略するものとする。

（5）豊田英二［一九八二］、「お客さんを大切にする精神」福田赳夫・堺屋太一ほか『松下幸之助全研究5　素顔に迫る　72人のエッセイ』（学習研究社）一五八〜一五九ページ。
（6）山下俊彦［一九八七］、『ぼくでも社長が務まった』（東洋経済新報社）一五六〜一五七ページ。
（7）松下幸之助［一九八三］、『折々の記』（PHP研究所）一八〜二五ページによる。
（8）前掲『松下幸之助発言集』二八巻二八九〜二九一ページによる。
（9）松下幸之助［一九六二］、『私の行き方 考え方』（実業之日本社）二九〜三〇ページ。なお本文中、特に注を付記していない記述については、主にこの半生伝と社史『松下電器五十年の略史』（松下電器産業株式会社）の記述によるようにした。
（10）松下幸之助［一九七一］、『その心意気やよし』（PHP研究所）一八五ページ。
（11）前掲『松下幸之助発言集』八巻一三〇〜一三二ページ。このときの随想は、松下の社内弘報誌『松風』一九六四年八月号に掲載された。
（12）橘川武郎［二〇〇四］、『日本電力業発展のダイナミズム』（名古屋大学出版会）四二ページ。大阪電灯は一九二三年に大阪市、大同電力に事業譲渡して解散。同書はそのあたりの推移に詳しい。
（13）前掲『私の行き方 考え方』四六ページ。
（14）松下幸之助［一九七九］、『決断の経営』（PHP研究所）二五〜二八ページによる。
（15）特許庁［一九五五］、『特許制度70年史』（社団法人発明協会）一三四、一四六〜一五〇ページ。
（16）例えば、前掲『松下幸之助発言集』三四巻収録のナショナル共栄会総会での講演（一九五六年）にて。
（17）同前一三巻三六〇〜三六一ページ。
（18）前掲『仕事の夢・暮しの夢』四一ページ。なお萩原古寿［一九二五］、『大阪電燈株式会社沿革史』（同氏）一八六〜一八七ページには「宣伝の方法として会社の門前に玻璃瓶を懸け水を盛り、之に錦魚を入れ、水中に電灯を点火して衆人の注目を見き、以て電燈の安全軽便なるを示し」たなどと記されており、電力に関する知識の普及に実物宣伝などの工夫が必要な時代だったようである。こうした宣伝方法を幸之助が知っていたかどうかは定かでないが、のちに独立開業して実物宣伝販売に取り組んだ。

(19) 同前『仕事の夢・暮しの夢』四五〜四六ページ。
(20) 前掲『私の行き方 考え方』五六〜五七ページ。
(21) 松下幸之助［一九七四］、『経営心得帖』（ＰＨＰ研究所）九一ページ。
(22) 松下幸之助［一九七四］、『社員稼業』（ＰＨＰ研究所）一九五ページ。
(23) 林辰彦［一九八五］、『実録・井植学校』（ダイヤモンドセールス編集企画）八〜九ページ。
(24) 井植歳男［一九六七］、『大型社員待望論』（文藝春秋）二一一ページ。
(25) 前掲『松下幸之助発言集』一三巻三五九ページ。
(26) 前掲『私の行き方 考え方』六六ページ。
(27) 日本乾電池工業会［一九六〇］、『日本乾電池工業史』（同会）三二ページ。

II　創業期の事業創造

二大ヒット商品により事業を拡大

　幸之助が創業した一九一〇年代とはどんな時代だったか。経営史研究で著名な宮本又郎によれば、毎年多数の会社が新設され、特に一九一四（大正三）～一八年の大戦ブーム期に乗じて設立された企業には「泡沫的」なものが多かったという。それは「大戦反動恐慌期に淘汰」されたか(1)らだが、そんな時代に松下電気器具製作所は開設されている。

　吹けば飛ぶような弱小企業が、時代の荒波に呑み込まれず、生き残ることができたのは、アタチンと二灯用差込みプラグという商品があったからだ。改良ソケットは、当初幸之助が目論んだように、電灯会社に採用されれば生きた製品だったかもしれないが、市場適合がうまくいかなかった。しかし次に開発したアタチンは、家電製品として市販される他社の既存商品があって、それに創意工夫を加えて売り出され、市場の支持を得ることができた。その次に考案した二灯用差込みプラグも、同様に市場に出回っている器具に改良を施し、製品化したものである。これも大好評だった。

アタチン、二灯用差込みプラグが成功すると、生産拡大を図るための投資が必要になってきた。職工、女工は採用した。けれども生産設備を整えなければ効率的な増産が実現できない。伸びる需要にどこまで対応できるのか。思案する幸之助のもとに差込みプラグに目をつけた吉田商店という問屋が総代理店契約を申し込んできた。

幸之助はここで交渉をする。商品供給にあたり、三〇〇〇円ほどの資金を保証金として提供してくれないか。その金で設備投資をしたい――。幸之助の提示条件を吉田は承諾、総代理店契約が結ばれた。三、四カ月のうちに、生産は月五〇〇〇個まで伸びたという。一九一八年の暮れには従業員数が二〇名を超えていた。

「値段」を真剣に考える

新しい型のものを、しかも非常に安くつくる工場である。松下は業界でそうした評価を得ていたと幸之助はいう。しかし販売面で突如、問題が生じる。「東京方面のメーカーが思い切った値下げを発表して対抗策をとったために、売上に反動をきたした。次いで取引先から値下げの交渉が吉田商店に殺到した(2)」のだ。

吉田は契約上の責任販売数を売り切れないとふんだのか、契約の解除を申し出た。幸之助はそれを受け、保証金は月賦で返済することにした。開設一年目のアクシデントである。生産は止めるわけにはいかない。ならばどうやって生産に販売を追いつかせるか。〝転んでもただでは起きない〟のが大阪商人である。

幸之助は市内にある数十軒の問屋を回り、直接取引の交渉を始めた。併せて東京方面の販売網構築のために初上京もしている。東京でも問屋を回り、交渉したが難航した。「これはいくらだ、といわれる。十五銭です。十五銭か、それは相場だな。しかし君、同じ値段なら、東京のものを買う。大阪からわざわざ買うならもっと安くなければいけない。だから十四銭にしろ、十三銭にしろ」(3)。

しかし幸之助は押し切られなかった。従業員たちの顔がポッと映ったというのである。全員で汗水たらしてつくった商品ではないか。価格はその努力の代償として決めたものであり、自分の一存で左右することなど許されない。その心意気が幸之助を支えた。

それでも商売は一回きりではなく、ずっと続く。松下は一切値引きしない。それが定着すると次第に相手にされなくなるだろう。そこで幸之助は、値段というものを最初から真剣に考え、できる限り安く、しかも安定した値段にするという姿勢に徹するようになった。その結果、「なるほど妥当な値段だ」と認めてもらえるようになった(4)。

値段に魂を添える。そういって、販売店に適正価格の価値を説いたこともある。魂とはサービスやのれんの信用のことを指す[5]。父の「商売をもって身を立てよ」という遺訓を幸之助は着実に実践し、一商売人としての実力を急速に身につけていったのである。その後、一九二〇（大正九）年から東京方面の販売は歳男（当時一七歳）を駐在させ、任せた。やがて出張所とし、宮本源太郎が駐在した。

宮本は一九二五年の春、市場に出回り始めたラジオの真空管に注目し、幸之助に販売を進言したことがあった。このとき初めて真空管を手に取った幸之助は〝いける〟と思った。そして真空管販売で一万円ほどの大金を五、六カ月で儲けた。しかし業界が次第に粗製濫造、乱売の様相を呈し始めたため、すぐに手を引いたという。この時点でラジオは松下の本業でなく、別の企業がやる事業だと幸之助は思っていたのである。しかしラジオの聴取者数は一九二〇年代後半から急速に伸び、二六年の約三五万人が二九年には約六二万人になっていた[6]。

次々に出遭う強運体験

日中は仕事に汗を流し、夕方に行水してさっぱり洗い流す。そして「われながらよく頑張ったな」と爽快な気分に浸るのがこの頃の日常だった。充実した日々の中で幸之助は次第に〝考え方〟を練磨していく。「商売というものは真剣なものである。真剣勝負と一緒だ」「商売も活動するだけそれだけの成功は得られなくてはならない。もしそうでなかったならば、それは環境でも、時節でも、運でも、何でもない。その経営の進め方に当を得ないところがある」「不景気で

もよし、好景気であればなおよし」。そうしたみずからの事業哲学を知人に語ったこともある。(7)

強運体験は相変わらず続いた。大戦反動恐慌期の一九一九（大正八）年、自転車に製品を積んで飛ばしていたその配達中に、自動車に跳ね飛ばされ、電車道に放りだされた。ちょうど走ってきた電車の急停車が間に合い、自転車は滅茶苦茶に壊れたものの、幸之助には打ち身の痛みさえなかったという。

同年暮れには、ベンチャー・キャピタリストらしき人物も近寄ってきた。電灯会社時代の知人で、資産家の息子だった。幸之助の事業に関心を持ち、自分の親戚などの資産家に資本提供させるから会社組織にしたらどうか、と提案され、幸之助は結局この申し出を受けてしまう。しかしその知人が急性肺炎にかかって急死、話は自然解消することになるのだが、「もしこの話が成立していたら、恐らく松下電器の今日はなかったのではないか」(8)と幸之助は回想している。

伸展する一九二〇年代の松下

一九一九（大正八）年から翌二〇年初めにかけて「一般産業経済界は最高潮に達し、各工場とも増産また増産の状態で、人手を得るのに相当意を用いた」。心配性の幸之助は「今日も、昨日来た人が来てくれるか」と、工場の表に立って待ち受けたという。(9)

人材確保という点で、幸之助はのちに次のように述べている。「あなたの店に何らかの魅力がなかったらいけない」「給料ということも一つの魅力でしょう。しかしそれだけではいけません。店のご主人であるあなたの知っている範囲というか、あるいはあなたが学校の先生に接する範囲というか、そういう範囲の方がたが卒業生に対して、『あそこへ君行ったらどうだ。何となく向こうのおやっさんは君、ええおやっさんだよ』というようにいわせるものを、あなた自身が持たなくてはいけません」[10]。魅力ある〝中小企業のおやじ〟であれば、おのずとよき人材は集まってくるということだろう。

一九二〇年六月、電話が架設された。「オイえらいこっちゃぞ、電話で注文がきたぞ」[11]。第一鈴の注文を聞き、幸之助は喜んだ。社章・商標を制定したのもこの年である。一九二二年には初めての工場新築を経験している。景況が厳しくなる時期だったが、幸之助の手元には資金が四五〇〇円ほどあった。それまでの約四年間で、相当の収益を得ていたことになる。新築にあたり、幸之助は考えた。銀行に資金を仰ぐほどの実績はまだない。しかし見積書の建築費は七〇〇〇円余りだ。よし、事務所と住居は後で建てて、工場だけ先に建設しよう。それで一〇〇〇円の余裕が出る。ところが建築屋の棟梁は、それは建築上不利だから、全部一緒に建ててほしいと主張する。ならばと幸之助は提案した。月賦で不足金二五〇〇円の支払いを受けてくれれば、言う通りに全部建てよう――。建築屋は幸之助と合意、家を抵当に入れることも回避できた。この新築はリスクを伴うものだったが、それにより生じる責任が即モチベーションになって、みずからのやる気を高めることにつながった。不況下の設備投資にみられる幸之助の積極主義は、その後の松下経営の伝統精神になった。

一九二三年には関東大震災が東京を襲い、その復興で家電業界は忙しくなった。東京駐在の歳男は無事だったが、得意先は大損害を受けた。歳男は被災後、帳簿などをリヤカーに積んで避難、三日目にはランニングシャツ姿で得意先のある各方面を回った。どこも焼け野原で、ともかく各店の跡地と思われるところに名刺を置いていった。やむをえず大阪に一度戻り、しばらくして上京。復興で物価高騰が進む中、売掛金は半分に割引（そのかわり現金払い）、新品は全部前《ぜん》替《がい》、つまり震災前の値段で届けることを約束し、喜ばれた。「人が困っているときこそ、当面の利害をこえて相手に便宜をはかっていくことが、あとあとに大きな信用となり、利益となって返ってくる」[12]。そんな学びを歳男と幸之助は得ることになった。

同年末、幸之助にさらに〝学び〟があった。工場を見回ると、どこもきれいに掃除してあるのだが、便所だけが掃除されていない。労働組合運動が激しい時代である。その余波で職場の和に乱れが生じても不思議ではない。言い聞かせるのが面倒になり、幸之助は直接行動に出た。みずから便所掃除を始めたのである。多くの工員は戸惑い、傍観しているだけだったが、幸之助は従業員を責めるのでなく、「常識的なことを常に教えていないことはむしろ当方の責任」[13]であると自省した。事業の伸展とともに、従業員への教育、指導精神の確立が必要とされる時期にきていたのである。

砲弾型電池式自転車ランプの開発・製造・販売

〝身を捨ててこそ浮かぶ瀬もあれ〟という古いことばは本当なのだな、とつくづく感じた⒁──砲弾型電池式自転車ランプの販売に際しての幸之助の述懐である。その自転車ランプ開発のヒントは、みずからの生活の中にあった。自転車店で奉公時代、少年レーサーとして何度か大会に出た。骨折して以降、出場にやめたが、独立してからも仕事で自転車に使った。当時、日が暮れると自転車にロウソク・ランプをつけて走る。しかしよく風に吹き消された。不便である。マッチをその都度つける。不経済である。〝火の消えない灯火があれば〟という強い願いのもと、みずから図面を引き、試作品をつくった。実用新案も出願した。

このランプの開発にかける熱意と努力は報われた。まず鍵となる各部品の調達に成功する。理想の豆球（五倍球）を製造する石塚利助、市場標準品ではないカスタマイズされた電池の製造が可能な工場も探しあてた。そうして生まれた幸之助の砲弾型ランプは、四〇～五〇時間も光り続けた。ロウソクとの経済性の比較から考えても〝きっと売れる〟と確信、一九二三（大正一二）年六月に発売を開始した。ところが案に相違して、その自信に市場の評価が伴わない。特殊電池だとスペアがなく、購入者が困るため、売りにくいと問屋は口々にいう。次に、普段なじみのない自転車屋も回ってみるが同じく評価されない。製品のストックは次第に増え、三〇〇〇～四〇〇〇個もたまってきた。

ここで妙案が生まれる。電器小売店での実物宣伝である。二個ないし三個のランプを預け、うち一個を点灯させる。その実験の結果、長時間点灯し続け、実用に適すると思ったら残りの品物を売ってもらう。信用できない、不良であるというなら、代金は支払っていただかなくて結構。そんな売り方に挑戦したのである。販売の外交員を三名雇い、大阪中を回らせた。この販売手法は大好評だったが、幸之助にとっては「この方法を採ったことは、全く松下工場の運命を賭したやりかたであった(15)」。

ところで幸之助は、砲弾型ランプの開発過程で発売前に市場の声を聞かなかったのだろうか。半生伝『私の行き方 考え方』によれば、実物を持って売り歩きながら声を聞いたことがわかる。市場に落ちているニーズが、自身の願いと一致して、それを頼りに商品開発した。ヒットするかどうか不確実なまま、開発・製造に熱中したわけだ。

こうした時に企業家ははたしてどんな心境で未来と対峙しているのか——。後年、バンク・オブ・アメリカの名経営者ルイス・ランドボルグと対談した際、幸之助はこう述べている。「経営者は学者ではないのですから、単に未来を予測するのでなく、むしろ未来を創造していくという心がまえをもつことが必要でしょうな。〝こうなるだろう〟というのでなく、〝こうあってほしい、こうあるべきだ〟というビジョンを描いて、それを経営努力によって実現させていく。いいかえれば、未来を不確実なものでなく、確実なものにしていくということです。経営者にとっての真の先見性とはそういうものではないでしょうか(16)」。

思い切った販売手法が不確実性を取り払い、幸之助は成功を引き寄せた。小売店から追加注文が入りだし、二、三ヵ月後には月二〇〇〇個も売れるようになった。問屋を通しての注文も増えてきたので、問屋との取引に切り換えた。

ある船場商人と対立した幸之助

「きびしいお得意先にどありがたい[17]」と幸之助はいう。商売を営む者なら誰もが心すべき言葉だろう。幸之助にとって厳しい、手強い得意先だったのが山本商店店主の山本武信である。この船場商人と幸之助は「始終意見の衝突を来たし、口角泡を飛ばし激論数刻に及び夜を徹したことも一再ならず[18]」の関係だった。

しかし幸之助は山本の、砲弾型電池式自転車ランプに目をつけ、大阪府下の一手販売契約を結んだ商売人としての力量を高く評価し、様々な学びを得た。そして山本商店という企業にも学ぶところがあった。支配人の木谷は徹底した主人思いで、山本と幸之助が意見の対立をきたすと間に入り、融和するよう努めた。この人物に幸之助は感心している。以心伝心の主人と支配人が切り盛りする商店はどんな逆境でも経営に致命傷を負わせることなく、際限なく伸びるという商売の鉄則を、彼らが具現していた。

また山本の顧問に加藤大観という僧がいることにも気づいた。山本は重要な商談に臨むにあたって加藤に相談する。山本は加藤を信じ切っているように幸之助にはみえた。

山本の営業力もあって、砲弾型ランプは一九二四（大正一三）年九月には、月に一万個以上も売れるようになり、他の販売代理店も喜んで扱うようになった。ところがその代理店間で諍いが起こる。山本商店に仕入れてもらった商品が大阪市内の問屋を通じて地方に流れてしまい、地方の代理店から苦情が出たのだ。

幸之助は打開策を山本と協議、山本の提案に従って、エキセルの商標で販売していた砲弾型ランプの全国の販売権を山本に譲渡した。一九二五年五月、発売三年目のことである[19]。同年末には周囲に推され、連合区会議員に立候補、当選し、社会的地位も高まる一方の幸之助だったが、商売面ではいまだ山本の剛腕にねじ伏せられていた。幸之助の商魂はますます燃え盛る。自分の方針で販売してみたい――幸之助にとって山本は越えねばならない峠であった。

ランプは一〇年、いや二〇年は売れるロングセラーであり、徐々に値下げを図っていきたいと考える幸之助。そんな長期でなく、一定期間で収支が合うように計画をたてるべきだと考える山本。根本的な見方が違う中、もはや調和は不可能と考えた幸之助は、次に考案した角型ランプにおいて、販売先を自転車店と電器店に分け、電器店ルート限定で松下が販売することを提案した。山本は渋ったが、とうとう一万円出すのなら了承すると譲歩してきた。幸之助はそれを受け、全国販売権を買い戻す。こうして角型ランプがナショナルの商標をつけた第一号の商品〝ナショナルランプ〟として一九二七年に発売されることになった[20]。

対立しつつ調和する。やがて幸之助の信念になるその行動が、いかに難しいことかを、この時期の商売で幸之助は思い知った。

自分の経営方針に沿った理想の販売に挑戦

　松下の快進撃は一九二七（昭和二）年三月からの金融恐慌ももともしなかった。松下の取引銀行だった十五銀行が倒産、当時七万〜八万円の当座預金と三万五〇〇〇円の定期預金があったが、それが支払い停止になった。その窮境にも強運が発揮される。

　それまで幸之助は一行主義だった。しかし急成長する松下に目をつけた住友銀行の西野田支店から再三勧誘されていた。何度か断っていたが、足繁く通う外交員の熱意にほだされて、同年二月に取引を始めている。二万円までは、当方の必要に応じて貸付けをしてくれるなら、取引を始めてもよいという幸之助の条件を住友がのんだからだ。その約束は恐慌後も有効だった。おかげで幸之助は資金繰りで問題を生じさせることがなかった。

　そして同年四月のことである。ナショナルランプの販売にあたり、試供品サンプル（一万個）を市場に無償提供するアイデアが浮かんだ。幸之助いわく「冒険」である。ただランプケースの中に入れる消耗品の電池を用立てしなければならない。そこで幸之助は決断する。「年内に二〇万個売ります。約束が果たせたら一万個はサービスしてほしい」と東京・岡田電気商会の岡田悌蔵社長に切り出した。確かに二〇万個を売る確約があれば、一万個のサービスも相手方にとって決して非合理な条件ではないが、当時、一流の乾電池会社だった岡田に堂々とこの協力を申し入れ、了承を取りつけたのである。[21]

　幸之助は他の宣伝手法も使った。初めての新聞広告である。〝買って安心、使って徳用、ナシヨナルランプ〟という簡潔にして明瞭なコピーがこの時に生まれた。この考案には三日を要した。正しくはそのデザインに、である。字の太さ、字と字の間隔、顧客からどう見られるか等々を寝間に持ちこんで考え続けた。

しかし幸之助は即決を貴ぶ企業家である。迅速なる決断と即時実行が松下の伝統と自負しているはずではないか。その素朴な疑問に幸之助はこう答える。即決と熟慮慎重という「両者、相矛盾した二つのものを合理的に結びつけていくということが、現実的に非常に大事[22]」であり、それができてこそ大きな成功を得ることもできるのだと。

ナショナルランプの販売結果は上々で、年内には約束の二〇万個を超え、八カ月で四七万個を売った。めったに得意先を回らなかった岡田社長が正月の二日にわざわざ下阪し、紋付羽織を着て、感謝状と乾電池一万個分の代金を持って挨拶にきたほどである。

1927年新春の幸之助
（隣は愛娘の幸子氏）

開発から販売までの経営戦略が一貫して幸之助の方針で行われた成功事例として価値ある体験だったが、このときの販売戦略転換により、幸之助は街の電器屋の実情を把握する機会も得た。どの個人商店も資金に余裕がなく、腕一本で商売をしている。だから代金踏み倒しがあるのだ。しかし対物信用、資金面で取引先を審査すれば、どの店とも取引できなくなってしまう。商売が成り立たない。だから「対物信用ではなく、対人信用でそのお店の信用を判断[23]」することにした。対人信用とは得意先の主人に対する信用のことである。

なお、当時のナショナルランプの評判と幸之助の活躍ぶりについて『日本乾電池工業史』はこう記している。「この乾電池ランプは、わが国乾電池工業の一大飛躍の基いとなった。松下の特許に苦しめられ、あるいは相争った同業者といえども、ひとしく松下の功績を認めている。屋井先蔵（乾電池の発明者）をわが国乾電池工業の始祖とするならば、松下幸之助を中興の祖と呼ぶ理由もここにある[24]」。

スーパーアイロン開発にかけた願い

はじめに願いありき――幸之助の経営の姿を示す言葉の一つだが、ナショナルランプと同時期に開発を進めたアイロンの製造・販売がまさにそれだった。一九二七（昭和二）年四月、米穀商を営んでいた友人の武久逸郎を責任者として同年一月に電熱部を新設、アイロンを開発した。スーパーの商標で発売したこのアイロンの開発期間中、幸之助は生後間もない長男の幸一を病気で失っている（同年二月）。幸之助を甥の亀山武雄ら親族が支えようと入所した。悲嘆にくれる幸之助だったが、事業熱が冷めたわけではなかった。

国産初の電気アイロンといえば芝浦製作所によるもので、一九一五（大正四）年に高価格商品（八〜一〇円）として発売され、それから一〇年以上たっていた時期に、松下では「輸入品と合わせて、年間に一〇万台近く販売されていたと推定[25]」したようだ。

このアイロンの開発・販売は、アメリカの自動車王フォードの手法が家電製品において実践されたとよくいわれる。すなわち大量生産による価格の引き下げが大量消費を創出すると幸之助は考え、挑戦したのである。フォードの伝記から学び得た「この値段であればどの階級まで買える、ということを考え」、「値段を逐次下げていって、買える階級をひろげていった」のである。この戦略を幸之助は、先の山本武信との交渉期に訴えたこともあったという[26]。

ただ幸之助はフォードの経営に影響を受けても、その行き方を鵜呑みにすることはなかった。伝記にある生産方法に感嘆すると同時に疑問も持っている。外国の進んだ知識や技術、文化を単に模倣するのでなく、吸収消化してよりよいものにつくりかえるのが日本民族の優れた特性であると晩年に説いたが、それは自身の特性でもあった[27]。

フォード哲学を吸収消化した幸之助はまずプライシングの方針を固める。学校の教師が買えるぐらいの値段にしたいと思った。その上で高級品のアイロンと変わらない品質を求めるには合理的な設計、生産、そして販売が必要だった。その難題を解決し、アイロンを大衆品にしたい。そんな理想を語る幸之助に一人の青年が共鳴した。中尾哲二郎である。

稀有の人・中尾哲二郎

中尾とはどんな人物か。幸之助の最初の印象は「絵描きの書生」だった。しかし「名利に捉われるということが少な」く「人格者としての信頼ができる」人物だと感じていたようだ[28]。中尾のほうが七歳ほど若いのに、先にこの世を去った。幸之助はお別れのときに「稀有の人」という言葉を贈っている[29]。

二人の関係の始まりは関東大震災に遡る。東京育ちの中尾は震災後、関西に出、職を探し、ようやく松下の下請工場に就職できた。しかし採用された工場主が職人タイプで、日々創意工夫を生み出す中尾は五月蠅がられた。結局折り合いが悪くなり、その腕のよさに気づいていた幸之助が引き取った。

幸之助と同様、身体が弱かったが、独自の健康法で心身を鍛え、克服した。幼少期は裕福な家庭に育ったものの、父が工場経営に失敗、父の友人の工場に丁稚奉公に出た。早くに両親を亡くし、妹一人を養った。幸之助の境遇と似通う点がある、まさに苦労人である。アイロン開発前に松下を退社したが、それはお世話になった工場の再興にあたり、東京に呼び戻されたからだ。義理堅い中尾はその工場で奮闘し、松下とも仕事上の関係が続いた。

幸之助はアイロン開発に際し、中尾に松下への復帰を要望した。電熱の仕事は素人であり、「一人では荷が重い」と返事をする実直な青年を幸之助は以後、信頼し続けた。このときは「君ならできる。必ずできる」という殺し文句で中尾の技術者魂を奮い立たせた。幸之助はさらに開発へのモチベーションを高める三つの要求を中尾に出した。現在の一流品と品質的に絶対劣らず、三割安いもので、製品において一つの新機軸を編み出すことである。それが実現できるのなら、数量は最大月産一万五〇〇〇個まで可とした。

中尾は価格二円五〇銭を当初の目標にした。開発のほとんどの仕事を、もう一人の担当者と二人でこなし、なんとか月一万台の量産で三円二〇銭というラインにこぎ着けている。各部品の調達に東京の工場も探し回ったという。[30] 中尾が仕上げた製品は幸之助の要求に応えるものだった。スーパーアイロンの完成である。この製品の性能のよさは、一九三〇（昭和五）年に商工省から国産優良品に指定されるほどだった。

首脳者は要求者たれと幸之助はいう。経営方針とは要望、要求であり、強い呼びかけを持つことが社長の仕事であり、要望を持たない社長は存在の意義がないとも訴えている。アイロン事業はこの考え方が具現されたケースだったといえる。ただしアイロン開発のために組織化した電熱部はのちに敷かれる事業部制の淵源と評されているのだが、そうであるならば、事業部制の経営は失敗から始まったことになる。アイロンの成功にもかかわらず、決算に「少なからず損害がで」たのである。[31] それが判明した時の幸之助の激しい怒りを中尾は覚えている。むめのからも「松下が仕事を始めて欠損を出したのは初めてや」と叱られ、武久は責任者を外され、中尾は工場設備の不具合まで細々と注意され、「もう辞めようか」と思わせられたほどだったという。[32]

結局、幸之助みずからが経営の立て直しを図るのだが、電熱部の任せっぱなし経営による失敗

中尾哲二郎と幸之助

が糧となり、〝任せて任せず〟という事業部制を支える事業哲学が生み出されたと考えることもできよう。

任せる。任される。それは何か。権限であり責任である。「会社の発展していく姿というものは、そこの主人公一人の責任」だと幸之助はいう。自身は「いかなる場合でも、自分一人の責任だということを考えつつ、自分で自問自答しながら事を進め」、「同じように、部の責任は部長一人の責任である、課の責任は課長一人の責任である」と従業員にも説いた[33]。責任の所在を明らかにし、間違いがあれば責任を問うのは幸之助にとって至極あたりまえのことだった。

電熱部はそれから電気コタツ、ストーブ等の開発を進めた。のちに開発した丸山型コタツで、中尾は紫綬褒章（一九五七年）を受章している。このコタツの生産では中尾ら開発陣は自信を持って、他社競合メーカーより一万〜二万台多い月産四万〜五万台の生産を提案した。しかし幸之助は、一〇万台は売れると予測、生産に発破をかけた。そのカンは的中し、従業員の幸之助に対する信頼がますます高まったのはいうまでもない。

公明正大の実践と社会的使命の遂行

幸之助は個人経営の頃から、個人と店の会計は別にした。毎月決算して社内に公開し、今月はこれだけ儲かったと従業員に話した。こうして公明正大な姿勢を打ち出すと、社内に非常に明るい感じが生まれた。[34]

ただこの個人経営の創業期は、儲けの認識において税務署と見解の相違が出、追加徴収されるような場合もあった。それは一九二二（大正一一）年頃のことで、幸之助は税金で自分の儲けがどれほど奪われるのかと心配し、眠れなくなってしまう。散々悩んだ挙句、税金に対する自分の考え方を改めるに至る。自分で働いて儲けた自分の金でなく、天下国家からの金を預かって、自分は仕事をしているのだ。だから自分の儲けは、帰結するところ天下国家のものである。そう考え、悩みを解消したという。[35]

悩みに関して幸之助には多くの発言・記述がある。悩みの中に、みずからを生かす新しい視点や知恵を生み出すところに、幸之助の企業家精神の特性を洞察することもできるのかもしれない。日々の自己観照の実践を、みずからに課すだけでなく、世の人々にも勧めたし、〝悩んでも悩まない〟〝悩みはいくら多くても、本当に悩むのは一つだけ〟といった言葉も残している。ともあれ税金の悩みを解消した幸之助だったが、それでも近代的な経営手法を取り入れるにはもう少し時間を要した。

一九二八（昭和三）年、松下は大卒所員第一号として前川信之助という人材を得た。それまで保険会社の支店長をつとめたこともあった前川は入社早々、家族主義的経営から抜け出せていなかった経営状況を見、さらなる飛躍のための経営改革を直言した。それを受けとめた幸之助は前川に、会計や総務、管理の仕事を任せるようになった[36]。前川はその後、就業規則の整備や組織体制づくりに活躍、幸之助も「個人経営の時代であった頃の古い気風をどしどしあらためて、どしどしやっていただきました」と、その功績を讃えている[37]。この〝言いだしべえ〟の前川に幸之助は仕事を任せたわけだが、その姿勢もやがて松下経営の伝統の一つになった。

同年一一月には、本店ならびに本店工場の建設にとりかかった。翌年には、買収の話がきている。経営難にあった橋本電器（ラジオ部分品の製作工場）の救済を託された幸之助は、同社を株式会社にして、その買収費を負担、借金の整理にあてさせた。松下からは亀山武雄を社長に就任させ、橋本の主人を取締役技師長に据えて、再建を果たした。

一九二〇年代、そうした経営の基礎を固めると同時に幸之助はみずからの考えを高め続けていく。「代理店のための松下電器、業界の松下電器である、松下電器は人様の預り物である、忠実に経営し、その責任を果たさなければならない」「私的から公的へ——そこに絶対の強さが生れてくる[38]」。

公的存在（公器）であるという信念に立ってこそ力強い経営が実現できるという確信を得つつあった幸之助は、毎年学校卒業生の採用を始めた一九二九年に、その信念を明文化する。最初の綱領・信条の制定である。併せて、社名を松下電器製作所に改称した。

綱領
営利と社会正義の調和に念慮し、国家産業の発達を図り、社会生活の改善と向上を期す
信条
向上発展は各員の和親協力を得るにあらざれば難し、各員自我を捨て互譲の精神をもって一致協力店務に服すること

前掲の土屋喬雄による『続日本経営理念史』では「終戦後わが国経営者の主流の間に『社会的責任の自覚と実践』なる理念がほとんど通念となるに至った」とされている。ただし「道義をバックボーンとする理念こそ正しい経営理念だとの信念を抱き、かつ主張し、実践した先駆者は、江戸時代にも、明治・大正・昭和（終戦前）時代にも決して少なくなかった」のであり、あくまで経営者の間で支配的な理念になりえなかったという意味合いにおいて、戦前・戦後の区分けがなされている。(39)この土屋の論に従えば、幸之助の掲げた経営理念はまだ支配的ではない時代だったが、綱領・信条に込めた願い・姿勢を幸之助は広告を通じて明確に社会に訴える努力もした。

よいものをより早く、より多くの人々に知ってもらうことは企業の社会的使命であると考えるようになった幸之助は、一九三〇年に〝ナショナル電気コタツについて〟と題したメッセージ広告を朝日新聞にうつのである。当時広告部員で、のちにナショナルの字体をデザインする竹岡リョウ一はこう回想する。「アメリカあたりで盛んにいわれる、コーポレート・コミュニケーショ

ンと同じ思想ですね。新製品を紹介するとともに、消費者に会社の考え方、事業のあり方を知ってもらおうと努力している。社会に向かって訴えるのだ、という意欲、熱意があった」(40)。

一九三一年には商品名を出さない新聞広告もうつようになった。その後の一九三四年、〝歳末に際して〟というメッセージを載せた広告に魅かれて、戦後に松下電工社長に弱冠三五歳で抜擢され、幸之助に経営を任された丹羽正治が入社している(41)。

松下は「物をつくる前に人をつくる」

「もう三十数年前でございます。ふとしたことから、当時の年若き社員に、お得意先に行ったらこういうことを言えと、松下電器は何を造るところかと尋ねたならば、松下電器は人を創るところでございますと、併せて商品も造っております、電気器具も造っておりますと、こういうことを申せということを言うたことがございます」。

これは一九六一(昭和三六)年に、幸之助が社内の責任者を対象に訓話した時のものであり、逆算すると、一九二〇年代後半に現場で生まれた言葉ということになる。以降、「物をつくる前に人をつくる」という言葉に凝縮され、松下社内で大切に受け継がれる伝統精神となった。

「人として成長しない人をもってして事業は成功するものではない」と感じるようになっていた日常の中でふと発した言葉なのだと幸之助はいう。さらに、そうした心意気に生きてきたことが、技術、資力、信用がまだ貧弱であったにもかかわらず、「どこよりも力強く伸展せしめた大きな原動力になっ」たと断じている。

では幸之助はどんな社員をつくりたかったのか。それは先の便所掃除の逸話につながることだが、こんな風に述べている。「社員に正しい商売人としての常識を培養する努力をしてゆくことが大切です。ところが、そのためには、まず、商売人として、また社会人として、ものの正しい価値判断ができないようなことでは困ります。ですから会社においては、あらゆる点においても正しい価値判断のできる人を養成しなければならない[42]」。

ただ多くの社員を採用するようになると、それだけ多くの個性と価値観が集まることになり、正しい価値判断もわかりにくくなる。それゆえ幸之助は指導精神の徹底により、社員を同じ方向に導きつつ、具体的な行動においては「自由自在」という風土をつくり上げることに腐心するようになった。仕事を任せるときは「きみ、どう思う?」といった具合に尋ね、その相手と意見を交わし、一致させた上で、任せるようにした[43]。

また会社が大きくなると、仕事が専門細分化し、社内の他の仕事がわからないという状況もしばしば生じる。そうなると「販売の計画をたてる人が、自分自身、販売の体験も持たずして、知識、才能だけに頼っていわゆる机上のプランをつく」るケースも出てくるかもしれない。しかし「それは生きたものとはならず、失敗する場合が多い」。だから入社後、販売店や問屋の手伝いをしながら実習することを始めた。社員が「実地の体験をつんだ臨床家」になることを理想としたのである[44]。

さらには「人の和が醸成され、衆知が生かされていく」経営を実現しようとしたが、それには「好ましい姿を生むひとつの基盤として、上意が下達しているかどうか、下意が上達しているかどうか」が決め手になると幸之助はいう。すなわち〝上意下達　下意上達〟が実現されてこそ衆知が集まり、衆知を生かす経営も実践されるというのである。(45) そうして形成された人の和は危機において真価が問われることになった。

一九二九年一〇月、世界大恐慌の余波が日本経済を大混乱させた頃、幸之助は病床にいた。半生伝『私の行き方 考え方』によれば、松下も販売が激減し、年末には倉庫が満杯で、製品の置き場がなくなるという深刻な事態に陥る。井植歳男、武久逸郎ら幹部は策を講じようと、幸之助に判断を仰ぎにいった。人員整理が当時の常套手段だが、幸之助はこう決断した。「生産は即日半減する。しかし従業員は一人も解雇してはならぬ。その方法として、工場は半日勤務として生産を半減、従業員には日給の全額を支給して減収をしないようにする。その代り店員は休日を廃して全力を挙げストック品の販売に努力すること。かくして持久戦を続けて財界の推移をみよう。さすれば資金の行詰りも来たさずに維持ができる。半日分の工賃の損失は、永い眼で見れば一時的の損失で問題ではない」。拡張を考える時期にせっかく採用した従業員を解雇することはみずからの人間大事の経営信念に動揺をきたすことになる。そう考えて決断された幸之助の打開策はよき結果をもたらした。翌年二月には倉庫に充満していた在庫は全部売り尽くされ、追加の生産まで開始されたという。(46)

幸之助のリーダーシップ、経営上の信念を示す上でよく取り上げられる経営行動だが、この行動が注目に値するのは、非常時に一丸となって打って出るだけの精神上の絆を平時に養い高めていたところにもあるはずだ。

それから一九三〇年の夏、幸之助は高級車のスチュードベーカーを自動車屋に勧められ、購入した。物を買いうるだけの資産を持つ者は、不況期こそ物を買い、消費して生産を促さなければならない、不況は人間の心の所産であると考えての行動だった。しかしその値段が高いと感じたようで、半値以下に値引きをしてもらっている。社会的意義を重視し、理想を描きつつも、絶えず合理的に行動する幸之助らしいエピソードの一つである。

無理をしない経営と積極主義

幸之助は一九二九（昭和四）年に、キーソケット事業にも進出している。同年、松下の従業員数（年間平均）は四七七人だったが、一九三一年には八八六人にまで増加している。この躍進期を支える事業の一つになったことは確かだが、配線器具は創業のきっかけになった製品分野である。遅いといえなくもない。その疑問に幸之助はこう答える。「キーソケットの必要ありとはいえ東京電気のごとき独自の値段を出すことの見込のない松下工場としては、東京電気以外のメーカー間の競争場裡に伍して、キーソケットを作ることは甚だ無理だと考えられた。キーソケットは欲しいが、無理をしてはいかん。それよりも他の種類の幾多改良、考案のし易いものに改良を施して製品を増加して行くことの方が安全且有利なりと考えた」[47]。東京電気とは、一九三九年に芝浦製作所と合併、東京芝浦電気となり、のちに東芝となった企業である。

後年、あたりまえのことをあたりまえに行うことが成功の秘訣だと幸之助は語った。それは無理をしないということであり、「あせったり、面目上にこだわったりしてはならぬ。仕事はどこまでも成り立つ基礎の上に立たねばなら」ないということである[48]。

自社（の実力）と市場に対する正確な把握、その上で今なすべきことは何かを考え、それにもとづいて行動する。誰もが納得する、そのあたりまえのことを実際に行うのは難しい。しかしその難しいことをあたりまえになす人が成功する。幸之助はそういう信念のもとに、キーソケット事業に進出できるとふんだタイミングが一九二九年だったのである。この行き方は電球製造においても貫かれている。東京電気のマツダランプが支配的地位を得ていた電球市場にいたっては一九三五年まで進出していない。

しかしここで矛盾が生じる。これまでみてきた積極主義による経営と無理をしない経営の見極め、使い分けをどうすればいいのか。その経営のコツをどう学び得たらいいのだろうか。

幸之助はある年始のお年玉として、〝経営のコツここなりと気づいた価値は百万両〟という言葉を従業員に贈ったことがある。重要な決断を誤らない。その見極め時に発揮されるのが経営のコツである。そのコツはみずから気づくしかない。気づけば百万両の価値がある。気づくかどうかは自分次第である。お互いが自分の力で早く摑み取ってほしい。そうした幸之助の心根が見えてくるようである。

真空管製造とラジオ産業の状況

一九三〇年代、松下の伸展において重要な商品となったのがラジオである。『ダイヤモンド産業全書第5　家庭電器』によれば、ラジオの聴取者は一九三一（昭和六）年に一〇〇万、三五年は二〇〇万、三七年には三〇〇万へと順調に拡大した。[49]

この市場に幸之助は乗り出す。正確にはラジオセットのメーカーとしての進出である。というのも当時のラジオのキーデバイスである真空管製造に松下は立ち遅れており、『社史資料』にも一九四三年一〇月に製造開始が記録されているぐらいで、それまで他社から仕入れていたのである。[50]そして当時の真空管市場において競争優位を得ていたのが東京電気だった。この名門企業は、明治末期にゼネラル・エレクトリック社（GE）と提携、以後飛躍を遂げている。

戦前の真空管市場を東京電気が特許マネジメントにより制したことは、平本厚、長谷川信、西村成弘ら経営史家の研究で明らかにされている。長谷川によれば、ラジオ放送が開始された一九二五年よりのちに、GEに真空管の基本特許であるラングミュア特許を譲渡されていた東京電気がとった「他社を真空管市場、とくに受信管市場に参入させないという戦略」は成功し、一九二〇年代後半に成長しつつあった真空管ビジネスの利益をおおいに享受することになったという。[51]

ただ経営史家の平本によれば、東京電気はラジオの受信機製造からは一九二七年頃に撤退してしまう。東京電気だけではない。一九二〇年代後半のラジオ用品市場の特徴として、模倣、模造や粗製濫造品の氾濫、各種製品の乱売がみられ、沖電気や日本電気といった当時の有力企業も撤退する状況が生まれたという。[52]つまりそれは、信頼できるラジオセットメーカーの登場が一九二〇年代後半の日本に待ち望まれていたことを意味するものだと考えることもできよう。

ラジオ事業に進出

ラジオセットを製造販売してほしいという多数の代理店からの松下への要望を、幸之助は受けて立った。自身がラジオをよく聞いていて、日頃から故障の多さに不満を感じていたことも動機の一つになったという。当時の松下にはラジオの専門技術者がいなかったため、まず協力企業を探し始めた。行きあたった双葉電機の北尾という人物が技術的に信頼できると思い、一九三〇（昭和五）年八月に早速合併、国道電機を設立してラジオセット生産にとりかかったが、すぐに不良品続出というアクシデントに見舞われる。

当時、ラジオは故障するものだというのが常識で、北尾の技術はその常識に従うものだった。しかし故障を許容する商品を製造し続ける以上、修理技術を持つラジオ店で販売するほかない。松下の販売店は電器店だから、彼らにラジオ店同様の修理技術を期待できるはずもない。工場が返品の山積みになる中で、幸之助は故障しないラジオセットをつくる決心を固めた。業界の常識を変えることに挑戦したのである。

幸之助はまず北尾と袂を分かち、返品の負債は受け持って国道電機を松下の直営にした。ここで、幸之助が頼りにしたのはやはり、中尾哲二郎だった。中尾はまたもや幸之助に説得され、開発に没頭する。

中尾がアイロン開発前に一度退職したことは先に触れたが、その折、幸之助は中尾のために送別会を開き、事業が思うようにいかないときは再び松下に戻ってきてほしいと伝えている。中尾が呼び戻された東京の旧主人の工場で、中尾はラジオ検波器などをつくり、松下にも売っていたから、アイロンとは違って、ラジオは全くの素人ではなかった。幸之助の要求は高いものだったが、中尾はその期待に応える。東京放送局（現ＮＨＫのＪＯＡＫ）の受信機のコンクールに応募、最後の一週間はほとんど会社に泊まり込み、前日に二台仕上げたのは一九三一年のことである。そのラジオが一等当選、ラジオの技術発展における貢献者で、東京放送局初代技師長の北村政次郎にも直接称賛された受信機は、早速「当選号」として売り出されることになった。

そしてここで、今度は幸之助の経営基本方針が試されることになる。「正当なる原価に正当なる利潤を加算した価格を以て販売するのでなければ、正しい経営ではない」「適正を欠いた価格は、それは低きに失しても高きに過ぎても共に商道からすれば罪悪であって、正しい業界の発展と延いては社会に貢献する所以のものではない」。そう強く信じ、当選号の価格を他社より高く設定していたが、それを聞いた代理店から高いという声が出、幸之助は「この機会にこそ日ごろの我が所信を発表する時だ」と考えた。そして「私が今までに得た経験から最も理想的な受信機の生産をやるには種々の要素がありますが、資金的にみて少なくとも百万円の金が要るのであります。しかし只今私の手許には百万円の資金がありません」と語り、「この値段は高いと言わずに、共存共栄、業界の堅実な発展のために御賛成願いたい」と訴えたのである。(53) ところが、当選号の売れ行きは芳しくなかった。高価格だけでなく、地方での感度の問題も要因だった。(54)

ラジオ事業がそんな試行錯誤の状況にあった頃、幸之助は企業結合において貴重な経験をしている。一九三〇年、角型ランプが販売好調のため、供給が需要に追いつかない可能性が生じた。乾電池はすべて岡田電気商会に下請け依頼していたが、その生産が間に合わなくなったのだ。

幸之助は岡田と相談、了解を得て、大阪の小森乾電池に生産を依頼した。岡田の競合会社に白羽の矢を立てたのだ。この話を小森の工場主は受けた。心強い協力者を得、常に価格の引き下げを怠らず、一般大衆の買いよさということを念頭において販売を進めた松下の事業はますます伸展した。

そして一九三一年、小森乾電池から事業を譲りたいとの申し出があり、幸之助は岡田に相談する。岡田社長はすでに亡くなっていたが、経営を取り仕切っていた未亡人に、駆けひきをせず、ありのままを話すと、快諾してくれた。このときの経営判断を幸之助は生涯、恩義に感じた。そして小森の申し出を受けた幸之助は、小森の従業員を一人として退職させることなく、工場を発展させたのだった。

（1）宮本又郎［二〇一〇］、『日本企業経営史研究』（有斐閣）一六五〜一六六ページ。同書ではこの時期の企業経営が脆弱な制度的基盤の上にあった面も指摘されている。
（2）松下幸之助［一九六二］、『私の行き方 考え方』（実業之日本社）六九ページ。
（3）松下幸之助［一九七三］、『商売心得帖』（ＰＨＰ研究所）四二ページ。
（4）同前四三ページ。
（5）松下幸之助［一九七九］、『人を活かす経営』（ＰＨＰ研究所）一六四〜一六七ページによる。
（6）中山龍次述［一九三三］、『ラヂオを語る』（社団法人日本放送協会関東支部）五〜八ページ。
（7）前掲『私の行き方 考え方』七七ページ。
（8）同前八〇ページ。
（9）同前八二ページ。当時の職場事情は後藤清一［一九七二］、『叱り叱られの記』（日本実業出版社）が詳しい。この時期に後藤は「職工の全員解雇事件」を記憶している。「各地で起こる労働争議の影響を受けたのか、松下でもそれをやろう、ということになった。もちろん、組合はなかった。古参の職工が主謀者であった」。しかし賃上げ要求ストを後藤のみが拒否し、出社した。ストライキを知った幸之助は列火のごとく怒り、「そんな者とは、将来苦楽を共にできん。一人も要らん！」といって、スト参加者が全員解雇され、この「大掃除」で工場の雰囲気が非常によくなったと後藤は回想する（同書三〇〜三一ページ）。正式な記録がなく詳細は不明だが、一九二〇年前後のことであり、二〇年といえば歩一会という親睦会組織が幸之助を加えた全従業員二八名で結成された年でもある。
（10）前掲『商売心得帖』七六〜七七ページ。
（11）前掲『私の行き方 考え方』八六ページ。
（12）井植歳男［一九八〇］、『私の履歴書　経済人７』（日本経済新聞社）二五ページ。
（13）前掲『私の行き方 考え方』一一九ページ。

(14)松下幸之助［一九七九］、『決断の経営』（PHP研究所）三四〜三五ページ。
(15)前掲『私の行き方 考え方』一〇九ページ。
(16)この対談は、「八〇年代ビジネス革命の課題」と題して『Voice』一九八〇年二月号に掲載された。司会は石山四郎。その後、PHP総合研究所編［一九九一〜九三］、『松下幸之助発言集』一六巻（PHP研究所）に収録された。
(17)松下幸之助［一九七四］、『経営心得帖』（PHP研究所）四三ページ。
(18)前掲『私の行き方 考え方』一一五ページ。
(19)同前書によれば、契約期間は三年間だった。①エキセルの商標権、新案権を三万二〇〇〇円で山本が松下から買い取る。取引値段の一円四五銭を一円三五銭とし、一〇銭引く。すなわち月額一万個として三年間で三万六〇〇〇円の割り引きをする。②ランプ、電池の製造権は松下が保持して製造供給にあたる。③月額一万個以上は製造し、山本が責任をもって販売する。④地方代理店に対してはひとまず松下の方針を踏襲する。ちなみにこの契約と同時に、山本は「三年分の代金を全部払う」といって、毎月の最低約束数一万個の代金一万三五〇〇円の手形三六枚（合計額四八万六〇〇〇円）を幸之助に渡したという。
(20)ナショナルの商標は一九二五年、売り出す二年前に出願登録された。ネーミングについては、幸之助が前掲書『私の行き方 考え方』にこう記している。いつものように新聞に目を通しているうちに「インターナショナル」の文字に不思議と惹かれた。しかし英語なので意味がわからず、辞書を見ると「国際的」とあり、「ナショナル」だけなら「国民の、全国の」という解釈である。その際、日本に売り出されていたナショナル金銭登録器の名が連想され、国民の必需品になるにはうってつけだと考え、決定したのだという。この商標に「成功の一要素が含まれていた」ともいう。
(21)岡田電気商会は一九〇六年創業。のちに日本レイ・オ・バック乾電池株式会社を米国レイ・オ・バック社との共同出資で設立、やがて東芝に吸収された。

(22) 前掲『松下幸之助発言集』二四巻一三五～一三六ページ。
(23) 前掲『商売心得帖』六七ページ。
(24) 日本乾電池工業会［一九七〇］、『日本乾電池工業史』（同会）四四ページ。
(25) 松下電器産業株式会社［一九六八］、『松下電器五十年の略史』（同社）六五ページ。
(26) 松下幸之助［一九六〇］、『仕事の夢・暮しの夢』（実業之日本社）九二ページ。
(27) 同前九五～九六ページで「フォードの方だって一〇〇台売れるものが八〇台しか売れんことになる。あとの二〇台は倉庫に積まなければならんということも、競争の結果起るかもしれない。そこで、うちの自動車は八〇台しか売れないというので、七九の生産命令を出したら事業の発展はどうなるか。これは大きな問題である」と記している。自社の経営に当てはめるとどうなるかを幸之助が真剣に考えようとしていたことがうかがえる。
(28) 前掲『私の行き方 考え方』一三八～一四〇ページ。
(29) 松下幸之助監修［一九八二］、『技術者魂』（松下電器産業株式会社中尾研究所）「序にかえて」より。
(30) 同前六九～七四ページ。
(31) 前掲『私の行き方 考え方』一七七ページ。
(32) 前掲『技術者魂』七五ページ。
(33) 前掲『商売心得帖』八五ページ。
(34) 前掲『松下幸之助発言集』一巻三四一～三四二ページ。
(35) 同前四巻一一〇～一一四ページ。
(36) 前川については、以下図書の記述によった。「前川信之助傳」編纂チーム編著［一九九三］、『実直に生きる前川信之助傳』（発行者・前川洋一郎）。
(37) ＰＨＰ研究所経営理念研究本部所蔵の「ナショナルインターホーン販売㈱創業一〇周年記念講演」記録よ

り。
(38)前掲『私の行き方 考え方』二一一ページ。
(39)土屋喬雄〔一九六七〕、『続日本経営理念史』(日本経済新聞社)三〜八ページによる。
(40)竹岡リョウ一〔一九八四〕、「宣伝は社会的使命」読売新聞大阪本社政経部編『松下企業連邦の人材パワー』(読売新聞社)一三六〜一三八ページ。
(41)丹羽正治〔一九七七〕、『私のなかの親父・松下幸之助』(波)一一〜一四ページ。
(42)前掲『商売心得帖』八〇ページ。この「正しい価値判断」ができるということは幸之助の非常に重視した点である。後年、経営意識が働く人を育てる必要性を説いたが、それと連なる人材育成方針といえる。
(43)二宮欣也「一九六八」、『松下とソニー』(講談社)二一〇ページ所収のソニー創業者の井深大との対談内容から。
(44)前掲『経営心得帖』八〇〜八一ページ。
(45)前掲『商売心得帖』九〇〜九一ページ。
(46)前掲『私の行き方 考え方』二〇二ページ。
(47)同前九四〜九五ページ。
(48)同前九五ページ。
(49)ダイヤモンド社〔一九六〇〕、『ダイヤモンド産業全書第5 家庭電器』(同社)八ページ。
(50)『社史資料』No.1(松下電器産業株式会社)には、生産品種は「ドイッテレフンケン会社 五極万能管FM2 A05A」、生産数は「(一九)四三年〜四五年八月までの全数量が五万本」と記録されている。その生産を担った真空工業所は『一九九九年版 松下電器・社史年表』(松下電器産業株式会社 社史室編)によれば、一九四二年に電球事業関係等の各分社、関係会社を統合して本社に設置された電球事業部が、四三年一〇月に改称されたものとなっている。なお松下の『社史資料』は一九六一年刊の「No.1」より、順次発行されたものだが、本書の注記では刊行年は省略するものとする。

(51) 長谷川信の論文「エレクトロニクス産業における企業間関係と競争戦略」(一九九八年)による。重要なラングミュア特許の期限は一九三五年に切れたが、その後東京電気は競合他社と資本提携等を行う戦略に転換し、真空管事業における支配力を太平洋戦争末期まで維持し続けたと同論文が指摘する。また一九四四年半ば以降、東京電気の真空管製造における特許技術の移転は軍部の指令により強制的に行われ、他企業に共有化されることになったが、そのあたりは吉田秀明[一九九〇]、「通信機器企業の無線兵器部門進出」下谷政弘編『戦時経済と日本企業』(昭和堂)一一四〜一二一ページが詳しい。そしてこの戦争末期、松下も真空管製造を開始した。

(52) 平本厚[二〇〇五]、「並四球の成立(1)」日本科学技術史学会編『科学技術史』第八号(同会)一〇〜一一ページによる。日本のラジオ産業に関する著者の研究は、松下の初期の経営を知る上で、重要かつ示唆に富むものである。

(53) 前掲『私の行き方 考え方』二二七〜二二九ページ。

(54) 前掲『社史資料』№.4の三八〜四五ページによる。また同資料五八〜六〇ページによれば、この時期、幸之助は着実に得意先・関係先との心の絆を強めていたようである。ラジオ部品の協力工場の主人・増井松次郎(朝日電器株式会社社長)の回想によれば、ある日、幸之助と仕事の打ち合わせかたがた、大阪の箕面で食事をする機会があったが、その最中に幸之助が突然、箸を置いた。不思議がる工場主に幸之助は「今ひょっと、工場のことを思い出した。工場ではみんな暑い中で汗水流しながら、一生けんめいやってくれている。自分はこんな涼しいところでごちそうをいただいている。もったいない。従業員のみんなに感謝したい気持になった」と語ったという。

Ⅲ　躍進と艱難辛苦の時代

三七歳にして松下の「命」を知る

　松下が飛躍成長の途についた一九三〇年前後の企業環境はどのようなものだったか。慢性的な不況を経験した一九二〇年代の終盤、昭和金融恐慌が発生、恐慌は一九三一（昭和六）年まで続き、日本経済に危機的状況をもたらしたが、同年九月、満洲事変が勃発、年末に成立した犬養毅内閣は高橋是清を蔵相に起用、積極的な経済政策が奏功し、景気転換の兆しがみえ始めた。家電製品需要の基盤となる電力業はというと、一九二〇年代に五大電力（宇治川電気、日本電力、大同電力、東京電灯、東邦電力）による、いわゆる電力戦が激化して、採算割れをもたらすほどの料金引き下げ競争などがあった。

　しかしその激しい企業間競争の中で、電気は各地に普及し、例えば電灯需要家戸数は、一九二〇年に六四二万戸だったのが、三〇年には一一三五万戸に増えている。[1]そして松下が本社をおく大阪は、綿業や重化学工業の成長により〝東洋のマンチェスター〟と呼ばれるほどに発展し、経営史家の阿部武司によれば「（一九）二五年から三二年まで東京を凌ぐ全国最大の都市」になっていた。[2]ただ同時に、所得の格差が増した時代でもあり、一九三〇年代初頭の日本はいわゆる格差社会でもあった。[3]

そんな時代のある日、幸之助のもとに天理教の布教にきた知人がいた。一九三二年のことである。以下、半生伝『私の行き方 考え方』の回想をもとに幸之助の心境の変化をみていこう。

知人はみずからの不幸な時期を信仰によって乗り越えたことを切々と語り、信仰を熱心に勧めてきた。その熱意に次第に心を動かされ、幸之助は初めて「宗教というものについてある関心を持った」。勧誘は三、四度と続き、とうとう参詣を承諾、本山の様子を見、心を大きく揺さぶられる。「繁栄といえば実に繁栄だ。あの山なす献木、教祖殿建設の信者の喜びに充ちた奉仕ぶり、塵一本も止めぬ本殿の清掃ぶり、あう人ごとの敬虔な態度、教校の多数の生徒、半期修して卒業すれば、神の遵奉者として他を導くであろう活躍ぶり、等々一糸乱れざるその経営、経営といってはあるいは当てはまらぬかも知れないが――」。

宗教との接近はこれまでの視点、これまでの次元とは異なるところからみずからの経営をみつめ直す機会になった。「生産者の使命は貴重なる生活物資を、水道の水のごとく無尽蔵たらしめることである。いかに貴重なるものでも量を多くして、無代に等しい価格をもって提供することにある。かくしてこそ、貧は除かれていく。貧より生ずるあらゆる悩みは除かれていく。（中略）ここだ、われわれの真の経営は。きょう見学によって教えられた真の使命はここにあるのだ。今までの私の経営、松下電器の経営もそれは単なる商習慣による経営に過ぎなかったのだ。知らなかった、知らなかった――」。

そして松下の事業は貧をなくす「人生至高の尊き聖業」であると確信する。その時「稲妻のごとく頭に走るものがあった」という。幸之助三七歳の時である。のちに水道哲学と称されることもあったこの使命を闡明《せんめい》する日に、本来の創業日は三月七日だが、五月五日、端午の節句の日が選ばれた。犬養首相が襲撃され、暗殺される一〇日前のことであり、戦時色が強まりつつあった世相の中でのことだった。

式典の会場は大阪中央電気倶楽部だった。出席者は従業員一六八名。幸之助は語り始める。「商売や生産は、その商店や製作所を繁栄せしめるにあらずして、その働き、活動によって社会を富ましめるところにその目的がある。社会が富み栄えて行く原動力としてその商店、その製作所の働き、活動を必要とするのである。その意味においてのみ、その商店なり、その製作所が盛大となり繁栄して行くことが許されるのである。商店なり製作所の繁栄ということはどこまでも第二義的である。（中略）松下電器の真の使命は、生産に次ぐ生産により、物資をして無尽蔵たらしめ、もって楽土の建設を本旨とするのである」。

幸之助は自社の繁栄は第二義とし、社会の繁栄への貢献を第一義におくことを謳い上げた。大陸の満洲開拓による楽土建設が国策だった時代に、幸之助なりの楽土建設の夢が描かれた。

一九三二年五月五日以後の二五〇年を使命到達期間とし、一〇節に分割、第一節の二五年間をさらに三期に分け、最初の一〇年間を建設時代、次の一〇年間は活動時代、最後の五年間は（世間への）貢献時代とした。この二五年間のサイクルを連綿と繰り返し、楽土たらしめんというのである。

ただし「次代をよくするためにわれわれが犠牲になることは最上の最たるものとは考え」ず、「われわれが十分人生の幸福を味い、人生を全うし、なおかつ次代をよくすること」を理想とした。そして「諸君は縁あって松下電器に職を奉ずる以上、わが松下電器の使命に絶大なる歓喜と責任とを自覚しなくてはならぬ。この責任を自覚しないものは遺憾ながらいわゆる無縁の衆と断じなくてはならない。われわれは人数の高を尚ぶのではない。たとえ人数は寡少であっても、同じ使命に生きるものが、堅き団結の下に力強く使命に向って邁進してこそ、無上の生甲斐あるものを感ずるのである。自分は今日よりこの心境において力強く諸君を指導し、松下電器経営に更に改めて力強く邁進しようと考える」と宣言した。

真の使命の闡明、熱狂する集団

そして幸之助は所主告辞を読み上げた。真の使命の闡明である。

所主告辞

我ガ松下電器製作所ハ大正七年ノ創業デアリマシテ、爾来全員克ク和親協力シテ今日ノ進展ヲ見、我ガ業界ニ於テ其功績ヲ認メラレ、一面斯界ノ先覚者タルベキモノト其将来ニ就テ非常ニ嘱望セラレルニ至リマシタ。私達ノ責任ヤ真ニ重且大ナルモノト言ハナケレバナリマセン。仍テ本日ノ吉日ヲトシ将来革新ヘノ一劃期トシテ創業記念日ヲ制定シ、茲ニ親愛ナル従業員諸君ニ告ゲントスルモノデアリマス。凡ソ生産ノ目的ハ吾人日常生活ノ必需品ヲ充実豊富タラシメ、而シテ其生活内容ヲ改善拡充セシメルコトヲ以テ其主眼トスルモノデアリ、私ノ念願モ亦茲ニ存スルノデアリマス。我ガ松下電器製作所ハ斯カル使命ノ達成ヲ以テ窮極ノ目的トシ、今後一層コレニ対シテ渾身ノ力ヲ振ヒ一路邁進センコトヲ期スル次第デアリマス。親愛ナル諸君ハ克ク此意ヲ諒トシテ其本分ヲ全ウセラレンコトヲ切ニ希望致シマス。

昭和七年五月五日

所主　松下幸之助

会場は歓喜の渦に呑み込まれた。幸之助が「本年を以て創業命知第一年とする」と宣言、従業員は我先にと壇上に上がり、所感を述べる。その姿を見、新入社員の丹羽正治も登壇した。「この頃になると、催眠術をかけられたように全員が興奮した。(中略)ぼくも壇上に駆けのぼってしゃべったんだが、どんな意味のことをしゃべったのか、よく覚えていないのです[4]」。

この熱狂の最中でも、幸之助を冷静に見つめていた若手社員が後藤清一だった。「語調するどく、テーブルを叩く。ワシの命知に、これほど賛同してくれて、大変にうれしい。しかし、みんなが大きく感動しとるのに、素知らぬ顔をしとるものが二人おる。名を呼ぶ。壇上に出て来なさいッ——。瞠目する。なんと、年輩の幹部社員。会場の後席で、若い社員の話をずっと聞き入っていた。（中略）恐縮し、かけ上がる。若い社員に負けない立派な所感発表をされた」。

後藤は幸之助によく叱られた一人で、ストーブ前で暖を得ていた幸之助の前に立たされ、火かき棒がストーブを叩きすぎて曲がるほどの熱情で叱られたこともある。「松下という人は、つねに遠くを見ている。その遠くから、現在只今にグッと二本のレールを敷く。そしてそのレールの上をひた走った感がある」と幸之助の行き方を表現している[5]。

晩年の幸之助に接し、評伝を執筆した英語学者の渡部昇一は、この熱狂のさまを「よい意味のマス・ヒステリー」であり、「宗教改革のころにピューリタンたちが誓約を行う集まりで、一人一人前に出て誓約する情景を小説で読んだことがあるが、それを思い出させるものがある」と表現した。また幸之助の経営を説明するにあたって、渡部は「擬似宗教」という言葉を用いた。ただそれは「哲学と神学の中間にあるという意味」であり、そういわれるものの一つに共産主義があるという。そして唯物論にもとづきながら、観念的なものが優先して物質に向かう共産主義に対し、「まず物質を豊富につくることを実現して、これを精神的な問題に持っていき、ほとんど日本的な意味の宗教の高さに近いところまで持っていくのが〝松下イズム〟」だとし、それは近代科学と人間個人というものをいかに社会において調和的・繁栄的に共存せしめるかに関する日本人の独創的発想だと評した[6]。

この「命知」以後の伸展に幸之助自身も確かな自信を得、その「伸び行く姿が鉄路を走る列車の正確さを以って進行して行くほどの確実さをひしひしと感じて、その結果業界に対してあまりに強い脅威を感じさせ」ないかと心配になるほどだった[7]。

そして、その鉄路を疾走する列車に途中乗車して大きな存在価値を発揮したのが、髙橋荒太郎(元松下電器会長)である。命知の日、髙橋はまだ競合会社の朝日乾電池にいた。一九三六(昭和一一)年の中途入社だが、やがて自他ともに認める松下イズムの信奉者になる。入社当時を振り返り、「人間、だれでも人生にめざめる、開眼するときがある。松下に入ってすぐ私はそれを感じました。いっぺんに自分が救われる思いがした。それまで悩み、迷い、試行錯誤をくりかえしていたことが、ここではすっかり用意されているのです」と語っている[8]。髙橋を救ったのはもちろん幸之助の経営理念である。

命知をめぐる幸之助の事業哲学・思想

経済史家の作道洋太郎は、幸之助の価値を「伝統的な船場商法を近現代の関西商法として再編成し、松下哲学にまで高めたこと」に認め、「家族主義的経営を基礎にして、世界に輸出可能な日本的経営のパラダイムを創り出したこと」が注目に値すると評した。『水道哲学』や、『命知元年』の思想には、すでに戦後における高度大衆消費時代の到来を先取りした企業家精神がよく示されている。企業家精神とは、時代の変化を先取りして新機軸を生み出す革新的エネルギーであり、ある目的に向かって突進するパイオニア精神やチャレンジ精神を言うのであろう。幸之助氏のこうした思想や理念が、その後の事業展開に大きな意味をもつことになった」ともいう[9]。

では作道がいう家族主義的経営を幸之助はどう考えていたか。戦後に急速に民主化が進んだ時代のある日、幸之助は松下電工の社長室にやってきて、社長の丹羽の隣（幸之助のために空けている席）に座り、ポツリと「な、きみとぼくとは〝封建〟でいこな」といったという。丹羽は「当時の風潮では労働組合の幹部は、社長を社長と思わなかったし、自分自身がすごく偉くなったと思い込んでいて、口のきき方、態度が実に横柄で、（中略）そんなことに、すっかりいや気がし、しみじみと戦前の家族主義的な社風を懐しがった」のだろうと述べている[10]。

確かに幸之助は家族的な精神の絆を重んじた。高度経済成長期に核家族化が進む中、日本の精神文化の喪失を危惧し、離れて暮らすのは時代の流れ、しかし精神的大家族主義を実現しなければならないと説いたこともあった[11]。日本の伝統精神に断絶などあってはならないと主張、ピーター・F・ドラッカーの『断絶の時代』が一九六九年にベストセラーになった際、その「断絶」という邦訳に拒否反応を示したこともある[12]。

公私ともに支え続けた妻

ところで松下の初期の家族主義的経営を実務的に支えたのは、妻・むめのである。従業員の母親役、躾役もつとめた。幸之助は船場界隈の自転車屋で丁稚奉公をしたが、むめのも船場の旧家に奉公に出た経験がある。

創業期の販路開拓時代に、平岡商店という、九州一帯の総代理店になった福岡県久留米市のガラス商があった。この店主の娘と結婚した松野幸吉（松下に入社、のちにビクター社長）は、「松下が今日あるのは、むめのさんの力が半分はあるよ」と店主からよく聞かされたという。平岡のような地方で活躍する店主が松下に商談にやってくると、幸之助は工場内にある自宅に宿泊してもらうようにした。その際、むめのはみずから風呂を沸かしてもてなした。翌朝にはワイシャツや下着、ハンカチがきちんとたたまれて置かれている。夜、洗濯してアイロンまでかけたからである。[13] 来客者が信頼を寄せるのも無理はない。

幸之助にとって、むめのの〝実家〟と出会えたことも幸運だった。父・井植清太郎は淡路島で自家貿易を営んでいたが、その長男が歳男である。弟の祐郎、薫も大阪に出、松下に入社した。井植家の活躍なくして創業期の松下の成長はない。また五女のやすえは、のちに中尾哲二郎の妻になっている。

むめのはやがて経営の場から離れ、大奥様と呼ばれるようになる。婦人会を結成し、一九三六（昭和一一）年に「みどり会」という組織名にした。初期の住み込み店員がのちに結成した「吉っとん会」からは毎年、花が贈られていたという。幸之助は創業五〇周年記念中央式典という公の場で、珍しくその妻を労っている。「いわば家族主義という状態で（中略）まあ始終言いあいをして十六年間をともかくも過ごして、店は逐次繁盛してまいりました。昭和八年になりまして、大開町付近の工場では狭くなったので、当時の門真村に工場本店を移すことにしました。それからはもう奥さんも仕事に関係することがなくなりまして、家庭本位の仕事になったわけであります」。そう社員に語りながら「どうも奥さん、長いあいだありがとう」と感謝の意をあらわし、社員の拍手喝采を浴びた。(14)

命知以後、組織体制を整えて快進撃

命知の翌一九三三（昭和八）年、幸之助は組織改革を進める。ラジオ事業を中心とする第一事業部と他二つからなる事業部制を敷いた。この頃、試行錯誤が続いていたラジオ事業は不良品の返品による過剰在庫などで存続の危機に瀕していたが、(15)R48という優れた高価格商品の開発により、とうとう難局を打開する。(16)

事業部制について説明する幸之助

R48だけでなく、松下は、低価格のラジオセットも発売した。市場に直結する開発製造が第一事業部で取り組まれ、生産台数において早川金属工業所などを引き離し、トップメーカーとしての地位を確立することになった[17]。さらにラジオ事業以外にも、次々と新たな事業に乗り出していく。

小型モーター開発は一九三三年に開始した。当初市販されたモーターを入手し、それを見本に研究開発、一九三四年一一月には試作モーターが完成、開発者は幸之助に「今後モーターは一家に十台位は使うと思うので、年間で数万台は国内で必要になると思う。皆んな元気で頑張って、月二千台位製作販売できる設備をするように[18]」といわれたという。他主要事業では一九三五年に、岡田電気商会との共同出資によるナショナル蓄電池株式会社で蓄電池の研究開発にも乗り出している。同年二月の創業式宣明書には「これが将来に想いを至すとき、民間各般に需要の激増することは論をまたず、軍事上にもまた欠くべからざる必需品として多々益々要求せられると共に、一面世界に誇るべきその技術と研究の成果は力強き日本製品の一として、新たなる天地に向かって進出飛躍すべき一大将来性が約束されている」と記されている[19]。

そして電球である。市場では東京電気のマツダランプと呼ばれるタングステン電球が長らく信頼を得ていた。幸之助は一九三三年、電球製造を決意、当初マツダランプに性能が劣ることを認めつつ、同価格で勝負を挑んだ。北海道では問屋二〇人余りに集まってもらい「値段は三十六銭で、マツダと一緒だ」と要望したこともあった。この北海道エリアは一九三一年、東京の市場開拓に貢献した宮本源太郎が独立、北海道樺太の総発売元、宮本電器商店として開店して販売取引先を精力的に拡大していた地域である[20]。

最初は嘲笑もあったが、構わず説得にかかった。「電機業界に二つの横綱が必要」であり「安定勢力」をつくる必要がある。だから三六銭で売りたい。一流メーカーが二社になるよう松下を育ててほしい、それが業界全体の将来のためになると説得を試みた。[21]

その後、一九三六年にナショナル電球株式会社を発足させ、専務に亀山武雄を据えて組織体制を整えた。同年九月に新製品ナショナル電球を発売、翌年には乾電池の販売チャネルを通して拡販を図った。後年（一九六五年）に「最近は実質価格はマツダさんよりちょっと高いですね。品質も最近は少しも劣っておりません。初めてわが国に二大メーカーというものができて、お互いに〝勉強〟するようになった」と幸之助は語った。そして「今、定価が六十五円です。そうすると、物価倍率からいくと、百九十倍にしかならない」ともいい、自身が「物価を低くしている戦士の一人」なのだと誇らしげに述懐している。[22]

しかしそうした状態になるまで、製造・販売に並々ならぬ苦労があった。ナショナル電球工場長となり、販売計画の実行にもあたった谷村博蔵（元松下電器専務）は、マツダランプが支配する市場への食い込み、特許問題などで苦労を重ねた。[23] 戦後の復興期には電球製造の主要工場（京都の真空工業所）が閉鎖を覚悟しなければならないほど経営が悪化したこともあった。

それでも幸之助はあきらめなかった。「電球は、ラジオや乾電池にもまして必要度の高い生活用品だ。電球はわれわれの世の中を明るく照らす大切なもの」だ。「電球の製造をやめろと言うのは、ワシに事業そのものをやめろというのに等し」い。「真空工業所はワシの事業家としての生命線」だ[24]――そんな強い信念のもとに電球事業は続けられた。成功するには成功するまで続けることである――創業期にかち得た確信が電球事業でも発揮されたのである。

また一九三三年は、販売体制が整えられた年でもあった。同年一一月、共存共栄の具体策として、代理店に対し、配当金付感謝積立金制度を実施した。さらに一九三五年七月には正価販売運動を開始、掛値なしの適正な価格を表す正価での販売に取り組んでいる。当時の業界新聞は「生産＝卸＝小売の三者連衡で松下電器は正価実行　我が産業界にトップを切れる真の共存共栄への具現！」などと報じた。続いて同年一一月、連盟店制度をスタートさせる[25]。この制度は「自社ブランド製品の安定供給ルートをつくるべく意図した先駆的なマーケティング戦略」として位置づけられるものだった[26]。

そうした中で、得意先との共存共栄を幸之助は強く願った。お互いの心を通わせ合い、絆を深めていくことを重視し、その商魂は、商品は〝わが娘〟、商品をお買い頂くお得意先は〝わが親戚〟といった風に表現されることもあった[27]。

門真移転、人材育成に力を注ぐ

一九三三（昭和八）年七月、松下は門真に本社を移転した。門真の土地買収にかかわったのが石井政一（五〇歳を超えて松下に入社、秘書課長、常任監査役を歴任）である。門真は大阪からみて鬼門に当たるため、当初は反対意見も多かった。しかし幸之助は、そのような迷信を打破し、当地を大阪産業界のため開拓する使命があると考えた。そのために全力をあげて努力し、鬼門へいって成功しようではないかと、石井の肩をたたいて激励した。この移転後には、それまで各事業所で自発的に行われていた朝会が全社的に実施されるようになった。

石井の秘書時代の部下に、松本邦次（一九三四年入社、のちに七三年設立の松下電器教育訓練センター初代所長）がいる。幸之助の電話をよくメモしていた松本は、その部下指導の巧みさに憧憬の念を抱いた。幸之助は工場別人員日報を見ながら毎朝、各工場長に電話、問答をするのが習慣だった。「何、欠勤の理由が分からんって？　そんなことで人が使えるか」「そのコストは幾らか。そら君高い。高いがな。そんなもの原価計算見んでも常識で分かるがな。君、工場長何年やってんね。むつかしい飛行機を生産してその原価聞いてるのと違うで」「人をふやして増産するのはいいけど、その前に不良をなくすことをキッチリやったか。やってないだろう。だから生産が上がらん。上がらんからコストが下がらん。もうからんのは当り前やがな」「部下にいい事があった時よりも、不幸があった時になあ、ホントに心をこめて、あんじょうしてやってや。僕の気にもなってなあ、頼みまっせ」等々、直接、経営のコツを伝授していたという(28)。

同月、従業員の指導精神（遵奉すべき五精神）も定められた。指導精神ではあるが、松下グループの中では経営理念として位置づけられるもので「産業報国」「公明正大」「和親一致」「力闘向上」「礼節を尽す」の五項で構成された。一方で、あまりの急成長ぶりにそれに見合うだけの人材獲得が難しくなってきた。そこで幸之助は、自社で人材育成を図ることに取り組もうと、一九三四年四月、店員養成所を開設、「日本の三府四十三県から各一名ずつ最優秀者を選抜してそれを教育したい[29]」という理想を掲げた。同年一二月には松下電器所内新聞（松下電器社内時報の前身、一九四一年に戦時統制により廃刊）を発行するなど、組織内の情報伝達にも力を注いだ。

事業部制と分社制——幸之助の事業哲学

一九三五（昭和一〇）年、松下は株式会社に改組、松下電器産業株式会社になる。そして二年間ほど続けた事業部制を分社制に発展させた。当時発表された「松下電器組織及び基本内規」に製品種目の項があり、配線器具そのほかが「二〇〇余種（年産額一二〇万円）、電熱器具類一〇〇余種（年産額一二〇万円）、電池ランプ其他輪界部分品二〇〇余種（年産額六〇〇万円）、ラヂオ受信機該部品一〇〇余種（年産額三五〇万円）、小型モーター月産額二〇〇台」と記されている[30]。一見、製品多様化にみえるこの事業展開を、幸之助は専門細分化と表現するようになる。

分社制に関して一九三六年にこんな発言がある。「経済上有利ではなく、また税金なども非常に高くなる」が「できるだけその部署部署にある人の力を生かしてもらい」、「思う存分に働いていただきたい」。だから分社制にしたのだという。「自分の仕事を喜んで行う人がいちばん幸福である」という信念を幸之助が持っていたことから考えれば[31]、事業部制も分社制も、自主責任経営のもとに、構成員一人ひとりが一人一業、適材適所を実現し、それぞれの幸福をつかんでもらうための組織として機能することを目指していたことが見えてくる。それは後年に、ソニーの井深大と対談して事業部制の話になった際、「みんなが一人一業でやっているのをまとめていくのを自分の一業にしようという考えでやってきた」と述べたことからもわかる。[32]

また基本内規の中で、特に第一五条は以後の指導精神の一つとして非常に重視されたものである。「松下電器ヵ将来如何ニ大ヲナストモ常ニ一商人ナリトノ観念ヲ忘レス従業員又其店員タル事ヲ自覚シテ質実謙譲ヲ旨トシテ業務ニ処スル事」という条文を定めた理由を幸之助はこう語ったことがある。「会社が大きくなってくると、世間もチヤホヤするけれども、常にわれわれはへりくだった謙虚な心持ちを堅持していくことが大切なんです。（中略）あっちのものをこっちへ持ってきたりして、みんなの便宜をはかる、そういう奉仕の商売人としての心持ちをどんなに大きくなっても考えていく、はいつくばっても人びとに満足してもらえるようにという気持ちをいつまでももっていかねばいかん」[33]。

戦中期の幸之助に関する残存資料は少ないが、『社主一日一話』（一九三三〜四一年）[34]には、朝会等での幸之助の話が記録されており、経営観や企業家精神がときおり発露する。[35]

例えば一九三三年（九月七日）、自動車王フォードの逸話を紹介、研究部門のあり方を話している。「フォード氏が、『自分の工場には、いわゆる学者なるものを絶対に採用しない。学者は物事のできぬ点ばかりを知って、成り立たせる道を考えない』と人に語ったと聞いた。味わうべく参考とすべき言葉であると思う。とかく、学問のある人はその学問にとらわれて、理屈っぽく考えすぎるきらいがある。かえってなんにも知らぬ素人の、しゃにむにやりきる気力が物事を成功させる例が多い」。それゆえ「学問を有効に使」い、「大衆の需要に応ずる物資の製作」を意識して研究に取り組むよう、研究部員に要望している。

翌年（四月七日）には「事業の経営は、好況時よりも不況時のほうがかえって容易であると考えるのである。本所は創立以来、ほとんど不況の中のみを通ってきたのであるが、その間《かん》、工場の建設、土地の買収、あるいは諸材料の買い入れ等、すべての仕入れはこぞって先方よりもちかけてきてくれるため、経営はわりあい楽に行われた」と述べた。

一九三七年（六月一〇日）には「過日上京の際」に見学したフォードの工場で学び得たことを語り、「いたずらに工場の大や従業員の多数は誇りとはならない」ことを実感したと述べた。ただこの頃より「軍艦」「皇軍」「統制」「国体」「現人神」といった類の発言も増える。また同年、以前に山本武信の顧問役だった加藤大観から、幸之助の無事を願い祈禱を捧げたいとの申し出があり、受けている。加藤は以来、よき相談相手にもなった。

一九三九年（四月一三日）には「自分として今いちばんに深く考えていることは、大勢の従業員諸君が毎日を愉快に働いておられるかどうかという点である。願わくは一人残らず、その日その日を愉快に働いてもらいたい」と述べ、「心にわだかまりの生じたようなとき、あるいはよいことを思いついたときは躊躇なく、自分に直接なり、または上長なりに申し出て」ほしいと要望している。この〝愉快〟という表現を幸之助は好んでよく使った。

ほか、従業員への配慮として、例えば福利厚生面では一九三七年に健康保険組合を設立、三八年には高野山に物故従業員慰霊塔を建て、四〇年に守口市に松下記念病院を建設している。

戦時体制の中での事業展開

一九三六（昭和一一）年五月五日、第五回創業記念式典で幸之助はこう述べた。「昨年一年だけでも、工場、出張所の増設は相当なものでありました。商売のほうでも、海外フィリピンに初めて手を伸ばした年であります」。

当時、急速に軍部の影響力が増して、八月には広田弘毅内閣による国策の基準が決定、大陸だけでなく東南アジアへの日本企業の進出が進むようになっていた。

松下は一九三二年にすでに貿易部を設置、海外輸出を始めている。幸之助は当初、商社頼みでなく、自前の輸出を選んだのである。[36] この貿易部が松下電器貿易（一九三五年設立）に発展、戦後六〇年代から本格化する海外展開の中で重要な役割を果たすことになった。

一九三七年、日中戦争が勃発、幸之助は松下の遵奉すべき五精神に「順応同化」「感謝報恩」の二精神を追加、七精神とする（その一つ、「礼節を尽す」を「礼節謙譲」に改める）。それは「銃後にあるわれわれとして」の「決心と覚悟」を固めるためだった。[37] 翌年には国家総動員法が制定、経済や言論の統制は日増しに激しくなる。松下も「初めて兵器の部品を受注」[38] した。同年に軍部から松下電器産業に対して、上海に乾電池工場を設立し、現地で製造せよとの命令があった。その任を幸之助から命じられたのが井植歳男の弟・薫である。

薫は当時の幸之助の印象をこう記している。「やさしく気遣ってくれることも多かった。しかし、何かが心にわだかまって黙りこくってしまうと、テコでも動かないという感じになった」。そして「慎重にコトの成行きを見守っている。周囲の動きを上手に活かしながら、軌道修正をして行く」タイプだったともいう(39)。当時二六歳の薫は、常務として上海松下電業を興し、南京、漢口へと工場を進出させた。幸之助は、養子婿となって三井銀行を辞め、入社したばかりの松下正治を薫のもとに行かせた。正治は帰国してから、松下無線の一工場長を任されている。

一九三九(昭和一四)年三月、幸之助は「経営の心得　経済の心得　社員指導及び各自の心得」を社内通達する。「経営といい商売といい、これ皆公事にして、私事にあらず」から始まるこの心得も幸之助の事業哲学がよく反映されたものである。企業は社会の公器という事業哲学を戦時期も貫こうとしたことがわかるが、綱領・信条の文面は適宜改訂が施されることになった(40)。同年秋には西宮に光雲荘を建てた。三〇〇年後に文化的遺構となることを願った自宅だったが、九月に第二次世界大戦が引き起こされ、日本は戦争への道を進むことになる。

一九四〇年一月、幸之助は初めて経営方針発表会を開き、従業員の士気を鼓舞する。松下の社史には「家庭用電気器具も、まず電気ストーブ、扇風機などが、ぜいたく品として生産を禁止され、ラジオ、電球、乾電池なども、原料資材の面で種々の規制を受けることになった」と記されている。同年開催予定だった東京オリンピックも中止され、テレビ事業にも影響が及んだ。国内では、東京電気や日本ビクター蓄音機、そして松下もテレビ受像機の研究開発に乗り出していた。松下は一九三九年七月に開発、一般公開もしたが、その実用化は戦争の終焉を待つことになった。アメリカでも一九四二年には、テレビ機器製作が禁止されており、経営史家の平本厚は「第二次世界大戦の勃発は、まさに実用段階に入りかけていたテレビ技術の発展をおしとどめることになった」としている。[41]

一九四〇年八月、幸之助は優良品製作総動員運動を提唱する。「わが社製品に関しては、その流れ先まで慎重に留意、果たして需要者をして満足せしめ得たりしや、サービスに不親切なきや等の点まで進むところに、はじめて完璧を期し得られる」[42]とし、お客様大事の姿勢を持続させようと心を砕いていたことがわかる。しかし翌年の一二月八日、日本は真珠湾を攻撃、太平洋戦争に突入する。

以降の国家の動きをみると、一九四三年一一月に軍需省が設置、一二月には軍需会社法が施行、民間企業の生産に国家の統制が直接及ぶ時代になった。翌年一月、軍需会社法に基づき、第一次軍需会社の指定が行われている。松下傘下では松下造船、松下航空工業、松下無線の三つが指定工場となり、四月の第二次指定には松下電気工業、松下金属、松下飛行機、松下乾電池の四社が含まれた。全体の販売高に占める軍需の割合は、一九三〇年代は一~二パーセントだったが、一九四二年に八・五パーセント、四三年には三〇パーセントを超え、四五年にいたっては八三・七パーセントになった。[43]

それでも事業に専念しようとする幸之助

松下のように軍需産業への転換が各企業に要請される中で、日本の産業力は次第に弱体化していく。歴史学者の遠山茂樹らによれば、国家が軍需生産に重点を絞った結果、兵器生産の基礎となるべき基本産業部門をも食いつぶすことになり、「原料、資材、労力の不足や配給不円滑によって産業循環が混乱し」、「その結果軍需工業以外の部門総計の生産高」が、一九四二（昭和一七）年「にはすでに縮小しはじめ」たという[44]。

混乱、縮小の中で、民需産業がその経営のいたるところに狂いを生じさせることは想像に難くない。松下では一九四三年の年初の経営方針発表で、債権回収遅延の改善について注意が促された[45]。一商人として幸之助が大切にしてきた商習慣の持続さえ困難な時代になったのである。同年、松下は軍の要請により、子会社として松下造船を設立して木造船の量産に取り組む。木製飛行機の量産も要請され、松下飛行機を設立した。M矢の社マークを三松葉に変更したのもこの時期である。一九三七年にナショナルマークを改正統一したときとは違い、世相を意識して英文字を除くことが狙いだった。貿易と海外市場での販売活動は次第に困難になったが、軍の要請で松下は中国や東南アジア数カ所に現地生産工場を建設、軍が接収したアメリカのエバレディ乾電池などの工場運営を委託されたりした。

この頃、松本邦次が軍務から解放され、帰還してくるが、幸之助の社主室に挨拶にいったとき、出征した社員の名札が大陸の方面ごとに区別してズラリと掛けてあり、戦死者の名札も見えたという。[46]楽土の建設を夢に描き、その実現に生産につぐ生産をもって貢献するという経営理念の実現をあきらめざるをえないような時局へと日本は突き進むことになる。

一九四三年九月、臨時経営方針発表で幸之助は各分社の経営状況を説明した。松下乾電池はこの年に朝日乾電池、九州乾電池を吸収合併、量産体制をとった。[47]翌年は元旦からの経営方針発表だった。「すみやかに増産の実をあげ、銃後国民としての責任を全うすべき」と語りかけ、「神州日本」といった言葉も口にした。[48]敗戦色が濃厚となった一九四五年の元旦、もはや生産しようにも物資の入手が至難となる。経営方針発表では「本年は会社全体としては絶対に新たなる事業に乗り出さない」と述べた。

さらに悲痛な訴えは続く。「わが社の人々は戦争に対していっさい危惧の念をもってはならない。不安の念は抱いてはならない。人に向かって危惧の念を口にすることを断じて私は許さない」。経営上の要望も出している。「常に真実の姿であってほしい。一を一と言うのが松下の伝統である」。さらには「すべて事には〝萌〟がある、小さいことが大事にいたる。この〝萌〟を敏感に把握して善処していかねばならない。さらにいえば匂いによって嗅ぎわけうるほど鋭敏であってほしい。従業員の顔色、漂う空気、態度、物のあり方、金の動き等、たとえ厘毛でもあるべき姿にないときはピンと直感し、所在をつきとめるほどの心がまえがあってほしい」と述べ、「諸君が経営の基礎である」と強調した。[49]

一九四四年までに松下グループの資本金総額は三億六〇〇〇万円に達した。戦前の一九三六年は二六〇〇万円だから、一四倍以上も膨れ上がったことになる。同年末には、乾電池などの四社を本社に吸収合併、松下本社の資本金はというと、四六〇〇万円になっていた[50]。

終戦後、すぐさま立ち上がる

一九四五（昭和二〇）年八月、ラジオから玉音放送が流れた。終戦である。多くの日本人が途方にくれたその翌日、幸之助は臨時経営方針を発表する。「敗北」を認め、ただちに軍需から民需への転換を図るのが産業人としてのご奉公の道とし、「眼前の破局は天の啓示であり、天訓であり、真個の日本精神を取り戻す絶好の機会とこれを考え、つぎの発展への強い願望と信念を堅持しなければならない」と訴えた。さらに同年一一月三日の臨時経営方針発表で「銀行よりの借入金は二億数千万円、その利子だけでも一千万円に上る」と自社の経営状況を明かした上で、これからどんな姿を目指すべきかを指し示そうとした[51]。

「日本の産業界の基礎は、中小企業体にあったのであるが、近時アメリカの産業に刺激され、大資本大経営主義をとった」のであり、「大企業経営のよいところも大いにある」が「これは科学的な理知的な国民性に適合するのであって、日本人には向かない」。だから松下は「今後は、中小企業と大企業との長所をとり、両弊を捨てたい」と幸之助は語っている。その根底には『いかなる人でも、いかなる立場においても、愉快に力の限り働きうる』という経営形態をとってみたい」という願いがあったようだ。「経営の大きさを限定し、だれでもができる適度の規模になす必要がある。すなわち経営単位を従来より分化し、一単位を深く専門化し、その単位ごとに最もすぐれた絶対権威のある経営たらしめたい」とも述べている。それは専門細分化のことであり、事業部制復活による経営再建の構図がすでに組み立てられていたことがわかる。また「生活、勤務を通じて安定の保持が絶対に必要」として「高賃金、高能率」の実現に邁進する決意も表明している。[52]

年末には戦前の事業の柱だったラジオ事業が立ち上がり、民需再開の先駆となるオールウェーブラジオの試作品を完成させている。

GHQによる各種制限に縛られる

戦後の連合国軍最高司令官総司令部（GHQ／SCAP）の占領政策の中で、主体となる財閥解体は一九四五（昭和二〇）年九月、三井・三菱・住友・安田の四大財閥に明示された。三井は翌年九月に解散、岩崎家の三菱本社も同時期に解散する。

岩崎小彌太が、三菱は国家・社会に対し不信行為を行ったことはなく、国策に従い、国民としてなすべき当然の義務を果たしたのであって、顧みて恥ずべき何ものもないと言って、抵抗したことはよく知られている（一九四五年一二月に病死）。電機業界でも、例えば日立製作所で国産技術の開発に情熱を注いだ小平浪平は一九四七年、七四歳で公職追放指定を受け、解除された年に没している。財閥家族だけでなく、日本人一人ひとりが艱難辛苦の道を歩むことになった。

幸之助は一九四六年の経営方針発表で「わが社は経営技術が生産技術をリードしてきたことは否めず」、「今後は組織的科学性がなくては発展を続けえないことは、わが社、否、わが国全体の趨勢」と語った。ゆえに技術高揚運動を起こし、松下が「技術的でないとのそしり」を是正していきたいとも述べた。個人としては、無遅刻無欠勤を決意した。ところが年頭、迎えの自動車が遅れ、出社が一〇分遅れた。「劈頭に蹉跌をきたしてしまった」と悔い、自身の当月の給料を全額返上、関係担当者にも一カ月の減俸を命じ、朝会で陳謝した。[53]

しかし、心を一新して事業に取り組むつもりだった幸之助を待ち受けていたのは、次々に下される制限指定だった。まず制限会社の指定（一九四六年三月）である。そして財閥家族の指定（同年六月）、賠償工場の指定（同年七月より逐次指定を受ける）、軍需補償の打ち切り（同年八月）、公職追放の指定（同年一一月）、持株会社の指定（同年一二月）さらに、集中排除法の適用（一九四八年二月）も受けた。

特に賠償工場の指定は従業員に解雇の不安を与えるものだった。工場生産ができなくなるかもしれないからだ。幸之助は「その工場の従業員は産業本社において全面的に引き受ける。したがって最悪の場合においても失職は起こらない」と述べ、もし最悪の事態になっても「私は諸君とともに、新しい仕事をみつけ、事業をやる。一人の離散も欲しないし、諸君も離散してはならない」といい切っている。[54]

また軍需補償の打ち切りは幸之助個人の生活を脅かすことになった。戦争末期、軍からの要請で木造船や木製飛行機を製造したことを先に触れたが、「これら一切の資金については、当時はまだ個人経営色が強かったから、一先ず私個人の借金として銀行から借入れ、会社には株券で払いこんでいた」と幸之助はいう。それが終戦で「戦時補償は一切打ち切りとなり、軍に納めた代金はすべて帳消しとなった。だからこれらの会社はすべてつぶれて株券はタダ同然になったが、銀行からの私の借金は帳消しにならず、そっくりそのまま残ってしまった」のだ。[55]

それでも事業の遂行にあたり、「苦しみつつなすのでは決して面白くない。同じ人生の過程なら愉快に楽しく喜び勇んで、活躍していただきたい」と従業員に訴えた。「仕事はジャズとスポーツ的な気分においてなされていくのが理想であると、私は信じているのである。仕事を遂行するのに犠牲があってはならない、働くことを楽しみつつ、希望に満ち満ちて欣喜雀躍の中に成果をあげていくべきもの」だとも語った。[56]苦境が続く中、幸之助はＰＨＰ研究を開始する。同年一一月のことである。物心両面の繁栄、平和と幸福を願う、それをＰＨＰ（Peace and Happiness through Prosperity）と名づけて活動を始めた。[57]

またこの時期、綱領・信条が改訂され、「世界」という二文字が盛り込まれた。「松下電器が松下電器であるために、また、それぞれの社員が自分自身のために、全員で毎朝、唱和[58]」することにしていた遵奉すべき七精神については、幸之助自身も見直しを検討したが、そのまま維持されることになった。

ＧＨＱへの陳情運動

先の六つの制約の中で特に財閥指定について、幸之助は納得できなかった。それで「五十数回にわたってＧＨＱに行き抗弁した」。当時常務の髙橋荒太郎、英訳・通訳にあたった渉外課長のカール・スクリーバらも「一ヵ月に六回くらい、前後を通じて百回近くも、大阪、東京間を往復」し、一九四六（昭和二一）年から三年間続けた。「一切を赤裸々にさらけ出し、事実をごま化さず、すべてをオーソドックスに話し」、「当時、この筋の交渉ブローカーもいたのですが、それらを一切受けつけず、まじめに正面からぶつかって行った」。ときには「トランク二杯」の書類をひっさげて上京した。英語が堪能で、幸之助をよく理解するスクリーバの意思疎通力にもおおいに助けられた[59]。

また公職追放指定について、髙橋はこう述べている。「Ａ項に指定された会社の常務以上は、無審査で自動的に追放され、Ｂ項は、審査の上で追放が決定されますので、Ａ項とＢ項は大へんな違いです。ところが、松下電器は、そのＡ項の新聞辞令を受けたのですから」、「納得がいかな」かった。それで「少なくともＢ項に」変えてもらうための陳情運動に乗り出した[60]。

この窮地にいたって、松下は一体感を増すことになった。髙橋らだけでなく、労働組合や代理店が幸之助の復活を望み、陳情運動を始めたのである。

松下の労働組合史である『たゆみなき創造』によれば、社長追放除外嘆願書署名依頼者の総数八七八一名中、支持者は八一八一名、反対ならびに意見なしが六〇〇名だった。初代組合委員長の朝日見瑞は当時の商工大臣星島二郎、大蔵大臣石橋湛山、終戦連絡事務局の山形清次官などに接見した。また松下の視察で来阪したGHQ経済復興局の担当官が、松下は「アメリカの有力会社に劣らない経営理念を持っている」と感心し、管轄外ではあるが、追放解除に側面から協力すると約束してくれたこともあったという。(61)

対立しつつ調和する

松下の労組は一九四六（昭和二一）年の一月末に結成大会を行っている（同年三月一日には労働組合法が施行され、全国で労働組合の結成が進んだ）。社会党代議士の加藤勘十なども応援に来て、大阪中之島の中央公会堂で開かれた。そこに、幸之助は出向き、祝辞を言おうとするが、準備委員長も喜んで受けるわけにはいかない。参加者に問いかけ、「おうけしますか」と尋ねると、ヤジがとんだようだが、登壇は許された。新しい時代の到来をひしひしと感じつつ幸之助は壇上で挨拶した。次第に場は静まり返る。最後には拍手喝采だった。

「私は、労働組合が誕生しておらなかった時から、民主主義の線にそって経営してゆく方針をもってやってきたのであります。幸い、今日ここに松下産業労働組合が結成されたことは、その意味において慶賀にたえないのであります。このことによって、わが社の経営に拍車がかけられると信ずるものであります。（中略）正しく新しい経営と、皆さんの考える正しい組合とは、必ずや一致すると信ずるのであります。私は、もっとも純正なる考えにおいて新しい経営を行なう考えであります。もし私の力の及ばない時は、皆さんの協力を得て、新日本の建設に邁進したいと思います[62]」。

加藤は感銘したようで、あとで幸之助を訪ね、その気持ちを伝えたほどだった。労使関係に対する幸之助の根本姿勢は、以下の一九六七年の発言に凝縮されている。「対立をゆるめる必要はない。対立はもっと強まってもいい。しかし、それにふさわしい、それに相当するだけの調和性を一方で養わなくてはならない（中略）相手方をどう活用していくか、相手方とどう調和していくか。そしてそこに大きなものを生み出すということに対して、真剣な努力を、新しい観点から生み出さないといかん時代に来ているという感じがする」。そして「そういうことに成功した会社、組合というものは、勤労者のためにも会社のためにもなっていくだろう。また同時に、国家国民の繁栄に結びつくだろう」。けれども「そういうことに貧困な組合活動、会社活動があれば、これは繁栄を減退させる」ものになると語っている[63]。

従業員に対して再建とＰＨＰへの協力を依頼

一九四七（昭和二二）年一月の経営方針発表で、幸之助は労組の追放除外嘆願に対し「実に感激に堪えず、その熱誠に対し、心から感謝する」と謝辞を述べた。また前年に開始したＰＨＰ運動については「決して松下電器とは遊離しているものではな」く、「現在の日本の状態では、国家社会の安定を図ることが先決問題であ」り、「これを考えずして会社の安定を図ることは考えられない」という「考えのもとに、ＰＨＰ運動を興した」のだと語った。

ＰＨＰ運動では座談会を開いて、官吏、教師、婦人団体、宗教家等々、幅広い階層に自身の考えを訴え、検討・議論をしてもらった。その考えを聞くうちに「みな私と同じような考えをもっている」ことを知り、「どうしてもこれはやらねばならぬ、同時にこれは必ずやり遂げることができるという信念をもつにいた」り、松下の会計とは分離させ、活動を進めていくことも示唆した。その上で「この運動によって、世間は必ずや、松下電器は真に国家を思っている会社であると認識されるであろうと信ずる。そういう意味から、諸君はさらに、この研究ならびに運動に対するいっそうの熱意を示していただきたい」と述べた。「この考えは、すでに昭和七年の五月五日に、はっきりと抱いていた」とも語っている(64)。

すなわち戦間期の一九三二年に夢描いた楽土建設は、戦争で掻き消されそうになったが、夢は潰えず、戦後のＰＨＰ運動に繋がったというのである(65)。

そうこうするうちに追放指定はA項からB項に変更、一九四七年五月には、幸之助とともに全重役が公職追放指定を解除された。ゆえに一九四七年は「業績は好調に推移していた。電球、ラジオなどの生産量は、ほぼ戦前と等しい水準となり、販売額も昭和二十一年末の月額三百七十万円から、一億円にまで増えている」。

ただ「こうした業績の回復は、多分にインフレーションによって支えられていた」面があったと、幸之助の評伝を書いた評論家の福田和也は指摘している(66)。

そして一九四八年二月、松下は集中排除法の指定を受けた。同年六月には住友銀行からの二億円のつなぎの融資を得ても、従業員の給与を分割払いにせざるをえない窮状に追い込まれるが、こうした状況でも幸之助は闇市にかかわることを拒否し続け、物価統制令に従う道を選ぼうとした。この時期、経営難にあるメーカーは給与の代替として現物支給を行うという妥協手段があった。松下正治は、電球を支給してそれを社員が闇市場で売ればそれなりのお金が入ることを見越して、現物支給の提案が役員からあったことを記憶している。

しかし幸之助は「それは絶対いかん。たくさんの量を社員に支給したら、誰かに売る人間が出てくるかもしれない。それは法に反するし、その人も後ろめたい気持ちになるだろう。そんなことは私は絶対に賛成しない」と返答した。ただ続けて「戦争が終わってようやく仕事ができるようになって、自分たちの手でつくった電球を自分の家で使いたいということで社員に分けるのであれば、それはいい。その代わり量はその範囲で留めてお」くよう指示したという[67]。けれどもこの現物支給も幸之助は一度きりでやめている[68]。

追い詰められた中で心の杖になったもの

戦後の松下の経営状況について経済学者の橋本寿朗らが指摘するように、確かに第二次世界大戦期にほとんど戦災を受けていないという「天の配剤」があった[69]。

しかし、精神的支柱である幸之助が各種制約で経営に専念できず、松下の未来がいっそう不確実なものになる中で、幸之助は酒の量が増えた[70]。ではどうやってこの苦境を乗り越えたのか。幸之助は当時を振り返り、こう語っている。「命知のとき（一九三二年）非常にわれわれは感激したその感激は非常に愉快な感激だった。しかし、今度（戦後）は、追い詰められて追い詰められて、それを脱却するためのひとつの悟りというか、考え方をそこに求めたわけです。それで、一応困難でもやっていこうということになった。というより、そこに大きな心の支えを見いだしたわけです[71]」。「そこ」とはもちろんPHPのことであり、PHPが苦境を彷徨する中で心の杖になっていたことを物語るものだといえよう。

PHP研究は、荒廃する世相を支配する一般通念を打ち破り、理想の社会を構築するための新しい概念の創出・提唱にその主たる目的がある。研究で着眼された概念には、例えば「生成発展[72]」があった。森羅万象、天地自然の理に順応する基本原理として位置づけられ、それこそ人間の歩むべき道なのだと幸之助は理解し、その考え方を世に問うたのである。

事業部制を敷いて復活ののろしを上げる

戦後のハイパーインフレに苛まれていた日本経済において、前掲の福田和也の指摘によれば、当時松下の経営にとって「とくに深刻なのは品質の劣化」だったという。その証左として『松下電器社内新聞』（一九四八年一一月五日号）には、ラジオのスピーカー、電解コンデンサ、さらに電球の百Wのマークが間違えて六〇Wになっているといった販売店からの不満の声が載せられていることを挙げている。[73]

一九四九（昭和二四）年一月の経営方針発表では、資金繰りの悪化に言及し、「かつてそのようなことはなかったが、賞与の支給もできなかった。また定期昇給も、しばらく保留しておかなければならないというような窮状に推移したことは、経営者としてまことに面目ない」と従業員に陳謝するほどの危機的状態に陥った。

運転資金面にも触れ、「昨年までの経営を基準として、最大の資金の借入れをすませてしまって」おり、資金の新規注入は不可能である。借入金を減少させ、新規資金を獲得するには不要資産の資金化だけでは事足りない。それゆえ「収益をあげて資金をつくる」以外に道はないと結論づけた。さらに「これだけの人の働きの成果を黒字にもっていって、国家の繁栄と、会社の繁栄と、従業員の生活向上になるような成果ある仕事」ができなければ、松下は「あってかいない存在」であり、そうであるなら「解散をしてよろしいものであると思う」と表明するにいたる。[74]

まさに切羽詰まった状況の中、日本経済は大きな転換期を迎える。一九四八年末にＧＨＱは経済安定九原則を日本政府に指示、そしてＧＨＱ経済顧問ドッジが来日、翌四九年三月にはドッジラインが実施された。極度のインフレはおさまったものの、今度はデフレ不況がきた。同年に行政機関職員定員法が施行、国鉄や郵政でも大量の人員整理が行われ、社会不安は増したが、幸之助はまだ経営再建をあきらめない。一九四九年五月、東京証券取引所及び大阪証券取引所に株式を上場、八月には緊急経営方針発表を行い、重役陣を発表、新機構を整えている。

重役の顔ぶれはというと、社長が幸之助、副社長に正治、専務が髙橋である。常務に藤尾津与次と井植薫、監査役は中尾哲二郎だった。このとき、髙橋と藤尾以外にも非同族の役員が据えられた。創業の立役者、井植歳男は引退し、その後すぐに独立、三洋電機を創立した。

そしてこの機構改革の翌一九五〇年三月、事業部制に移行する。第一事業部（ラジオ・通信機、真空管、電球関係の製造）、第二事業部（乾電池、電熱器関係の製造）、第三事業部（電機、蓄電池関係の製造）とし、幸之助は第一事業部長として陣頭指揮にあたった。

また経営状況をガラス張りにしながら、精神論や改革案も述べた。「この六カ月間に、わが社製品の販売が減退しまして非常な製品在庫をもつようになり、売掛金、未収金が増加いたしました。したがって運転資金が枯渇するようになり、いろいろの支払いを延期しなければならなくなり、わが社の仕入先の方々も困難を訴えるようになりました」「恐ろしいのは、せっかく先輩諸氏の力によって築きあげたナショナルの信用が、一瞬のあいだになくなって、ナショナルを指定して注文する顧客がなくなってしまうことです。これは金銭に見積もれないほどの損害になります。熱心な代理店の皆さんは涙を流して忠告を与えてくださいました。（中略）全般の製品にまたいちだんと改善を加え優良品をつくらねばならぬと決心いたしました」。

悲壮感漂う発言が続くが、「この資金難を打開するには、現在の製品および在庫を売りさばき、売掛金回収を極力実行すること」だと語り、そのために「代理店網の強化整備を行い、連盟店制度を確立し、これをますます力強く推進していく」ことも表明した。具体的には、まず全国にナショナル共栄会を結成、「代理店網を全国的に強化する方針として、代理店各位と会社との親睦、意思の疎通を図り、一心同体となって心的連携を強靭にする計画」が実行に移されることになった。[75]

併せて「ＰＨＰの理念こそは、松下電器三十年の経営の体験、そして皆さんの血のにじむような体験が凝って生まれた」のであり、「皆さんにＰＨＰ運動を強制するものではなく、全人類の幸福を念願にしてわれわれは働くのだということをわが社の指導精神として、いま一度はっきりと確立したのであり」、「この念願のために働く喜びを、われわれのみでなく、代理店、販売店の各位、仕入先各位に無理なく浸透させていきたい」とＰＨＰについても言及した。[76]

「このときほど不本意でさみしい思いをしたことがない」

一九四九（昭和二四）年の一連の経営改革の中でも、状況は悪化する一方で、年末には負債が一〇億円に達し、幸之助は物品税の滞納王として報道された。「私の生活費は、当時の公務員のベースに従って規定され、その範囲内での予算と実績を進駐軍に報告しなければならなかった。しかし、一社の社長としてこれでまかなえるはずがない。（中略）毎日の生活にも次第に事欠くようになっていた。やむなく親しい友人であった中山悦治氏、堀抜義太郎氏、鳥井信治郎氏などに、月々の生活費を借りてまわらねばならなかった。それぞれに当時の金にして十万円近い借金をした[77]」と幸之助はいう。

またこの時期の人員整理について、幸之助は「生涯このときほど不本意でさみしい思いをしたことがない」と語っている。[78]

終戦直後、社の行く末を不安に思い、自主的に辞めたものもいるが、希望退職を募るなどの人員整理を五年の間に繰り返し、一九五〇年には三五〇〇人にまで減った時期があった。[79] 人員数（年平均）の推移をみると、一九四六年が一万四八六三人、四七年は七九二五人、四八年は七三四一人、四九年は五六〇三人、五〇年は四〇四九人という状況だった。[80]

のちに組合委員長となり、幸之助からも信頼を得た高畑敬一は「千百名の大量人員整理と大阪工場の閉鎖およびその他の合理化をすすめてもなお経営は依然として好転しないため、昭和二十四年七月には各製造所を廃止して重役を本社に集中すると共に、一部工場の半日操業が実施された。さらに、経営状態のよくない地方工場のいくつかを閉鎖し、あるいは他に譲ったり独立させるといった合理化策がとられた」と自著に書き記している。[81]

（1）阿部武司［二〇〇六］、『近代大阪経済史』（大阪大学出版会）二三六〜二三八ページ。
（2）同前二七〇ページ。
（3）同時期の所得格差拡大については南亮進らの研究が詳しい。例えば南亮進［一九九六］、『日本の経済発展と所得分布』（岩波書店）等がある。
（4）松下幸之助述、石山四郎・小柳道男編［一九七四］、『《求》松下幸之助経営回想録』（ダイヤモンド－タイム社）四四ページ。

（5）後藤清一［一九七二］、『叱り叱られの記』（日本実業出版社）七二〜七三ページ。
（6）渡部昇一［一九八三］、『松下幸之助全研究1　日本不倒翁の発想』（学習研究社）二六六〜二七七ページによる。
（7）松下幸之助［一九六二］、『私の行き方 考え方』（実業之日本社）二六二ページ。なおⅢ章内で、以上までの幸之助の発言等は、特に注記のない限り、同書による。
（8）池田政次郎［一九七四］、『松下商法入門』（日本文芸社）七九〜八〇ページ。
（9）作道洋太郎［一九八九］、「『経営の神様』が中小企業経営者に教えたもの」『経営者会報』6月号（日本実業出版社）一六〜一七ページ。
（10）丹羽正治［一九八三］、『任して任さず』（東洋経済新報社）五〜六ページ。
（11）裏千家家元千宗室夫人の千登三子との対談による。『婦人生活』一九七六年八月一日号（婦人生活社）一七四〜一八〇ページによる。
（12）ＰＨＰ総合研究所編［一九九一〜九三］、『松下幸之助発言集』五巻（ＰＨＰ研究所）二五一〜二五二ページによる。
（13）荒川進［一九八五］、『苦労と難儀はちがいます』（講談社）二四七〜二四九ページ。
（14）前掲『松下幸之助発言集』三一巻二九二〜二九三ページ。
（15）ちなみに、松下幸之助監修［一九八二］、『技術者魂』（松下電器産業株式会社中尾研究所）八一〜八八ページによれば、このラジオ開発の中で中尾哲二郎は部品から一貫生産する必要性を感じることになり、一九三六年に外遊の際、フィリップスに接触したのも、松下も「真空管をやらなくては」という考えがあったからだと述べている。
（16）松下電器産業株式会社ラジオ事業部［一九八一］、『飛躍への創造―ラジオ事業部50年のあゆみ』（同事業部）七五ページ。

(17)岡本康雄［一九七九］、『日立と松下（下）』（中公新書）一六〜一七ページによれば、戦後ラジオ受信機の普及率は一九四九年に戦前・戦中のピークである四四年の普及率を上回った。そこで有象無象の中小メーカーが市場に参入する。しかし需要の飽和と一九四九年のドッジデフレが主因となり、多くの中小セットメーカーが淘汰され、松下はトップメーカーの地位を確立することになった。一九五五年には東芝や日本ビクターといった優れた技術力を持つメーカーをも売上で大きく引き離している。ソニーのトランジスタラジオが市場を席巻するまで、真空管ラジオにおいて松下は中心的存在だったのである。

(18)佐藤幹夫［一九八七］、『松苑』第三号（松下電器客員会）七五〜七六ページによる。

(19)『社史資料』No.15（松下電器産業株式会社）四一ページ。

(20)同前『社史資料』No.7、六三〜六五ページに所収の藤近勝三の回想による。

(21)前掲『松下幸之助発言集』三三巻二一一ページ。

(22)同前二一二ページ。

(23)『社史資料』No.1、五五〜六〇ページによる。

(24)井植薫［一九七六］、『道ひとすじ』（電波新聞社）一六七〜一六八、一八九ページ。

(25)佐藤悌二郎［一九九七］、『松下幸之助・成功への軌跡』（ＰＨＰ研究所）二四〇〜二四六ページによる。なお「配当金付感謝積立金制度」は各代理店の毎月の仕入額の三パーセントを松下に積み立て、毎年六月と一一月の決算期に、その期の松下の業績を考慮して配当金を贈呈するというものだった。また代理店だけでなく販売店との絆も深めることになった「連盟店制度」はまず大阪府下と阪神沿線で実施、その後全国展開された。戦時期を超えて、戦後の一九四九年から、ラジオ、電球、乾電池とそれぞれの事業において復活、松下の再建を支える制度として機能した。

(26)新飯田宏・三島万里［一九九一］、「流通系列化の展開：家庭電器」三輪芳朗・西村清彦編『日本の流通』（東京大学出版会）一〇〇ページ。

(27) 松下幸之助［一九七三］、『商売心得帖』（PHP研究所）三六～三七ページ。
(28) 松本邦次［一九八〇］、『私の奉公日記』（PHP研究所研修局）による。
(29) 前掲『社史資料』No.1、六五ページ所収の原田正逸の回想による。
(30) 同前『社史資料』No.7、六八～七二ページ。本資料には「分社」以外に「友社」という表記も見られる（ナショナル蓄電池株式会社、株式会社岡田電気商会、朝日乾電池株式会社、増井電器製造株式会社、ビームライト製作所が該当）。
(31) 前掲『松下幸之助発言集』三一巻三四～三五ページ。
(32) 二宮欣也［一九六八］、『松下とソニー』（講談社）二〇九ページ。
(33) 『松下電器社内時報』一九七三年一月一日付。
(34) ほかには『歩一会会誌』、『所主（社主）通達』、『所内（社内）新聞』、『社史資料』（No.1～15）といったものがある。
(35) 幸之助の「一日一話」は時局の影響もあったのか、日中戦争以後の記録は急激に減る（一九三八年と四四年は一つしかない。他年度の経営方針発表と同様、『松下幸之助発言集』に現代語表記で収録されている）。
(36) 『松下電器貿易社内報』No.71（同社）四～五ページによる。
(37) 前掲『松下幸之助発言集』三〇巻二一ページ。
(38) 松下電器産業株式会社［一九六八］、『松下電器五十年の略史』（同社）一四六ページ。
(39) 前掲『道ひとすじ』一二二～一二四ページ。
(40) 前掲『社史資料』No.9、二八ページによる。一九四〇年に綱領を改訂、四三年には信条も併せて改訂されており、同資料に四三年の改訂は「産業統制により、戦勝を期する国策に順応して」行われたとあるが、幸之助の真意は定かでない。併せて戦後の一九四六年一月の改訂は「創業当時の使命観」に立ちかえって制定されたとある。綱領が「産業人たるの本分に徹し、社会生活の改善を図り、世界文化の進展に寄与せんことを期す」、信条が「向上発展は各員の和親協力を得るにあらざれば得難し、各員至誠を旨とし一致団結社務に勤勉たるべし」である。翌月には表現の補足・修正による改訂がなされ、綱領が「産業人たるの本分に徹し、社会生活の改善と向上を図り、世界文化の進展に寄与せんことを期す」、信条が「向上発展は各員の和親協力を得るにあらざれば得難し、各員至誠を旨とし一致団結社務に服すること」となって現在に至る。

(41) 平本厚［一九九四］、『日本のテレビ産業』（ミネルヴァ書房）一七ページによる。

(42) 前掲『松下電器五十年の略史』一五一ページ。

(43) グラシエラ・クラビオト［一九九六］、「戦前・戦時における松下電器の商品開発と組織」『経済論叢』第一五八巻第二号（京都大学経済学会）四一ページ。著者によれば、原資料は松下電器社史室資料（松下電器調査部作成、進駐軍に提出用）で、前年一二月一日～当年一一月三〇日が各年の期間。

(44) 遠山茂樹・今井清一・藤原彰［一九五九］、『昭和史〔新版〕』（岩波新書）二一九ページ。

(45) 前掲『松下幸之助発言集』二二巻三六ページ。

(46) 前掲『私の奉公日記』による。

(47) 前掲『松下幸之助発言集』二二巻四四～四六ページによる。

(48) 同前五一～五三ページ。

(49) 同前五九～六九ページ。

(50) 前掲『松下電器五十年の略史』一六六～一六八ページによる。

(51) 前掲『松下幸之助発言集』二二巻七七ページ。

(52) 同前八三～九二ページ。

(53) 同前一〇四～一〇五ページ。

(54) 同前一一八～一一九ページ。賠償工場に指定されたのは松下金属本社工場、同九州工場、同瀬田工場、松下飛行機、松下航空工業（のちに松下電工となる）本社工場、同関目工場、松下無線門真工場、双葉機械の八工場だった。

(55) 同前一八〇ページ。

(56) 前掲『松下幸之助発言集』二二巻一二一ページ。

(57) このときに「PHP研究とPHP運動」という冊子が発行され、その中で第一次研究十目標として「第一、働く者に豊かな生活を」「第二、自由で明るい働きを」「第三、民主の正しい理解を」「第四、労使おのおのその営みを」「第五、先ず無駄を省こう」「第六、国費は少なく、効果を多く」「第七、租税は妥当公正に」「第八、企業の細分化によって画期的繁栄を」「第九、働く者を生かして使え」「第十、教育は全人格を」が掲げられた。一九七五年に刊行された『PHPのことば（改訂版）』（PHP研究所）に収録されている。

(58) 松下幸之助［一九七九］、『人を活かす経営』（PHP研究所）一五〇ページ。

(59) 前掲『社史資料』No.4、一七～一九ページ。

(60) 同前一六～一七ページ。

(61) 髙橋荒太郎［一九八三］、『語り継ぐ松下経営』（PHP研究所）八六ページ。

(62) 松下電器産業労働組合［一九六六］、『たゆみなき創造』（同）三九～四〇ページ。

(63) 前掲『松下幸之助発言集』五巻二二七～二二八ページ。

(64) 同前二二巻一二六～一三二ページ。松下内で始められたPHP研究所は、やがて幸之助個人の活動として行われ、のちの一九六二年一月に株式会社に改組することになった。

(65) ジョン・P・コッター著／高橋啓訳［一九九八］、『限りなき魂の成長』（飛鳥新社）二一三～二一五ページには、PHP研究所についての言及がなされている。コッターは「アメリカ向けの一種の広報戦略ではなかったかと考える懐疑的な見方があったとしても不思議ではない」としつつも「GHQの心証をよくするための広報戦略にすぎなかったとしたら、一九五〇年以降は無意味なものになっていたはずだ」として、その視点からPHP活動をとらえようとしている。

(66)福田和也［二〇〇六］、『滴みちる刻きたれば〈第四部〉』（PHP研究所）四六ページ。

(67)松下正治［一九九三］、「オヤジ松下幸之助との半世紀」『THE21』一九九三年七月特別増刊号（PHP研究所）九六ページ。

(68)髙橋荒太郎［一九七九］、「瓦礫のなかから『家電元年』へ」『プレジデント』一九七九年九月一日号（プレジデント社）五四〜五五ページ。

(69)橋本寿朗・西野肇［一九九八］、「戦後日本の企業者企業経営者＝松下幸之助」伊丹敬之・加護野忠男・宮本又郎・米倉誠一郎編『企業家の群像と時代の息吹き（ケースブック　日本企業の経営行動4）』（有斐閣）一三五〜一三六、一四七ページによる。「天の配剤」として橋本、西野は、まず「第一次世界大戦時の空前のブームのただ中」の「創業するにはまたとないビジネス・チャンスが大きく広が」り「チャレンジの機に遭遇できた」こと。次に「第二次大戦期に松下電器産業がほとんど戦災を受けなかった」ため「事業転換は比較的円滑に行えたであろう」こと。さらに「一九二九〜三〇年に、恐慌下で製品売上が半減したときに下した決断」の際、幸之助に自社製品品質に対する自信と大衆の欲望に対応できるという確信があり、なおかつ「大恐慌下でアメリカやヨーロッパ経済が恐慌の長期化という惨状を呈したのと対照的な、日本経済の急速な景気回復」があって「幸之助の意思決定は支持され」たことを挙げている。

(70)前掲『THE21』一九九三年七月特別増刊号九六ページ。

(71)松下電工株式会社人事部教養課［一九七一］、『人間の本質はダイヤモンド』（同社）一一〜一二ページ。

(72)釈迦がいう「諸行無常」の真意に対する幸之助なりの解釈である。「生成発展」とほぼ同義の言葉で、戦後の代表的企業家が好んで使った表現としては、藤沢武夫の「万物流転」、土光敏夫の「日々に新た」などがよく知られている。

(73) 前掲『滴みちる刻きたれば〈第四部〉』四八～四九ページ。
(74) 前掲『松下幸之助発言集』二二巻一五五～一六四ページ。
(75) 同前一七一～一七五ページ。
(76) 同前一七七ページ。
(77) 前掲『なぜ』一七九～一八〇ページ。
(78) 松下幸之助［一九八九］、『夢を育てる』（日本経済新聞社）三四ページ。
(79) 前掲『松下幸之助発言集』二二巻三四七ページ。
(80) 前掲『松下幸之助・成功への軌跡』三四九～三五〇ページによる。
(81) 高畑敬一［一九八二］、『決断と挑戦』（ＰＨＰ研究所）一一三～一一四ページ。

Ⅳ　窮地からの生還、そして飛躍

企業家・幸之助に満ちてくる生気

一九四九（昭和二四）年、どん底の状況にあった幸之助にようやく道がひらけたのは、朝鮮動乱が勃発した五〇年六月以降のことである。それまでにＧＨＱによる制限のうち、財閥指定、公職追放指定などが解除され、再建を信じて、経営改革を怠らずにいたところに朝鮮特需という追い風が吹いた。

一九五〇年七月、緊急経営方針発表会を開催、「この関頭に立って、しかも日本の真の再建に思いをいたすとき、仕事に励む喜びが芽生えてきた。明けても暮れても商売一本でいく意欲が湧いてきた。そこで、今までと違ったかたちを経営の上にと」ると幸之助は従業員に誓った。それまで自身がのめり込んでいたＰＨＰ運動も「外部に呼びかけることをやめることにした」。そしてＰＨＰの研究は「私一代で終わるものでなく、次代にも受け継がれるべきものであると信じている」とし、「理念の研究は永遠に続けるが、労作の情熱のすべては、経営に尽くしたい」と固く決意表明をし、併せて松下全体に「働く生気が満ち満ちてきた」ことを感じとり「何よりも喜びに堪えない」と述べた[1]。

同年一〇月には、制限会社の指定も解除され、ますます意気盛んになっていく幸之助だったが、この頃、親しかったグリコ創業者の江崎利一（当時六六歳）が跡取り息子を病気で失うという不幸があった。私的なネットワークの〝文なし会（幸之助と江崎のほかは、サントリーの鳥井信治郎、中山製鋼所の中山悦治、寿工業の常田健次郎、堀抜帽子の堀抜義太郎）〟で交流を深めた友人が失意のどん底で、事業をやめようとまで悩みこんだ。相談された幸之助は、「江崎さん、今さら何をいうのか。ここまで営々と築きあげたグリコは、もうあんた一人のものではない。日本のグリコだ。やりなさい」と励ましたという[2]。

再び開業して〝アメリカ〟へ

一九五一（昭和二六）年一月六日の経営方針発表（翌年から一月一〇日に開催、二〇一〇年まで年初の恒例行事）では「松下電器はきょうから再び開業する（中略）わが社の開業は、実際は三十三年前であるが、これを第一期として、昭和二十六年から第二期のスタートを切りたい」と宣言、従業員に開店当初の熱意を呼び戻すことを要望し、みずからは初訪米を表明した。

「わが国のものが、どのくらい売れるか」「海外から供給を受けるものは何か。たとえば経営の方法、設備、資本、技術など」の調査を目的とし、「取引上ですぐ決められるものは、即決する」つもりだという。続けて「アメリカは生きた経営をしており、日本は死んだ経営をして」おり、日本の経営にロスを生じさせる責任は「五〇パーセントは、政治行政の当局者の責任、四〇パーセントは経営者の責任、一〇パーセントは勤労者」にあるとの持論を展開、そのロスを早急に解消するためにも、アメリカの行政や経営の姿を、実感をもって味わってきたいと述べた[3]。

同月一八日、幸之助は渡米した。国内ではラジオの民間放送が開始された年でもある。随行者は松下の海外貿易業務を担っていた松下電器貿易の三人だった。ハワイを皮切りに、ロサンゼルス、ニューヨーク、シカゴ、ワシントンに滞在、〝アメリカ〟を体験する。四月までの約三カ月間に及ぶ滞在期間、幸之助がどんな心境で過ごしていたのか。残された記録からは、巨大な大衆消費・産業社会の光景を目の当たりにしただけでなく、さまざまな企業、工場の見学を通じて、アメリカの繁栄の根源が民主主義にあることを洞察し、その社会の中で実現される生産性の高さなどに刺激を受けたことが推測される。

この訪米期とその前後に関する発言は、『松下幸之助発言集』の二二・二五・二九巻に大方が収録されることになった。編纂者の一人、佐藤悌二郎によれば、戦前・戦中期にほとんど見られなかった幸之助のアメリカへの言及が戦後になって急増し、しかも初訪米までの間の言及には一定のパターンが見られるという。それは日本とアメリカとの対比、さらにアメリカの優位性とそ

ニューヨーク滞在時の幸之助

の原因の把握・分析、その上で日本と松下のあるべき姿の明示、従業員への要望、といったものである。[4] アメリカの占領支配に苦しめられながらも、その〝アメリカ〟をベンチマークして、復興の礎を築こうとするしたたかな意志がみてとれよう。

視察中、幸之助が日々得るところの知見は逐次本国にレポートされた。当時の社内報『松下電器時報』には「テレビジョンはいま全盛」「ピカピカの自動車三〇〇ドル」「目につく婦人の活躍ぶり」といった文字が躍る。こうした情報発信は幸之助が創業期から得意とするところである。朝会・夕会だけではない。毎月の給料袋にメッセージ入りのリーフレットを封入したり、戦前には『歩一会会誌』を発行していたし、戦後では社内弘報誌『松風』を一九五四年に創刊、「光雲荘雑記」という連載エッセイで近況報告を載せたりと、幸之助の見方・考え方を従業員に伝えるための媒体は数多くあった。幸之助が重視する〝衆知を集めた全員経営〟の典型例といえる社内の提案制度は『松下電器時報』(一九五〇年九月一日付)で提案運動が呼びかけられたことから始まり、その後、全社的な提案制度として定着することになった。

もちろん社内だけではない。全国の販売店向け機関誌『松下電器月報』は一九二七年に創刊、幸之助の思いが適宜伝えられた（のちに『松下電器連盟店経営資料』『ナショナルショップ』となる）。一九五五年には株主向けに『松下電器株主通信』も創刊されている。こうしたコーポレートコミュニケーションツールによって、共存共栄といった幸之助の事業哲学が得意先・関係先に絶えず示された。

アメリカの繁栄を指標に変革に取り組む

訪米中、幸之助は長らく親しんだ坊主頭をやめて、七三分けの長髪にした。その〝変化〟は、帰国後に従業員を驚かせた[5]。

現地で十数件の企業を視察、それまでの松下の組織戦略が当を得ていたことがわかり、自信を深めた幸之助は、帰国後さらなる組織変革に取り組む[6]。

まずは事業部制のテコ入れである。一九五一（昭和二六）年に自身が事業部長を兼務していた第一事業部から電球や蛍光灯、真空管などの管球事業を分離、第五事業部を設けた。さらに専門細分化を進め、一九五四年には四本部一〇事業部制を採用している。

またアメリカ企業が技術研究機関を設け、技術者養成に力を入れていることを知り、一九五二年に技術部を本社に設置、翌年には総合的な研究機関である中央研究所を新設した。併せてアメリカでは品質や構造がトップクラスの製品でも、デザインによって価格に大きな差がみられるこ

とも実感、(7) 帰国後早速、宣伝部に意匠課を設けている。(8)

人事労務面では、工場で高齢の労働者が働いていることに驚く。当時の松下の定年は五五歳だったが、訪問した会社は六五歳だった。まだ活躍できるにもかかわらず、定年のために引退せざるをえないことは、本人にとっても会社にとっても損失である。それどころか社会全体からみても非効率だと考え、一九五四年に定年を五七歳に引き上げた。

それから、日本の企業経営に大きなロスを生じさせている政治行政に対し、様々な提言を行うべく、国民運動も起こした。財界有力者や有識者を集め、一九五二年に発足された「新政治経済研究会」はのちの六六年、PHP研究所に吸収・移管するまで続けられた。同会には前述の江崎や、幸之助がのちに交流を深め〝美しい経済人〟と呼んだ大原総一郎らが参画した。最晩年に設立した松下政経塾構想はこの時期に生まれたといわれている。(9)

提携交渉先にオランダのフィリップスを選ぶ

幸之助が経営に専心した一九五〇年代初頭、国内有力電機メーカー各社はそれぞれ技術援助契約に動きだしていた。アメリカのRCAとは一九五一(昭和二六)年の神戸工業を皮切りに、翌年には日立、東京電気、早川電機が技術導入契約を締結している。(10) 一九一九(大正八)年に創立されたRCAは、テレビ事業において重要特許と最先端技術を有するアメリカ企業である。しかし、幸之助が技術提携の相手として選んだ企業は、オランダに本社がある会社だった。

帰国して半年後の一九五一年一〇月に幸之助は再訪米、そしてヨーロッパに渡り、ドイツ、フランス、イギリスをそれぞれ二〜三日視察、その後オランダに二週間滞在した。そこでフィリップスの見学に一〇日以上も費やしている。

実は年始の初訪米の際、ニューヨークの空港に幸之助を迎えにきたのは、フィリップスのアメリカ法人の社員だった[11]。早速その日に同社のバーネス社長が挨拶に訪れている。四月の帰国の便も、フィリップス極東総支配人ヨンゲニール氏と一緒だった[12]。

フィリップスと松下は、戦前に中尾が接近したことがあったが、戦争で立ち消えになっていた。幸之助はこう述べている。「私はフィリップス社と提携する前に、外国の技術を導入する場合はどこの国がよいかといろいろ調べた。アメリカにも行ったし、欧州にも行った。アメリカは立派な技術があるが、規模やその他の点で日本とちがいすぎる。欧州へ行ってオランダを見てみると、国柄も小さく、日本に向くのではないかと感じた。しかも、このオランダにあるフィリップスという会社は、松下電器の生い立ちに似て、個人が中心となって創業以来六十数年間、しだいに大きくなってきた会社である。そこで私は、松下電器が技術提携する相手としては、このフィリップス社がよいという方針を決め、話を進めた[13]」。

フィリップスはすでに製品の輸出比率が八割にのぼり、約五〇カ国に直営の工場を展開するグローバル企業だった。資源の乏しいオランダ企業が、アメリカ企業に劣らない技術力・販売力を持ちあわせていることも幸之助にとって魅力的だったのである[14]。契約交渉を始めるにあたり、幸之助の旧知の通信局長からも心配された。幸之助は「今の日本は貧乏です、とても大金持のアメリカの真似は出来ません。(中略)フィリップスが当社のお手本としては丁度良い」と思ったのだと答えたという。[15] アメリカの実勢を把握、日本の現状、自社の実力も把握、その中でアメリカ企業にキャッチアップするための最善の道がオランダ企業をパートナーにすることだったのだ。

"ミスター経営基本方針"に交渉を任せる

けれども、この格の違う相手との交渉は難航した(当時の従業員数はフィリップスが七万人、松下電器は七〇〇〇人にも満たなかった)。合弁会社設立にあたって、イニシャル・ペイメント(一時金)五五万ドル(当時で約二億円)、三〇パーセントの出資(約二億円)、七パーセントのロイヤリティ(技術援助料)がフィリップスから要求された。しかも出資金はイニシャル・ペイメントを充当するというから、実質的には松下に全額負担が求められたことになる。松下の資本金が五億円の時代である。この巨額の負担に対し、幸之助はイニシャル・ペイメントと出資条件については受け入れた。フィリップスが研究所をつくるのに何十億円かかっていると思えば、二億円でその研究スタッフの能力を活用できるのは高くないと判断した。[16]

ただ、ロイヤリティは納得できなかった。アメリカの会社なら三パーセントなのに、その倍以上である。四・五パーセントへの引き下げをまず交渉した。だがそれでも高い。その時に経営指導料の発想が生まれる。[17] 幸之助は経営指導料として(売上の)三パーセントが欲しいと提案した。だがその前代未聞の要求をフィリップス側が拒否する。交渉決裂もありうる事態に、一九五二年七月、当時専務の髙橋が渉外課長のスクリーバとともにオランダに送りこまれた。GHQとの交渉役をつとめたコンビである。

髙橋の交渉姿勢は〝言うべきを言う〟だった。幸之助から「こっちの主張が通らなかったならば、契約はせんでもいい」という全権委任を得ていたことがそれを可能にした。フィリップス側はこの毅然たる態度に好感を持つ。そうして髙橋は交渉を締結へと向かわせる。事態が好転してからも髙橋は粘った。ロイヤリティの引き下げ交渉にあたり、「いまロイヤリティの率を引き下げることができないならば、将来、技術に基因したトラブルが発生した場合、ロイヤリティを引き下げるということを契約書に明記してほしい」として、口頭約束を迫り、フィリップス首脳者を説得、「協議に応ずる」というメモランダムを書かせてから日本に引き揚げた。念には念を押した交渉は三週間にも及んだ。髙橋は「交渉というものは、いたずらに駆け引きなどせずに、誠心誠意の態度で臨めば、それが正しい主張である限り、必ず成功するものだということを改めて学んだ」と振り返っている。(18) GHQとの交渉と同じ姿勢が功を奏したのである。

そして、まさにそれは幸之助が交渉にあたる際の基本姿勢そのものだった。「商売というとなんとなくかけひきのように考えるかもしれないし、そういうものが全く必要ないというわけではない。しかし根本はやはり誠実にありのままの姿を率直に示して、それを誠意をもって相手に了解してもらうということでなくてはならない。そうでなく、かけひきや術策だけに頼っていたのでは、長きにわたって信用を得、発展させていくことはできない。（中略）結局最後に人を動かすものは誠実さである」[19]。幸之助と〝ミスター経営基本方針〟と呼ばれた髙橋はまさに一心同体の関係だった。

松下電子工業の経営

結局、ロイヤリティについては幸之助の要望通り、経営指導料三パーセント、技術援助料四・五パーセントで決着した。これを受けて一九五二（昭和二七）年一〇月にオランダに赴いた幸之助はフィリップスと契約調印、一二月には合弁会社の松下電子工業が誕生した。

電子工業の初期の経営には人材活用の妙がみられる。社長の幸之助は、情熱派の三由清二に現場指揮を任せ、好対照な住友銀行出身の松本三郎を副社長に据えた。人の組み合わせを考えたのだろう。その三由に対し、幸之助は松本の姿勢に学ぶよう諭し、「短気を直せ」「酒に飲まれるな」など七項の説教状を書いて、なぜか〝ＰＨＰ〟とサイン、三由に渡している[20]。当初、フィリップスから派遣された技師たちとの関係がギクシャクしたが、専務を命じられた三由は強烈なリーダーシップを発揮、以後の電子工業の発展に大きく貢献した[21]。三由の部下でのちに松下の副社長になる水野博之は「とにかく（フィリップスに）習う。他のことは一切させない」という強硬な姿勢のもと、徹底的に真似をさせられたことを記憶している[22]。

のちに松下の社長になる山下俊彦も三由の部下だった。山下が社長を退任し、取締役相談役になった時代に刊行された『ぼくでも社長が務まった』（東洋経済新報社）にこんな話が記されている。山下は若い頃、困った上司の交代を幸之助に訴えたことがあったという。だが逆に「きみ、人格円満な学校の先生のような人を連れてきたからといって、経営がうまくいくもんやない。あの男はそういう悪いところがあるけど、いろいろいいところもあるんや。きみなあ、悪いところばかりみないで、少しいいところもみないとあかん」と諭された。そして、「短所を直す努力をするよりも、同じ努力をするなら長所を伸ばせ」とも言われ、その時、山下は「ひとの欠点をみずに長所をみる」のが幸之助の人材育成の基本だと悟ったのだという[23]。

幸之助は確かに「つとめて社員の長所を見て短所を見ない」ことを人材活用の要諦として、その実践を心がけた。そのせいで実力の備わらない人を重要なポストにつけ、失敗をみる場合もあるかもしれない。けれどもそれもまたよしで、任せて失敗するのではないかと心労を重ね、事業経営に対する勇気さえ低調になってしまうことのほうを恐れた。「豊臣秀吉は、主人である織田信長の長所を見ることに心がけて成功し、明智光秀はその短所が目について失敗した」という人間の歴史の一コマに首肯する幸之助は「長所を見ることに七の力を用い、欠点を見ることに三の力を用いるのが、大体当を得ている」ともいう[24]。

そして個性豊かな人材を各分野で実際に起用するにあたって、それぞれの適性、長所を見抜き、それにあわせて指導するよう心がけた。相手に応じて融通無碍に接し方を変える。つまり「人を見て法を説く」ことで彼らを導こうとしたのである。

電球や真空管を扱う電子工業の経営はやがて花をひらかせる。技術面だけではなく、電子工業に導入されたフィリップス社独自のバゼットシステム（予算制度）は、松下の経理制度発展に大きく貢献した。幸之助自身にとっても精神的収穫があった。フィリップスとの交渉が「経営の価値というものを考えさせる貴重な出来事[25]」になったというのである。「経営を俗事と見るような風潮を改めていかねばならない。今日の経営というものは、生き生きと躍動した最高の総合芸術である、それほど高い価値をもつものである[26]」と幸之助はのちに主張するようになった。それはフィリップスに経営力の価値を認めさせたという体験の上に立ったものだった。

商売は俗事とされ、商人が軽蔑されるような明治維新期の日本に登場した渋沢栄一が、官尊民卑といった社会意識の変革に尽力したことはよく知られているが、幸之助もそうした社会通念を打破し、商売・経営の価値を高めたいという気概を持っていたのだった。

テレビや冷蔵庫事業への進出

一九五三（昭和二八）年は日本でテレビ本放送が開始された年である。幸之助は一九五〇年にテレビの研究を再開させており、初訪米でテレビの普及ぶりも目にしていた。日本でも広く普及していくことが確実なこの事業に戦後進出した松下が、五二年に発売したテレビ受像機（一七型のデラックス）の最初の価格は二九万円だった。

翌年には一四型を一四万八〇〇〇円で発売、市場に受け入れられ、一九五五年に八万円台まで価格を引き下げている。そして一九五九年四月の皇太子殿下ご結婚がきっかけとなり、日本全国の四割近い家庭にテレビが普及し、松下の生産も六〇年には六六万台にまで伸展した。

経営学者の岡本康雄は、松下は一九五八年の前半に「急速に成長した家電市場に対し、量産体制の確立を先行的に行なうことによって、少なくともそのような積極的な企業行動をとったことを一つの理由として、産業全体の急速な成長に基づく果実を手中にし、家電トップメーカーの地歩を確立した」と分析している。[27]松下伝統の積極主義が、テレビ事業においても発揮されたわけである。

またこの一九五〇年代から六〇年代前半にかけて、のちの事業伸展に大きな影響をもたらす企業結合・提携を松下は経験している。一九五二年には、親交のあった久保田権四郎（クボタ創業者）から縁戚の中川懐春（当時、中川機械社長）を紹介されている。中川は戦後、進駐軍向けの冷蔵庫の製造などを手がけていたが、進駐軍の引き揚げに伴い、国内向けの製造に転換する上で、松下に販売を任せることが良策だと考えた。幸之助もちょうど、冷蔵庫事業に本格的に取り組もうとしていたこともあり、即座に中川機械と提携する。幸之助は、中川の人物を見、工場を見ることもなく、その申し出を承諾したという。[28]

翌年に中川電機、一九七二年には松下冷機となり、中川はやがて松下本社の役員もつとめた。松下グループに入って「正直なところ、初めのうち幸之助さんのやり方にビックリし」たと中川は述懐する。それは販売会社の人が工場見学にくると「全社員が旗を持って出迎え、見送る。旅館に招待しても、食事から寝所の世話、朝になると〝お目覚めですか〟と、ご機嫌をうかがう」といった様子を知ったからだ。幸之助にそのことを聞くと「中川君、販売会社の人はな、犬にはえられながら毎日、松下の製品を売ってくれてはる。せめて年に一度、つくすのは、あたりまえやないか」といわれ、得心したという[29]。

企業結合に対する幸之助の経営行動

一九五四（昭和二九）年、幸之助は経営危機に陥っていた日本ビクターの再建を引き受け、資本提携する。このときの意識の中に「国益」があったことは本人が語るところである。親会社の東芝は再建に大変な時期で、社長の石坂泰三は負債を引き受けることができそうにない。「仕方ないからRCAへ返そうかということになったんです。ところがRCAへ返せば外国の資本がはいってくることになりますわな。それが僕の耳にはいって、それだったら、RCAへ返すようなことになれば、日本の業界も脅威を感ずるから、じゃ僕が引き受けようということになった[30]」と幸之助は述懐する。

しかしRCAというテレビに関係する特許を保有したアメリカ企業と技術面で関係を維持し続けることは日本ビクターに不可欠である。そこで幸之助は郷里の先輩、海軍大将や駐米大使をつとめた野村吉三郎に社長就任を依頼した。野村はアメリカの指導者層に信頼を得ている人物である。さらに経営の実務は、住友銀行出身で松下グループに転身したばかりの百瀬結を副社長として送りこんだ。

幸之助は「私は工場一つ見ることもなく、引受けたのです。それはビクターのマークなり、同社の技術の蓄積はそれだけの価値があり、ただ経営に問題があって業績が不振なのだと考えたから」[31]だという。ビクターの〝のれん〟、蓄音機から聞こえる主人の声に耳を傾ける犬（名前はニッパー）のトレードマークの価値を重んじて提携を引き受けたというエピソードもあるが、〝のれん〟に相応しい技術と人材の蓄積がビクターにはあった。

のちにビクターの経営を任された松野幸吉によれば、ビクターには海軍出身のエレクトロニクス技術者グループがあり、その中心的存在がブラウン管式テレビの発明者として知られる高柳健次郎だった。そして松野は幸之助に〝あの人は看板や、偉い人だから辞めさせるようなことしたらあかんで〟といわれていたという[32]。この資本提携は後年、ＶＨＳビデオという大きな果実を松下にもたらすことになった。

また一九六二年は、ファクシミリの開発技術に優れた東方電機との提携があった。一九七〇年に松下電送機器、八二年には松下電送になっている。一九六二年は「風と空気」を事業のキーワードにした松下精工も設立された。経営難にあった日本電気精器大阪製作所の優れた技術と人を活かすために、松下の扇風機事業をやめて提携したこの会社との企業結合は因縁めいたものだった。独立当初の幸之助がもらった注文、碍盤一〇〇〇枚の発注元・川北電気（日本電気精器の前身）が経営困難に陥り、めぐりめぐって松下の系列会社になったのである。

幸之助はその経営を髙橋に任せ、日本電気精器の経営にあたっていた島田勉を松下精工会長に就任させている。同社の経営上、扇風機という季節商品以外にも事業進出する必要があることを感じていた髙橋は、換気扇に目をつけ、当時排気扇と呼ばれていたものを換気扇として売り出した。膨大な潜在需要を発掘し、「全国で四万五千台しか売れていない」ときに、松下だけで初年度に五万台を売ることができたという。(33)その後、扇風機と換気扇以外の事業にも進出する中で、幸之助は他事業部との関係も考慮し、「いまの仕事に専念した方がいいだろう。まあ〝風〟一本でいったらどうだ」と指示したという。それから四、五年後、松下精工は電気の暖房温風機をつくっていた。「扇風機は涼しい風ですが、これは暖かい風です。風ならいいとおっしゃったから、風をやっているんです」と説明され、幸之助も「一本参った」と述べている。(34)

ところでこうした子会社の統括は、当時、関連部という部署が担当していた。その部長をつとめた長井勝は、松下グループの企業結合について「支配的な目的で提携・資本参加……関係会社になったものはまったくありません」と明言している。合意にもとづく、いわば縁談を基本姿勢とし、管理するのでなく助成することが、松下の経営基本方針なのだと強く認識していたことがわかる。(35)

ただ乾電池事業に関しては、幸之助は海外有力企業との技術提携を試みていたのだが、相手先のユニオンカーバイドから提示された条件と折り合いがつかずにいた。このとき研究開発責任者の中尾は、提携せずに自社開発を続けることを望み、幸之助に進言する。海外企業との提携に使う多額の資金を自社開発に向ければもっといいものができると主張する中尾の熱意に応え、幸之助は自社での研究開発を進めさせることにした。〝熱意が（二階に昇る）ハシゴを思いつかせる〟という幸之助の言葉があるが、中尾の熱意は結実し、一九五四年四月、ハイパー乾電池が発売された。幸之助は「あの時、技術導入の話がスムースにまとまっていたら、今日の成果はなかったかもしれません。そういうことを思うと、経営の機微というものは一面人知でははかれないところにあるともいえる」[36]と回想している。

社会との「見えざる契約」の履行

事業の専門細分化を図り、かつ企業結合を繰り返して、事業領域を拡大させた一九五〇年代、幸之助の経営力を知らしめた事例として、一九五六（昭和三一）年一月の経営方針発表で打ち出された〝五カ年計画〟がある。

奇しくも前年末、鳩山一郎内閣が、戦後日本の最初の長期経済計画といわれる「経済自立五カ年計画」を成立させているが、幸之助の長期計画は一九六〇年までの五年間で、売上を二二〇億円から八〇〇億円へとほぼ四倍に、併せて従業員を一万一〇〇〇人から一万八〇〇〇人に、資本金を三〇億円から一〇〇億円にするというものだった。

事業計画制度は一九五二年に確立されていたとはいえ、売上四倍という目標の大きさに、社員の中には耳を疑った者もいたという[37]。

過去五年間の売上の伸びが八倍強だったからまったく無理な計画とはいえない。五年で四倍、一年ごとでみれば三割増という大きな目標以上に注目すべきは、幸之助の経営理念にもとづく計画として明示されたところにある。

この計画達成は社会に対する義務の遂行である。一般大衆は家電製品を要望しており、その要望に応えるという「見えざる契約」を松下は大衆との間に結んでいる[38]。それが幸之助の論理であり、その具現化が経営理念の実践である。契約の履行は生産規模を拡大し、より安価な製品を提供するところに実現される。社会に対する義務、すなわち産業人としての使命を遂行せよと幸之助は説きつつ、目標を提示した。イエス・キリストに感化されたわけではないが、〝はじめに言葉あり〟が指導者の条件であり、最初に発想し、言葉にして伝え、人を導くのが指導者のあるべき姿だという幸之助の信念が実践されたのである[39]。

さらにいえば、〝人間は誰しも磨けば光り輝くダイヤモンドの原石のようなもの〟として、社員一人ひとりに各自の能力を自主的に最大限発揮してもらうところにお互いの幸せがあると説いた幸之助にとって、社員に具体的な夢や目標を与え、導く行動は不可欠だった。五カ年計画はそうした幸之助の経営観が発揮されたものでもあった。

しかし、そうした強烈なリーダーシップを発揮しつつも〝社長は方向指示器つきお茶くみ業〟だと説くのも幸之助である。指導者は方向を指示して、あとは部下に任せて、世話をすればよいというのである。さらにこうもいう。少人数の会社なら経営者自ら率先垂範でいいが、社員が一〇〇人、一〇〇〇人になれば率先垂範だけでは事足りない。「こうしてください、ああしてください」という心持ちが必要である。そして一万、二万人になれば、「どうぞたのみます、願います」の心根に立たねばならない。その心根があるかないかで、部下たちの心に響く度合が違ってくるのだと。(40)

生活革命の担い手として

五カ年計画のもと、組織面では初年度の一九五六（昭和三一）年に各事業部の名称が番号制から製品別へと変わり、ほぼ一製品につき一事業部へと組織改変した。事業部はラジオ、テレビ、通信機、電子管、照明、乾電池、灯器、蓄電池、洗濯機、電熱器、暖房器、冷蔵庫、電機、配電器、輪界の計一五事業部である。販売面では代理店制から販売会社制への移行が進められ、一九五七年、ナショナル店会の結成、販売会社設立が全国的に開始されている。(41)

また戦後の生活革命の担い手として一九五七年に〝走る電化教室〟を始めた。日本全国を車で走り回り、電気製品の使い方を実演し、電化生活の意義を広く告げた。農村における家電製品の普及率の低さは、電力インフラの不備や経済力だけでなく、意識面にもあった。農家の嫁が高価な洗濯機を使用するなど贅沢で楽をしすぎだといった旧来の考え方をとり払うことが、松下にとって必要だったのである。(42) 同年の文化の日にうった広告もその一端である。(43)

「地球上十四億の女性の中からひとりえらんだあなたの奥さま」というコピー。バケツを持った主婦らしき女性。女性の一日の時間配分を示した円グラフで「自由」時間が示される。欧米文化国＝九時間、日本の都会＝三時間、日本の農村＝ゼロ時間になっている。日本の農村女性は、家事と農業で一日の半分以上の一三時間を費やしているともいう。そして世の男性に「奥さまを愛し、家庭を大切にすること、個々の家庭の文化水準を上げることが、国の文化を高める結果にもなるのです」と訴えかける。製品の宣伝は一切ない[44]。

ちなみにこの広告コピーは、一人の女性により生み出された。松下から独立してナショナル宣伝研究所の社長となり、松下の宣伝を請け負っていた竹岡リョウ一の妻・美砂である。幸之助のアドバイスで常務になったこの女性の考案するコピーを、竹岡が松下の宣伝にふさわしいものに仕上げる。そうして幸之助の思いが巧みに表現されたのである。

幸之助は創業以来、広告宣伝に関心が高く、それは事業規模が大きくなっても変わらなかった。費用捻出はやがて莫大なものになった。メインバンクの住友銀行から売上に対する広告費の比率が高すぎると指摘されたこともあった[45]。実際、一九五七年の広告費は、東芝と日立が約一三億円であるのに対し、松下は約二〇億円であった[46]。社会学者の加藤秀俊は、松下の成功は「電化ブームにのった」のではなく「電化ブームをつくった」ことにあるとし、「家庭電化が日本国民にとっての幸福である」という「信念に基いた電化運動」を実践していると評した[47]。

そして幸之助は、一九六一年に日本宣伝賞を受賞した。その際、「正しい宣伝は善であり、社会になくてはならないものだと思う」と述べた。「共存共栄の理念に基づき、他を誹謗しない正しい宣伝をおこなう」という行き方はその後の松下の宣伝に要求され続けるものになった。[48]

五カ年計画における経営の舵取り

五ヵ年計画中、幸之助はどう経営の舵取りをしたのか。経営方針発表の記録からわかるのは、順調な経営状況を見、毎年、事業計画を慎重に上方修正、その理由を説明していることである。

仕上げの期間に入る一九五九(昭和三四)年の経営方針発表では、幸之助が師と仰いだトヨタ自動車の石田退三の名を挙げ、当時のトヨタの質の高い急成長ぶりは、石田社長が不退転の覚悟で決心し、従業員全員が心を一つにしたからこその成果だといい、その姿勢を見ならうよう要望している。だが最終年には「五〇パーセントは社会のため」に「残りの半分はわがために」仕事をしようと説いている。事業計画によって自然に踏みこみがちなアクセルの抑制・調節を怠らず、その上で経営理念に即した仕事、儲け第一主義に走らない社会正義に沿った仕事の実現を強く求めていたことが読みとれる。

この時期、松下以外の有力家電メーカーも大きく成長し、業界全体が大きく伸展した。売上の伸び率からいえば、戦後生まれの東京通信工業(のちのソニー)のほうが高かった。日立や東芝も重電以外に力を入れ、高い成長率を維持した。[49] 一九五〇年代の松下の業績結果を見ると、一九五〇年に約二七億一〇〇〇万円だった売上は、電化元年といわれた五三年には一〇〇億円を突破、約一三八億六〇〇〇万円に達するまでになった。[50]

一度は三五〇〇人近くまで落ち込んだ従業員数も、同期間で倍以上の約七九〇〇人に回復、五カ年計画終了の翌年には売上が一〇〇〇億円を突破、従業員数は約二万三〇〇〇人に及んだ。

九州松下電器の経営

一九五六（昭和三一）年、九州松下電器が福岡市に設立された。理想的な経営の実験会社にしてほしいという幸之助の願いは、髙橋荒太郎に託された。髙橋は青沼博二（当時三五歳、のちに専務取締役）ら本社からきたスタッフを事実上の責任者に起用した。停滞する九州経済の再建に寄与するという錦の御旗を掲げたこの会社で、青沼たちは事務所や工場の建設費にまで徹底したコストダウンをはかった。髙橋は、強い要求のあるところにものが生まれるという幸之助譲りの事業哲学にもとづき、指示命令はしないで、具体的実行は青沼らに任せた。ただし青沼からすれば、ものの考え方については真に理解をし、その成果を確認するまでは何回でも同じことを言われたという(51)。

この九州松下の経営において、髙橋が高卒でモーター関係の現場主任だった三二歳の青年社員を抜擢、佐賀の新工場長に起用して、経営を良化させた時のことを、経済評論家の三鬼陽之助が書いている。「二千数百人の社員を各階層に分け、二十回近い会合を開いて、青沼氏とともに抜擢の説明を行なったのであった。『新工場長は異例の抜擢だが、一年以内に任にあらずと判明したら、容赦なく元の位置に戻すことを約束する。しかし、二年過ぎ、三年になり、これなら大丈夫と分ったら、どっしり腰をすえてやってもらおうじゃないか。新工場長は、若く、諸君と同じ学歴しかないが、生かすも殺すも、同志諸君の胸三寸にある。諸君、全力をあげて新工場長を応援してくれないか』と、熱情をこめて訴えた」。三鬼が後日、幸之助にこの話をすると、「私の選んだ髙橋君は天晴れだな……」と言って、狂喜しながら三鬼の手を握ったという。[52]

髙橋のリーダーシップが、幸之助にとって我が意を得たものだったからだろう。実際、抜擢人事において必要な経営者の心がまえについて、幸之助はこう説いている。「若い人を抜擢する場合」は「介添え」をしてあげる。「私情にかられて」「自分の好きなタイプだから」昇進させようということではいけない。「かりに虫が好かないと思っても、仕事のためには、この男がいなかったらこの仕事はできないという気持ちで頭を下げる」くらいの姿勢・態度に徹してこそ、他の社員が納得し、協力してもらえる人事ができるのだと。[53] ほかにも幸之助は、〝六〇点の実力があるなと思ったら適任者とする〟〝信賞必罰が適切にできれば、それだけで指導者たりうる〟といった具合に人事のコツを様々に説いた。

九州松下は創業からの困難を乗り越え、その後発展を遂げ、松下の地方への進出・貢献は以後も積極的に進められた。協力工場がなく、運賃コストや給与面などの問題を抱えた九州という地で成功した理由を、幸之助は「地域への経済還元を第一に考える経営にあったと信じている」といい、「国、公共団体がなにからなにまで整備したところへ、ではまいりましょうでは、企業家として主体性がないのではないか。地域と企業の利害を一致させるのは、企業家自身の考え方一

つでできる。これが七〇年の企業のとるべき道でもある」はずだと主張したこともあった。(54)

幸之助・正治（右）・髙橋（左）の記者会見の様子

社長を引退して会長に

一九六一（昭和三六）年一月の経営方針発表会で、幸之助は突如、会長に退くことを表明する。社長には松下正治が就任することになった。六六歳のときである。事前の緊急会議で知らされた重役以外、会の司会進行役まで知らない突然の宣言であった。五〇歳の頃に退こうと考えていたが、戦時期、戦後の再建期と困難の時代が続き、なかなか踏み切れなかったという。しかしその後の五ヵ年計画が予想以上の成果を生んだことや、体力的な理由もあり、退任を決意する。

社長として臨んだ最後の経営方針発表では「フィリップスとの関係強化」「自主独立の精神強化」「商売人としての本領を大事に」「全体が融和し、打てば響く組織に」といった訓戒を述べた。そして、一九三二年に産業人の真の使命を闡明してから一貫して松下の使命は変わっていない。経営陣は変わるけれども、社会のために永遠に貢献できる会社であってほしいとも語った。(55)

幸之助がいつ退任を決断したかは定かではないが、引退してのち、記者インタビューでこう述べたことがある。「あの人（正治）は責任感も相当あるし、髙橋（荒太郎）副社長が非常にベテランやし、よく二人が一致してやっていけば、むしろ、そこから生まれる味というものは、ぼく以上のものが生まれてこないかと思うんです。ぼくやったら、ややワンマンの姿でいっても、今度は髙橋君と社長がぼく以上に一体になれると思うんですね[56]」。

実は引退発表の一年程前、すなわち一九五九年末に幸之助は組織改編を行い、企画本部をつくり、近代的な科学的経営に本格的に乗り出す決意をみせた。同時に「社長と副社長と専務の合議制」で日々の経営にあたるようにしたと、一九六〇年の経営方針発表で表明している[57]。当年が承継の決意を固める準備期間だったことは想像できよう。

ＰＨＰ研究を本格的に再開する

会長となった幸之助はＰＨＰ研究を再開する。会長就任前、縁あって手に入れた物件が京都東山山麓にあった。その地をＰＨＰ研究の拠点とすべく、まずは庭池の大改造に着手した。それは池泉回遊式庭園といわれ、高名な庭師による作庭だったが、時を経て荒れ放題になっていたため、みずから改造を試みたのである。松下に入社後、ＰＨＰ研究所に出向、のちに幸之助から直接指導、薫陶を受けることになる岩井虔（現ＰＨＰ研究所客員）にとってその手伝いがＰＨＰでの初仕事のようなものだった。そうして整備された東山を借景とする美しい庭には、冬になれば深々《しんしん》と雪が降る。その光景に包まれる庵で真理の探究をするのだからと、真々庵《しんしんあん》と名づけられ

幸之助の研究風景

た。

幸之助はPHP研究のことを、再開後にみずからの〝道楽〟ということもあった。そして、戦後の苦境の中で始めたPHP研究に再び没頭することが、みずからが歩むべき〝道〟であり、〝楽〟しみでもあるといわんばかりに、精力的に研究成果を世間に訴え始めた。

例えば『文藝春秋』一九六一（昭和三六）年一二月号に寄稿した憂国論のタイトルは「所得倍増の二日酔い」。日本は貿易自由化を控えているのに、他力本願で高度経済成長を実現できたという事実を認識しないまま、浮かれた気分でいる。そうした現状に警鐘を鳴らしたのである。

「所得倍増はけっこうであると思います。所得三倍増もけっこうです。しかしそれにはなんといいましても、それを遂行する基本的力が必要なのです。いままで時速五十キロで走ってきた自動車を、所得の倍増ということで、それを時速百キロで走らすには、自動車そのものを吟味しなければならない。また、運転手の腕がいいかどうか、ということも吟味しなければならない。そうしなければ、五十キロで安全運転していたからといって、百キロになっても安全運転できるとは言えない。と同時に、やはり国民精神の基本的な作興運動というようなものを基礎に所得倍増をのせていかなければならない」と書かれたこのエッセイは文藝春秋読者賞を受賞するほど反響が大きかった。

ただここで、幸之助の企業家人生が終わったわけではない。松下本社には週一回出勤と決めていたが、真々庵でも政財界の要人や有識者、松下グループ各社の役員、代理店社長らと面談している。創業者として、松下の経営を頭から取り去ることなどありえなかったのである。

(1) PHP総合研究所編［一九九一〜九三］、『松下幸之助発言集』二二巻（PHP研究所）一八六〜一八七ページ。この後、幸之助は実際に『PHP』誌の発行のみにPHP活動を制限することになった。
(2) 江崎利一［一九七七］、『商道ひとすじの記』（日本実業出版社）二〇〇ページ。
(3) 前掲『松下幸之助発言集』二二巻一九八〜二〇四ページによる。
(4) 佐藤悌二郎［一九九七］、『松下幸之助・成功への軌跡』（PHP研究所）四〇八〜四一九ページによる。
(5) 幸之助は元来、外見に無頓着なほうで帰国後もそれは変わらなかったようだが、一九五五年頃のある日のこと、行きつけの散髪屋で「あなたの頭も立派な会社の広告塔」だと店員に言われて感心し、以後いっそう気をつかうようになったという。一九七六年刊行の自著『経済談義』（PHP研究所）では、経営者がみずからの会社のイメージをよくするためには「進んで整形手術でもなんでも受けるほどの覚悟をもってのぞむこと」も必要ではないかとまでいっている。
(6) 視察した十数件の企業名は、すべては明かされていないが、RCAを訪問した際に幸之助はその研究開発の資金調達面に感心したという。
(7) 前掲『松下幸之助発言集』八巻二四三〜二四四ページ。
(8) 同前三〇巻三六ページ。

（9）谷口全平［一九九九］、「『新政治経済研究会』の真意」『松下幸之助研究』一九九九年春季号（ＰＨＰ研究所）による。

（10）平本厚［一九九四］、『日本のテレビ産業』（ミネルヴァ書房）二三ページ。平本は電子機械工業会が一九六八年に刊行した『電子工業20年史』三一〇～三一四ページを参考に記述している。なお松下もＲＣＡとは「ラジオ及びテレビジョンセット・ＦＭ非放送通信装置・工業用テレビジョン装置の回路についての特許」に関して一九五三年七月に契約締結している（有価証券報告書による）。

（11）松下幸之助述、石山四郎・小柳道男編［一九七四］、『《求》松下幸之助経営回想録』（ダイヤモンド・タイム社）一八六～一八七ページ。

（12）『松下電器時報』一九五一年四月一五日付。

（13）松下幸之助［一九七九］、『決断の経営』（ＰＨＰ研究所）七三ページ。

（14）Ｐ・Ｊ・バウマン著、高橋達男訳［一九六四］、『アントン・フィリップス』（紀伊國屋書店）に所収の幸之助が寄せた「本書をすすめる」による。

（15）『松苑』第四号（松下電器客員会）三〇ページに所収の浦野哲雄の回想による。

（16）前掲『松下幸之助発言集』七巻一六一～一六三ページ。

（17）経営指導料に関していえば、幸之助がアメリカでコンサルティング・ファームのブーズ・アレン・ハミルトンを訪問した際、経営の指導が商売になっていることを知った。前掲『松下幸之助発言集』二五巻五四～五五ページに収録。幸之助は社名を「ブース・アレン・アンド・ハミルトン」といい、「経営指導会社」と認識していた。

（18）髙橋荒太郎［一九八三］、『語り継ぐ松下経営』（ＰＨＰ研究所）九六、九八～九九ページ。

（19）松下幸之助［一九七五］、『指導者の条件』（ＰＨＰ研究所）一〇九ページ。

（20）石山四郎ほか［一九六七］、『松下連邦経営』（ダイヤモンド社）六四～六五ページ。

(21) ＰＨＰ研究所研修局編［一九八〇］、『ＰＨＰゼミナール特別講話集・松下相談役に学ぶもの・第四集』（ＰＨＰ研究所）に収録された松本三郎の講話等で、当時の様子を知ることができる。
(22) 二〇〇九年開催「松下幸之助没後二〇年カンファレンス」での水野博之の基調講演から。
(23) 山下俊彦［一九八七］、『ぼくでも社長が務まった』（東洋経済新報社）一二四～一二五ページ。
(24) 松下幸之助［一九七三］、『商売心得帖』（ＰＨＰ研究所）七八～七九ページ。
(25) 松下幸之助［一九八九］、『夢を育てる』（日本経済新聞社）四七ページ。
(26) 松下幸之助［一九六八］、『一日本人としての私のねがい』（実業之日本社）二二四ページ。
(27) 岡本康雄［一九七九］、『日立と松下（下）』（中公新書）四九ページによる。
(28) 前掲『松下幸之助発言集』六巻四三～四六ページによる。幸之助は久保田が没後の一九六二年、久保田鉄工株式会社の販売研修会に呼ばれて講演。当時の提携のいきさつもそこで詳しく語っている。
(29) 読売新聞大阪本社政経部編［一九八四］、『松下企業連邦の人材パワー』（読売新聞社）一五八～一六二ページによる。
(30) 『エコノミスト』一九六六年三月八日号（毎日新聞社）八六～八七ページ所収の安藤良雄のインタビューによる。
(31) 松下幸之助、ルイス・ランドボルグ著、石山四郎編［一九八〇］、前掲『日米・経営者の発想』（ＰＨＰ研究所）一八四ページ。
(32) 前掲『松下企業連邦の人材パワー』一六三～一六五ページによる。
(33) 髙橋荒太郎［一九七九］、『松下幸之助に学んだもの』（実業之日本社）一六一ページ。
(34) 松下幸之助［一九七六］、『経済談義』（ＰＨＰ研究所）二二六～二二七ページ。
(35) 前掲『松下連邦経営』一八一～一九三ページによる。
(36) 松下幸之助［一九七四］、『経営心得帖』（ＰＨＰ研究所）一九ページ。

（37）例えば、幸之助の側近であった錦茂男が「心眼をもった人」『ＰＨＰほんとうの時代』二〇〇一年一〇月特別増刊号（ＰＨＰ研究所）三三～三四ページで当時の状況を回顧している。
（38）前掲『松下幸之助発言集』二二巻三五九ページ。
（39）前掲『経済談義』二一一～二一三ページによる。
（40）前掲『商売心得帖』九四～九五ページ。
（41）この時期、急成長を続ける電機業界は競争が激化、乱売の様相を呈するようになり、正価販売をしていた百貨店までもが一部テレビなどの安売りを始めてしまう。幸之助は一九五八年の経営方針発表で「乱売問題が各地に起こり、一般の顧客が、電気器具の価格に対して非常な不信をもつ」ことに強い懸念を示している。
（42）ジャーナリストの柳田邦男が月刊『現代』（講談社）において連載した「経済元年」の第六話（一九七七年一〇月号）による。
（43）この広告については、竹岡美砂「ナショナル宣伝研究所と幸之助さん」『ＰＨＰビジネスレビュー　松下幸之助塾』二〇一四年一一・一二月号（ＰＨＰ研究所）二八～二九ページが詳しい。
（44）家庭電化による女性の家事労働からの解放に対する幸之助の貢献については、川上恒雄［二〇一二］、『ビジネス書」と日本人』（ＰＨＰ研究所）一六七～一七二ページによる。
（45）青地晨「電化ブームの家元、松下幸之助─三度長者番付のトップとなつた男─」『中央公論』一九五八年七月号（中央公論社）二六八～二六九ページによる。
（46）玉城芳治［一九七七］、「家電マーケティングと商業─系列化・被系列化の論理」『同志社商学』第二八巻第五・六号（同志社大学）一一二ページによる。
（47）加藤秀俊［一九六二］、「電化革命の担い手」『別冊中央公論　経営問題』秋季号（中央公論社）三四九ページ。

(48)松下電器産業株式会社［一九六八］、『松下電器五十年の略史』（同社）三二八～三三〇ページによる。

(49)前掲『日立と松下（下）』によると、「五ヵ年計画」の期間にほぼ相当する一九五〇年代後半には、生産額でみた家電機器全体の年平均伸び率は五〇パーセントをゆうに超えていた（同書四三ページの表七参照）。

(50)一九五三年八月、三洋電機が国産初の角型噴流式洗濯機を発売している。従来の攪拌式洗濯機の半値近いという破格の価格で爆発的な人気をよび、のちに評論家の大宅壮一がこの年を「電化元年」と名づけた。三洋電機株式会社［二〇一四］、『三洋電機　経営史　一九五〇―二〇一一』（同社）四九ページによる。

(51)前掲『松下連邦経営』一二九～一三三ページによる。

(52)三鬼陽之助［一九九四］、「名経営者の陰に名番頭あり」『プレジデント』一九九四年一月号（プレジデント社）七四～七六ページ。

(53)松下幸之助［一九八〇］、『経営のコツここなりと気づいた価値は百万両』（ＰＨＰ研究所）三八～三九ページ。

(54)松下幸之助［一九七〇］、「〝座して待つ〟はもう古い」『週刊ダイヤモンド』一九七〇年一月一二日号（ダイヤモンド社）二五ページ。

(55)前掲『松下幸之助発言集』二三巻一八五～二二四ページによる。

(56)同前二〇巻一三七～一三八ページ。

(57)同前二三巻一三七ページ。

V　再登板、力ある限り

会長期に果たした主な役割

一九六二（昭和三七）年、幸之助はアメリカの『タイム』誌のカバー・ストーリーでとり上げられた。世界市場で躍進する日本企業家の代表的存在として、その知名度は高まる一方だった。『ライフ』誌でも東京オリンピック直前の一九六四年九月一一日号で「最高の産業人、最高の所得者、思想家、出版人、ベストセラーの著者」として紹介された。当時八〇〇万部は刷られていたというこの雑誌で、自動車王フォードとアルジャー（アメリカの牧師兼作家）の二人を一人で兼ねそなえた人物と評されている。『ライフ』誌の取材は同年の春に真々庵で行われたが、庭内の一隅に配された「根源社」の前で柏手を打ち、礼拝する幸之助の姿に同誌の記者は関心を持ったようだ。幸之助は、真々庵で研究を進めているＰＨＰは宗教団体ではない、この社は宇宙の根源力――幸之助はときに「神さん」のようなものだと説明する――を顕現するもので、その前でみずからの心を正すのだ、などと記者に語っている。その後も真々庵は迎賓施設の役割も果たし、国内外の有識者と交流を深める場になった。海外有識者では例えば歴史家アーノルド・J・トインビーが来庵、対談収録がなされ、『PHP』一九六八年三月号に掲載された。ほかにもケネディ政権下で日本大使だった親日家のエドウィン・O・ライシャワーが来訪している。[1]

松下本社にも多くの海外有力者が来訪したが、一九六一年八月には、ソ連邦第一副首相ミコヤンと面談している。[2]ミコヤンが人民解放の指導者であったため、幸之助は「ミコヤンさん、あなた方はロシヤ人民を貴族から解放した闘士です。しかし、私たちも女性を家事の煩わしさから解放した闘士といえましょう」と述べたエピソードはのちの語り草となった。[3]以後も欧米先進国だけでなく、アフリカやアジアの各国首脳陣も視察に訪れている。一九六三年にはオランダのベアトリックス王女、タイ国王並びに王妃両殿下が相次いで視察にきた。

こうして会長業を順調にこなす幸之助だったが、松下グループ全社の経営をすべて承継したわけではなかった。松下電子工業については、一九六一年の年初、「フィリップスとの関係」もあり、まだ社長業を続けると発言、[4]それは実行され、六六年二月まで電子工業の社長を続けた。[5]電子工業で苦労して育てた真空管事業も、一九五〇年代半ばのトランジスタの登場でとって代わられるようになった。日進月歩で進化する最先端事業から目を離さずに社長職を続けたことは興味深い。また松下通信工業（一九五八年設立）の社長業も同じく、一九六六年同月に後任の田中克己に承継するまで、幸之助は続けている。さらに一九六四年からは、松下の経営幹部を集めて経営研究会も始めている。

通信工業の経営ではこんな逸話がある。一九六〇年代前半、貿易自由化に踏み切った日本経済が段階的に開放経済体制に移行する中、どの企業にもグローバル競争の波が押し寄せてきた。自動車産業は一九六五年からその激しい波にさらされたが、トヨタ自動車は六一年頃には、松下に半年間で二〇パーセント削減という厳しいコストダウンを要求している。通信工業がカーラジオをトヨタに納めていたのである。そのことを聞き及んで、幸之助は通信工業の幹部にまずトヨタの要求には大義があることを理解させたという。アメリカの自動車産業に負けない体力をつける必要に迫られているトヨタに協力すべきだというのである。その上で改善・改革の発想について道をつける。当時のカーラジオ事業が「三％しか利益のないところを、(トヨタの要求通り)二〇％も下げれば、一七％の赤字が出てしまう」ことに鑑み、それならいっそのこと、性能・デザインのレベルは落とさずに根本的に設計変更をして、大幅なコストダウンをしようと説いて、その抜本的対策は成功するのである。(6)

幸之助はのちに通信工業社長になった小蒲秋定にも直接指導をしている。通信工業は、例えば無線事業など高い技術力を要する部門も抱えていた。厳しい経営状況が続く中、ある日、小蒲は「君、賢い人と偉い人とどう違うか知ってるか」と幸之助に聞かれたという。「君、賢い人というのはね、もの知りや。ものを知ってる人は賢い人や。あるいは、いろいろ本を読んで、勉強して知識の非常に豊富な人、これは賢い人や。（中略）偉い人というのはね、結局、苦しみを何回通り越してきたかということ。その苦しみの山谷を乗り越えた回数の多い人ほど偉いんやで」と、苦戦を強いられていた小蒲に教え諭した。だが、そんな優しい言葉ばかり投げかけていたわけではない。「天下の人、天下の金を使って、赤字を出しているというのは罪人だ。お前は刑務所に行くべきだ」と厳しく叱責されたこともあったという。[7]〝赤字は罪悪〟という幸之助の事業哲学はこうした経営幹部への指導の中で実際に語られた言葉だった。

ほか、幸之助が経営幹部を直接指導した事例は枚挙にいとまがない。独自技術開発により、ハイパー乾電池などを開発、順調に伸展していた乾電池事業が一九六三年にハイトップ乾電池を生みだした時のことである。事業部長は入社以来乾電池事業一筋に歩み、社員から「トンさん」などと呼ばれ、親しまれた東国徳だった。松下グループの中でも「松下らしい」風土をつくり上げたこの努力家を幸之助も「非常に人を信頼し」、しかも「信頼されるという徳分を持」っていると評していた。[8]そのハイトップ乾電池誕生にあたり、東とともに幸之助に説明に行った山本昌平（元松下電器常務）は幸之助にこう言われた。「この乾電池は松下の経営理念そのものを具現化した商品だ。性能は倍なのに価格は5割しかあげていない。あとの5割はお客様にお返しするのだ。長年のご愛顧に対するお礼にお返しするのだ。君らも自信をもって商いをしなさい」[9]。山本が感激しないわけがなかった。

松下の海外展開

国内事業にグローバル化の波が押し寄せる中、松下は海外展開の速度を早めた。海外進出の方針について、一九六三（昭和三八）年のある講演会で幸之助は語っている。そこでは、時代感覚の必要性を説きつつ、海外進出は社会の要求であり、日本の発展に必要だという使命感を強く自覚することがまず重要だと語り、その上で大きく三つのポイントを指摘した。要約すれば、第一は「人」である。「人」とは経営のわかる人、商売ができる人、であり、そうした人材がなければ進出は我慢すべきだという。第二は、相手国に適した製品と販売方法であり、第三が「どこにもない商品をつくる」ということだった。この第三が「いちばん決定的」であり、「そういうすぐれた商品が幸いお互いの手において生まれたならば、これは一、二の点について弱体でありましても、海外進出は可能である」という。その上で資金面、宣伝・PR面などが伴えば海外進出は成功するといった考えを披露したのだった。[10]

さらに一九六四年、年初の経営方針発表会では、グローバル市場に積極的に打って出ることはもはや社会的使命であり、義務であると社員に強く訴えている。「ちょうど三十年前に、大阪でいくら売れるかということを考え、そしてそれをつくって、ちょうど大阪でそれだけのものを売って、だいたい経営が成り立った（中略）それを忘れてはならないと思います。しかし松下電器に関しましては、もう舞台が変わってまいりました。世界を対象としてものを考え、事を行うということにしなければならない状態に立っておる松下電器が、それをしなくては、それは懈怠したことだと思うのであります。なすべき立場に立っておる者が事をなさないということは、許されない[11]」。

この幸之助の発言は、社長の正治による国内経営局と海外経営局に分割して全世界に事業を伸展させていくという経営方針発表を受けてのものだった。それまで国内と海外でそれぞれ考えていたのを、世界という一つのものさしで考えようと発想の変革を要望したのである。同年一月、新設された海外経営局の責任者となった髙橋もその経営基本方針を徹底することに力を尽くした。「私が海外へ出て行く人たちにやかましくいったことは、『海外でどんな仕事をするにしても、あくまでも松下電器の経営の基本方針に沿って仕事をするんだということを忘れないでほしい。どんな製品を売ればその国の人たちにプラスになるのか、どうすればその国に貢献できるのかをまず考え、ものごとを検討していくことが大切である。何でも売りさえすればいい、儲ければいいという考え方では、それは必ず行き詰まる』ということであった[12]」。

髙橋の活躍はこれまで見てきた通りだが、経理面でも人材を育成、その一人の樋野正二は、フィリップスから導入したバゼットシステムを松下の経営に即した制度に育て上げ、松下銀行と呼ばれる堅固なダム経営を支える財務体質づくりに貢献した。樋野は〝経理とは経営経理〟を信条としていたが、それは幸之助の「経理というものは単に会社の会計係ではなく、企業経営全体の羅針盤の役割を果たすいわゆる経営管理、経営経理でなければならない」という信念にもとづくものであり、これもまた松下の経営理念実践の一つの姿だといえよう[13]。

また高橋は、大番頭役として細やかな配慮も欠かさず、経営基本方針の徹底と同時に「実際の職場環境の整備という面も、まっさきに手がけていった」。それは「社員食堂、手洗い、更衣室といった従業員に直接関係のある所から改善していかなければ、決していい製品は生まれてこない。従業員の一人一人が気持ちよく、そしてきちっとものごとを処理するという心を自然のうちに養うということが、ものをつくるうえで、一番大切なことだ」と考えたからだ。

そして「松下電器では物をつくる前に人をつくるというのが基本である。だから人の心を自然のうちに育てるためにも、環境の整備を重要視している。（中略）たとえその工場が赤字で、それだけの経費を投入することが困難であっても、困難だからといって放置するのではなく、これに経費をかけることによって、より以上のものを生み出すことができるということで、例外なく職場環境の整備を優先的に実行した」[14]という。人材を育てるにはこうした地道な努力の積み重ねが必要だったのである。

重大な危機を前に下した撤退の決断

松下製品がグローバル市場に進出していく中で、売上高が順調に推移していたのは東京通信工業（のちのソニー）に、特にアメリカ市場において先んじられたトランジスタラジオ、さらにテープレコーダーといった民生用機器であった。[15]一方、弱電業界に進出し、松下の競合会社となっていた東京芝浦電気、日立製作所ら重電メーカーは、コンピュータビジネスに大きな期待を寄せていた。通産省も、当時総生産額が急速に拡大していた国内の民生用機器よりも、産業用電子機器の重点化を明確にしており、官民ともにコンピュータ分野参入が目指された時代だった。[16]

経済史家の長谷川信、武田晴人によれば、例えば一九六〇（昭和三五）年八月の省議決定「今後の電子工業の振興方針について」で掲げられた方針の根底には「アメリカの電子工業と同じく、日本の電子工業も」「産業用エレクトロニクスが中心にならねばならないという認識」があったという。そして一九六一年、国内コンピュータ主要メーカー七社（富士電機製造、日本電気、日立製作所、東京芝浦電気、沖電気工業、三菱電機、松下通信工業）の共同出資により、資本金一〇億五〇〇〇万円で日本電子計算機（ＪＥＣＣ）が設立された。各社は協力しつつも、しのぎを削る方向へと進み、独自開発を決めた富士通以外の各社が、海外有力企業と技術導入契約を結んでいる。そうした中、松下通信工業もフィリップスと一九六四年三月に技術導入契約を締結する。この競争に身を投じる意志が幸之助にはあったのである。しかし同年一〇月、重大な決断を下す。いまも賛否が分かれる大型コンピュータからの撤退である。当時、「技術がないからやめたのか」などと批判されたが、「電算機については、量産化を目ざし、十数億円もの研究費をつぎ込み、五年の歳月にわたって研究を続け、試作品も一、二台は実用化の段階にまで進んでいた」と幸之助はいう。

そんな時期であったにもかかわらず、急遽撤退を決断した理由を幸之助自身はこう語る。そのころチェース・マンハッタン銀行の副頭取が来て、話題が電子計算機のことになった。「私の銀行は世界中にお金を貸していますが、電算機メーカーは、ほとんどどこも経営がうまくいってない」と知らされ、さらに「他の部門でかせいでいるので、会社が倒れるまではいきませんが、しかし電算機部門はみんな赤字です。アメリカでもＩＢＭ以外はみんなしだいに衰微」していると聞き及び、それで決断にいたったのだという[17]。

アメリカのコンピュータ産業は〝白雪姫と七人の小人〟と称されるように、ＩＢＭの優勢が明らかで、それ以外の七社（スペリー・ランド、バローズ、ＮＣＲ、ＣＤＣ、ＧＥ、ＲＣＡ、ハネウェル）が熾烈な競争を繰り広げ、次第にシェアを縮小させることになったのはよく知られている。

度が過ぎた企業間競争、過当競争に対する幸之助の嫌悪感は一貫したもので、アメリカの企業家と口論になったことさえあった。その企業家が、いくら儲けても、なお儲けたいというのが人間の本性だというので、幸之助は「人間の本性であっても、その本性を抑えるという理念というか、精神的な文化というか、そういう高まりをもってそれを抑えないといかん。いわば欲望を理性で抑えるということに成功せねばならん。その欲望を理性で抑えるというところにこそ経営者の責任というものはある」と切り返したという。また別の機会では「国と国とが過当競争した場合には、戦争が起こる」ではないかと述べたこともある[18]。

しかしこの大型コンピュータ撤退の幸之助の決断について、前掲の水野博之が興味深い発言をしている。「コンピュータをやろうとか、やめようという発想じゃない。『私は家庭電化というものを日本で先頭を切って軌道にのせた。いろいろなネットワークをつくった。私の天命は、家庭というものを中心にしたエレクトロニクスだ』というところにあるわけですね。だから三十九年に撤退したのも、あの当時のコンピュータが家庭電化とつながらなかったからです。しかしいまは『家庭電化のなかにコンピュータ時代がきますよ』というと、全然アレルギーなんかない。『そうや、それでいい、わかった。コンピュータはやらなあかんのや』となるんですね[19]」。

ともあれ松下を除く六社（すべて東京に本社のあるメーカー）により、通産省が主導しようとした大型汎用コンピュータの開発は進められた。六社には、ラジオやテレビの技術開発力に定評のあった関西の早川電機も入っていないが、早川は民生用の電卓という事業領域を選択、一九六四年に世界初の電卓を開発して、のちの液晶を電卓に採用、コア事業へと成長させた。そして松下はというと、この民生用機器メーカーたる軸足を再確認した決断以後、売上は順調に伸展し、一九六五年以降、資金も堅調な伸びをみせた。

大型コンピュータ事業撤退による投資リスク回避のこの選択は、結果的に、これから直面する経営危機に対しても効果を発揮することになる。

「熱海会談」前後の幸之助

池田勇人内閣が一九六〇（昭和三五）年に掲げた所得倍増計画、すなわち一〇年後の国民所得を二倍にするという計画を実際の経済成長が上回る、それほどの勢いが一九六〇年代前半の日本にはあった。投資が投資を呼ぶ——そんな言葉に修飾された時代の果実を多くの国民が享受していた。幸之助はその最たる享受者として、国内所得番付でたびたび一位になり、名声は日増しに高まっていた。

しかしこの間に、家電業界は大きな試練に直面する。四〇年不況といわれた不況期、家電業界各社が経営危機に陥ることになったのである。一九六四年一一月期（半期）決算で、前年度に一〇パーセント前後の利益率を稼いだ松下でさえ戦後初の減収減益に陥る。同年開催された東京オリンピック以後の過熱気味だった景気を鎮めるために行われた金融引き締めが災いしたとも、家電製品の購入が一巡したからだともいわれているが、幸之助がこの危機をいつ予感し、どう把握していたのかは明確ではない。しかし数年前から、経営体質について社員への叱責がみられるのは事実である。

例えば一九六二年三月の会長講話会で、古いつきあいの代理店主が真々庵に来訪した際の話を持ち出し、松下社員の官僚化を問うている。系列の販売店が自動車を欲しいと営業所に伝えているのに、予算を使い果たしたから次期まで待ってくれと返事されたことを、代理店主が洩らしたようだ。それでは〝刀〟はあげられない、〝素手〟で闘えというようなものではないか。そんなことをしていたら、会社の方針が殺されてしまうのではないかと厳しい声を浴びせている。[20]

「予算によって商売をしていくことはもちろん大切です。けれども、それはあくまで内輪の心づもりであって、外部に対して必要なことは借金してもやる、そういう生きた商売をしなくてはならないと思う[21]」と自著にも記している。

また人心だけでなく〝カネ〟の面ではもっと早くに、幸之助は危機を察知していた。一九五九年一〇月の経団連記者クラブでの記者会見では、すでに小売店の現状が厳しくなっており、そこに金利の問題があることを見抜いている。[22]その危機感は次第に高まっていたようで、前掲の会長講話会で、横行する手形販売により、資金繰りが悪化する可能性を指摘、注意を促すことになったのである。[23]

そして一九六四年六月、新潟に起きた大地震で営業所が過剰在庫による大損害を受けたことで、危機を認識したことも幸之助は自著に多少ぼやかしながらも書いている。「私はその被害の額を聞いて、いささかフに落ちないものを感じました。一言でいえば、大きにすぎると思ったのです。（中略）結局必要以上の品物を新潟に送って、それが現地で過剰な在庫になっていたということでした。ですから、もし適正に品物が供給され、適正な在庫が保たれていたら、それほど大きな損害を蒙らずにすんだわけです。（中略）この話には後日談があります。というのは、新潟の例から考えて、全国の販売機関を調べてみたところ、おおむねどこも同じ姿にあったわけです。そこで、これではいけないというので、いろいろと検討し、種々の改善を行なった結果、いわゆる経営の体質改善に成功したのです」[24]。

この〝後日談〟こそが、翌月の熱海会談とその前後のことであろう。もちろん幸之助には、ほかにも様々な情報源があったに違いない。例えば樋口廣太郎（アサヒビール元会長）もその一人だった。当時、住友銀行の一支店長だったため、松下の代理店と取引があった。樋口はある代理店の荷動きに不自然さを感じ、松下の樋野（当時は財務担当取締役）にその情報を伝えた。熱海会談の三週間ぐらい前のことで、会談が終了して数日後、幸之助から直接、樋口に「樋野にいい報告をもろてね、私、目、覚めましたわ。ありがとう」とお礼の電話があったという[25]。

熱海で手渡された「共存共栄」

一九六四（昭和三九）年七月九日、自社と業界全体の事態の把握、さらに対処策が練られる中で、松下の経営幹部と販売会社・代理店の約一七〇社、計二〇〇名ほどが幸之助の指示のもと熱海のニューフジヤホテルに集められた[26]。当時静岡営業所長だった山崎孝も参席した一人である。

山崎は退職後も熱海会談の語り部となって危機意識の重要性を後輩社員によく説いた。のちに松下の社長となる中村邦夫（現パナソニック相談役）を若手社員の頃に直接指導した人物でもある。山崎は、新潟大震災が起きた翌七月始めに、担当の販売会社・代理店の社長を同道して九日に熱海に参集することを本社から言い渡されたという[27]。

熱海では延べ三日間、幸之助は販売会社・代理店の社長たちと真剣に向き合い、本音をさらけ出し合った。それでも販売会社や代理店からの苦情はとどまらない。幸之助も最初は、参加した社長らの努力不足を指摘し、改革を促す発言もしている。「血の小便をたれるまで努力をしましたか」と厳しく問いかけたのもこの時である。しかし各社長たちも必死である。噴出する反発の声に幸之助は黙りこむことさえあった。修羅場が続く中、最終日を迎えた。

そして、幸之助が辿りついた結論はやはり共存共栄の道だった。眼に涙を浮かべ、販売に協力してもらってきた、これまでの恩に報いる覚悟を固め、その心情を切々と訴える幸之助の姿に、場は静まりかえり、お互いの進むべき道は定まった。

幸之助がすべて共存共栄と揮毫し、事前に準備していた色紙は、帰り際に参加者に配られた。会談後の共存共栄にこめた気持ちが、会談前に筆書きしているときの心境からどう変化したのかは定かでないが、ともかく幸之助は行動を起こした。当時、病気療養中だった安川洋に代わって営業本部長代行となり、自分と松下を育ててくれたお得意先を窮地から救い出すことに全精力を注ぐことになった。

会談後の経営行動

熱海会談後、幸之助は早急に販売制度改革を進めた。約半年ほどの間に営業所長会議を繰り返し、改革の当事者となる各所長に対策を考えさせ、衆知を集める場をつくった。その上で一九六五(昭和四〇)年二月から、各販売会社・代理店の経営陣に新制度への協力の説得が始められる。大阪は幸之助、神戸は社長の正治が受けもち、東京を、営業部門の叩き上げで常務の藤尾津与次に任せた。一地区一販売会社制度への移行は、担当地域の見直しにより各販売会社の既得権が絡むため、難航が予想されたが、各販売会社・代理店への説得を重ねていった。新制度意見承り室を設け、小売店の日々の苦情に耳を傾け、その声を改善の資としてもらおうと、各販売会社の社長に伝えるようにした。

この頃、幸之助はその後の人生を支える言葉に出合う。「青春とは心の若さである。信念と希望にあふれ、勇気にみちて日に新たな活動をつづけるかぎり、青春は永遠にその人のものである」。サミュエル・ウルマンの詩をモチーフに自己流にアレンジしたこの言葉を、幸之助は真々庵の壁に貼り、幾度となく味わい、読み返したという[28]。

改革にあたり、幸之助は「松下の商いは三割減るだろう。二年間は利益はあがってこない。年間、一五〇〇億円の利益があるものならば、二年間で三〇〇億円、それぐらいは捨てよう。それで済んだら安いもんや」と肚を決めて臨んだ。地方の各営業所にはそれまで使っていた「四％の経費」をこの機会に「一％でやれるように合理化せよ」と指示、「余った三％」を販売会社や小売店、需要者に還元していくことを考えたり、経費削減のため、営業所の電子計算機使用をやめさせたりもした[29]。また新月販制度、直取引ならびに月切注文書制度も推進され、これらの努力は実を結び、一九六六年一一月期決算は売上高二五六五億円、経常利益二八七億円という史上最高益をあげることになった。

幸之助の名声を高らしめたこのリーダーシップ発揮の舞台は二年もかからず、無事に幕を閉じたのである。全国の販売会社・代理店はその後、折々の改革が施される。再編などが行われ、名称も変わった。GMS（総合スーパー）や家電量販店といった競合店に次第に販売シェアは奪われていくことになるが、それでも系列小売店数は一九八〇年代半ばまで伸び続けた。ピーク時は約二万七〇〇〇店に達した。[30]

ところでこの熱海会談後の改革時、療養中だった安川は「自ら常務と営業本部長の辞退を申し出て取締役に降格という形になった。しかし、その後また常務、専務となり」、やがて副社長になった。髙橋がそのことについて自著で触れ、「力のある者は力のあるように遇していくということ、これが松下電器の人材育成の一つの要」と書き記している。[31]

問題視された松下製品の価格

熱海会談後の一連の改革が一段落した一九六〇年代後半の国内家電市場で、松下の主力商品となったのはなんといってもカラーテレビだった。一九六四（昭和三九）年の東京オリンピック開催以降、カラーテレビの需要は、いざなぎ景気もあって急速に拡大する。しかしいざなぎ景気の終焉が、その後の日本経済停滞の入り口となって、国家と企業と国民の間に様々な摩擦が生じる。一九六〇年の安保闘争以後の過激化する学生運動、全共闘運動のような反体制運動が次第に政情不安をもたらすようになり、時代は混迷の様相を深めていく。産業面でも高度経済成長の綻びが各方面に露呈、不当表示や食品公害に対する消費者運動が次第に高まりをみせ、司法行政も動くようになった。一九六八年には消費者保護基本法が制定されている。

家電業界では、一九六六年末に公正取引委員会が動き、当時の大手六社（松下、日立、東芝、三菱、三洋、シャープ）によるテレビの価格協定の破棄勧告がなされ、各社は受け入れている。

翌年には、松下とソニーに「ヤミ再販」の嫌疑がかけられた。ソニーは勧告を受け入れたが、松下は徹底抗戦に入ることになった。[32] 併せて一九六八年、アメリカ電子機械工業会が、日本メーカーのカラーテレビがアメリカ市場で安売りされているとして、財務省に提訴するという事態に陥った。繊維、自動車といった業界に続いて、家電製品にも貿易摩擦が生じたのである。

このダンピング容疑は、輸出価格と国内価格との間に大きな乖離があるというもので、それが国内における現金正価と実勢価格の乖離という問題と重なって、消費者の不信感を高めた。すなわち「二つの二重価格」問題に松下は直面したのである。[33]

そしてこの時代、国内の小売・流通業界には大きなイノベーションがみられる。価格破壊、流通革命といった新時代を予感させる言葉とともにダイエーの中内㓛が登場し、堤清二の西友や伊藤雅俊のイトーヨーカ堂、岡田卓也のジャスコらが小売業界において存在感を増した。

特に中内は松下、いや幸之助に価格破壊を仕掛け、松下も、正価から大幅な値下げ販売をするダイエーへの商品納入を止めるなどの対策をとった。伊藤や堤は幸之助に敬意を表し、幸之助も親交を深めたが、中内とは約三〇年もの間、徹底抗争が続いた。生活革命の先導者と流通革命の先導者という、人生観や社会観が異なる両者の激突は、歴史が生み出す必然だったのかもしれないが、幸之助と松下グループにとっては、みずからの経営理念の正当性を証明する上で重要な意味合いを持つ対立だった。

流通革命における中内の理念とは簡略にいえば、価格は消費者が決める、である。幸之助にしてみれば、価格はメーカーが決めるものである。世間から望まれる商品をいち早く開発し、提供する。最初は高価格になるが、原価に適正な利益を付加した正価で売る。それを増産によって可能な限り安価にしていく。もちろん全事業において原価プラス適正利益の考え方で価格設定をしたわけでなく、アイロン開発の際などはまず市場価格を見定め、そこからすべてが始まっている。それでも、メーカーが価格決定するという幸之助の経営方針は揺るぎないものであった。

ではこの価格政策に関して、幸之助の方針を受けとめつつ、時代に即したかたちで実践していくにはどうしたらいいのか――。この難題と、常に対峙することを宿命づけられたのが、二代目社長の松下正治である。どこまでが変えていいもので、どこからが変えてはいけないものなのか――。それは松下だけでなく、成功した創業者を持つ企業の二代目以後の社長が迫られる経営判断であろう。

一九七二年の経営方針発表会で、正治は価格についてこう述べた。「元来、価格というものは、販売店やメーカーが最終的に決定するものではありません。消費者の総意が、商品の効用に見合う価値を判断して決定するのです。しかも、それは一つの平均的な線を上下する小さな幅の中に集約されているとみたらいいと思います。私どもは、消費者の方がたの平均的な評価の線を見出しまして、この線にそって、価格を売買の適正な基準として打ち出しているに過ぎないのです。もし、この判断に誤り、不当に高い価格をつければ、それは通用しませんし、信頼もしてもらえません。反対に不当に安ければ、そこに本来のコスト低減の実りがないために、適正な利益を失ってしまいます。消費者の総意は適正な価格を是認し、そして決定します。この適正価格と原価との差額が利益です[34]」。

幸之助が、創業期に問屋に売り歩きながらつかんだ価格決定の原点に立ち戻ったかのような発言である。一九九五年に刊行した自著でも、正治は松下のプライシングの原則は「市場価格―原価＝利益」であると明確に定義している[35]。

幸之助の消費者観と物価観

幸之助がこの二重価格問題などに心を砕いていた頃、その経営思想・哲学、価値観が揺らぐことはなかったのだろうか。一九六〇年代に急速に発行部数を伸ばした『ＰＨＰ』誌は、その発見の宝庫である。同誌は一九六九（昭和四四）年一月号で一〇〇万部を突破、取引先だけでなく競合会社の社員も購読するほどの勢いがあった。

そして一九六〇年代半ばから看板連載となったのが、幸之助の「あたらしい日本・日本の繁栄譜」である。豊かな時代の到来を切願した幸之助だったが、政治・経済・教育などの各方面で様々な問題を抱える現状に、次第に不安が増していく。その不安を題材に書き記した憂国論は、企業家としての実際の経営行動と表裏をなすものだった。

例えば物価について幸之助は、「世の中が進めば進むほど賃金が上がって物価が下がっていく」のを原則とする。そして物価の安定により、安心して国民が生活を営める社会を実現することを理想とする点で幸之助の主張は一貫している。この考え方は同誌一九六五年一二月号の「こうすれば物価は下がる」、七〇年六月号の「物価を考える」に反映されている。

さらに同年七月号では「消費者は王様、だから……」と題して、商売人が「王様のどんなムリな要望でもきくというのは、はたしてほんとうに家来としての正しいつとめだといえるのであろうか」と読者に疑問を呈している。「例えば製品価格というような面にしても、暴利をむさぼるというようなことは決して許されることではないが、逆に安ければよいというので利益を無視した安易な商売をするというのも、真に誠実な好ましい姿とはいえない。やはりそこには社会的観点あるいは生産者としての立場など、いろいろな点を勘案した上での適正な価格というものがあるはずで、そのことを生産者も十分に吟味し、消費者にもよく理解してもらうようつとめることが大事になると思う」と論じたのだが、これなどは幸之助の価格政策をわかりやすく解説したものといえよう。

加えて幸之助は、その持論への理解を読者に求めようと、「生産者は即消費者であり、消費者即生産者が基本の原則」であって、消費者は「王様ともなり家来ともなる」ため、お互いみずからの益ばかりを要求していると「自分で自分を苦しめる」ことにもなりかねないのではないかと問いかけている。

松下の経営行動に直接結びつく価値観が示された時もあった。創業五〇周年記念の式典を挙行した一九六八年、幸之助は地方の過疎問題に企業としても対処すべく、積極的な地方進出の方針

愉快に自転車に乗る幸之助

を発表した。

この思いは『PHP』誌一九六九年四月号の「過密過疎のない国土に」で論及され、その後、松下は地方進出を着実に実現させた。また一九六七年七月からの資本自由化実施にあたり、「株式の大衆化」のすすめを、同誌六七年一一月号で主張したが、松下では、社員の持株制度を七二年に立ち上げ、浸透させている。

さらにPHP社会の実現という点でいえば、国内でいちはやく週休二日制（一九六五年）を導入したり、一九六七年の経営方針発表会で「むこう五年間で、欧州の賃金を抜いて、アメリカの賃金に近づけよう」と語りかけ、実現してみせたことなどが挙げられよう。

消費者運動の高まりの中で

一九六〇年代、次第に活発化する消費者運動は、一九七〇（昭和四五）年に松下製品の不買運動というかたちになってあらわれた。経営コンサルタントの堀紘一はこの年が「生産第一主義から社会的存在としての企業倫理への視点の移行を促す消費者運動が勃興した年」であり、松下にとっては「消費者運動に矛先を向けられ、ブランドイメージを損ないかねない危機に直面」した時期だったという。あわせて同年八月に「地婦連が首都圏での家電製品の価格調査を行った結果をもとにカラーテレビのメーカー表示価格と店頭での実売価格がかけ離れすぎているとして、表示価格を下げることによる二重価格の解消を迫った。しかし、それに各メーカーが応じなかったため、一〇月からトップメーカーの松下電器をターゲットに不買運動が開始された」とも記している。(36)

貿易摩擦問題、公正取引委員会による価格協定やヤミ再販の勧告、消費者運動──世間を信じ、世間は基本的に正しいといった幸之助が、市場と世間からNOを突きつけられたのである。市場が成熟化すれば価格は下がる。それは経営上のセオリーであろう。その理論の正しさを証明するかのように、絶えず家電製品の価格を下げる努力を続けてきたにもかかわらず、市場はまだ下がるはずだという。この一連の消費者運動に対し、社長の正治は先述のような理論を持し、二代目社長の矜持をみせた。一九六七年の公正取引委員会の勧告から四年間、矢面に立ち、松下の経営方針の正当性を訴え続けた。

しかし不買運動という事態にまで発展する中、一九七一年の年頭に幸之助がついに動いた。「世間は正しい」という信念に立ち戻るのである。幸之助の自著にはこう記されている。「〝正しい仕事をしておれば悩みは起こらない。悩みがあれば自分のやり方を変えればよい。世間の見方は正しいのだ。だからこの正しい世間とともに懸命に仕事をしていこう〟と考えているわけです。そこにおのずと力づよさというものが加わってくるような気がするのです」。そして、ときに誤った判断、誤った処遇をされるときがあっても、長い目でみればやはり世間は正しく、信頼を寄せるべきものだ。そう考えるところに大きな安心感が生まれ、日々の商売に打ち込んでいけるのだと書き綴っている。(37)

その言葉通り、幸之助は行動した。それまで漏らしていた不服、怒りを一切打ち捨て、反省に徹し、感謝の念を深く持とう、松下はトップメーカーではなく、新規開業したメーカーであるとの気構えを持とうと、一月一〇日の経営方針発表会で社員に訴えたのである。(38)

地婦連が発行する『全地婦連30年のあゆみ』には「五年ぶりの減益決算に追込まれた松下電器の松下幸之助会長が同社の経営方針発表会の席で『今年は徹底的に反省し、感謝する年にしたい。消費者運動は尊重する』と発言、この発言が煮え切らなかった業界の態度を転換させた。翌十一日、通産省は業界の指導的立場にある松下電器に対し、『今後発売する新機種については少くとも現行機種より一五％下げた希望小売価格をつけてほしい』と、異例の価格引下げ指導を打ち出した。『最低一五％引下げ』の基準は、公取委のモニター調査の結果と、メーカーからの事情聴取で、一五％引下げの余地ありと判断したため、という。これで急転直下『買い控え運動』は解決に向かって、大きく一歩をふみ出した」と記されている。(39)

地婦連にとっても、松下（イコール幸之助）をターゲットにすることは意図せざるにせよ、価値があったに違いない。そして不買運動撤廃後、同年の同意審決をもってこの問題は一段落することになった。

正しい経営理念を根底から支えるもの

こうした消費者運動のバックボーンには、アメリカ大統領のジョン・F・ケネディが一九六二（昭和三七）年に消費者利益の保護に関する特別教書で掲げた四つの権利（安全である・知らされる・選択できる・意見が聴かれる）がある。そのケネディが発した、豊かな消費生活を支えるスーパーマーケットの未来を祝福したメッセージに感動して、流通革命の先導に確信を持ったのが中内㓛である。幸之助は前述のように、戦後の初訪米でアメリカの繁栄を見、みずからが理想とするPHPの具現、すなわち身も心も豊かな社会の実現は夢物語でないと心に刻んだ。そしてその後のアメリカに登場したケネディの大統領就任演説（一九六一年）の言葉「国があなたのために何をしてくれるかではなく、あなたが国のために何ができるかを考えよう」を好んで、たびたび口にした。それが自主責任経営というみずからの事業哲学に相通ずるものだったからだ。

ケネディのそれぞれの言葉に魅了されたその二人が、真々庵で対峙したことがあった。ある日のこと、幸之助は中内を真々庵に招待したのである。そして「覇道でなく、王道を」という言葉を中内に投げかけたという[40]。このダイエーとの三〇年戦争は、幸之助が没し、正治が会長の時代にようやく幕を閉じた。ただ、中内は幸之助のすべてを否定したわけではなかった。自著にも幸之助の「PHP（Peace and Happiness through Prosperity. 繁栄によって平和と幸福を）の理念に異論はない」とし、水道哲学にも賛意が示されている。[41]

幸之助は「経営にあたっては、単なる利害であるとか、事業の拡張とかいったことだけを考えていたのではいけない。やはり根底に正しい経営理念がなくてはならない。そして、その経営理念というものは、何が正しいかという、一つの人生観、社会観、世界観に深く根ざしたものでなくてはならないだろう。そういうところから生まれてくるものであってこそ、真に正しい経営理念たり得る」と説いた。この言葉を裏返せば、人生観や社会観がそれぞれの理念と行動の基盤となり、そこに違いも生じることを認識していたといえよう。

ともあれ松下はこの一九六〇年代後半の窮地を抜け出し、七一年のドルショックといった危機も乗り越えていく。同年一二月にはニューヨーク証券取引所に株式を上場した。前出の岡本は、この時期の松下の「価格政策における機動性」の高まりに着眼し、市場占有率を見ながら、値上げ・価格据え置き・低価格の「選別的」価格政策を松下がとるようになったと指摘している。[42]

『人間を考える』がついに完成する

幸之助は、社長の正治と副社長の高橋の経営を後方支援しつつ、真々庵でPHP研究の総括段階に入っていた。「経営というものは、人間が相寄って、人間の幸せのために行う活動だといえる」と説いた幸之助が、究極に知りたいのは人間であり、人間の心だった。「人間の容貌、外見に同じものは一つもない。全部異なっている。だから人間の心もみな違っていると思う。もしそう違いを見る顕微鏡があったとしたら……」といった幸之助の人間研究の成果は、一九七二（昭和四七）年に『人間を考える』として上梓された。発売後すぐに話題となり、二〇万部を超える書になった。

人間は万物の王者である――この人間宣言は戦後に開始したPHP研究の成果をまとめた『PHPのことば』（一九五三年刊行）にも記されている。それからほぼ二〇年、幸之助の人間観が揺らぐことはなく、研究再開後にその思索を深めて同書が完成された。出版前に内容を見せた知人たちから賛否両論があったが、幸之助がどうしても世に問いたいと願って刊行されたのだった。

根源社の前で

同書に記された人間観・社会観、そして宇宙観が企業家としての幸之助の経営行動にどう結びつくのかは本書の第三部で触れるが、ここで少し紐解いてみよう。

人間は偉大なものである、万物の王者であると幸之助はいう。だからこそ傲慢にならず、謙虚さを保ち、万物を生かす姿勢が求められる。その姿を維持するには、すべてを容認し、あるがままに認める心、すなわち素直な心の涵養がお互いに必要になると説く。万物を生かす経営は、松下だけでなく、二一世紀を生きるどの企業にも求められる姿勢であろう。

また幸之助は「性善説か性悪説か」と問われれば、どちらも方便であると答える。人間は善にもなり悪にもなりうる。その本質は磨けば光るダイヤモンドの原石のようなものである。この人間観こそが松下における人間尊重の経営の根幹を支えたといえる。

では『人間を考える』に五〇回ほど出てくる「生成発展」とは何か。諸行無常、万物流転といった世の中の様相をいい、日々新たに生きる姿をあらわす言葉である。経営においては絶えず創意工夫を重ね、社会が求める製品を新たに生み出し続け、持続的なイノベーションを実現させる、それがすなわち生成発展の姿である。一方で幸之助は、人間にせよ企業・国家にせよ、いつか滅びゆく存在であると認めていた。そして死もまた生成発展なりといい、松下でさえ寿命があり、社会から必要とされなくなったときには消滅するとした。ただその死の間際まで、みずからの使命に生きることがわれわれ人間のなすべきことだと悟ったのである。

この『人間を考える』という一書に幸之助の思想・哲学の真髄が凝結されたのだったが、同時に長年の企業家活動にも最期のときが近づいていた。

（1）ライシャワーはのちに「その生涯において、驚異的な創造力を武器にして二つの人生を歩んでおられる」と讃え、幸之助の企業家以外の活動にも理解を示していた。エドウィン・O・ライシャワー［一九八二］、「想像力・洞察力・指導力」『松下幸之助全研究5　素顔に迫る　72人のエッセイ』（学習研究社）二〇一～二一〇ページによる。

（2）『社史資料』No.9（松下電器産業株式会社）三七～三九ページによる。
（3）『婦人公論』一九六六年一〇月号（中央公論社）一九八ページの三鬼陽之助「仕事に生きる男性の十二章」による。
（4）PHP総合研究所編［一九九一～九三］、『松下幸之助発言集』二〇巻（PHP研究所）一三六ページ。
（5）『松下電器社内時報』一九六六年三月一日付による。なお後任は松本三郎だった。幸之助は会長となり、一九七一年に会長も退任する際、松本は会長、三由清二が社長になった（同紙七一年三月二一日付による）。
（6）松下幸之助［一九七九］、『決断の経営』（PHP研究所）一二三～一二七ページ。
（7）小蒲秋定［一九七九］、「むずかしいことに成功してこそ」PHP研究所研修局編『PHPゼミナール特別講話集　続・松下相談役に学ぶもの』（PHP研究所）一五二～一五三ページ。
（8）『プレジデント』一九七一年一月号（ダイヤモンド‐タイム社）一七三ページの石山四郎、小柳道男「人間の心を充電せよ」による。
（9）池上確編［一九九四］、『日本乾電池工業会史』（日本乾電池工業会）六八六ページによる。
（10）前掲『松下幸之助発言集』二巻三一～四〇ページ。
（11）同前二三巻二八一ページ。
（12）髙橋荒太郎［一九八三］、『語り継ぐ松下経営』（PHP研究所）一一四～一一五ページ。
（13）樋野正二［一九八二］、『「松下経理大学」の本』（実業之日本社）収録の幸之助の「序文」より。
（14）髙橋荒太郎［一九七九］、『松下幸之助に学んだもの』（実業之日本社）一五八ページ。
（15）岡本康雄［一九七九］、『日立と松下（下）』（中公新書）二六三～二七〇ページによる。
（16）長谷川信、武田晴人［二〇一〇］、「産業政策と国際競争力」石井寛治・原朗・武田晴人編『日本経済史5　高度経済成長期』（東京大学出版会）二三四～二三六ページによる。同書によれば、例えば東京芝浦電気は一九五八（昭和三三）年に省議決定されていた「電子工業振興五カ年計画をベースに」事業計画を立案していたほどだった。

（17）前掲『決断の経営』九三～九六ページ。

（18）前掲『松下幸之助発言集』二巻六六～六七、二一ページ。

（19）水野博之「一九八五」、「松下は家庭電化コンピュータ革命で勝つ」『NEXT』一九八五年一一月号（講談社）一六～一七ページ。インタビュアーはジャーナリストの二宮欣也。この発言を裏づけるかのように、一九七〇年二月の松下内で開かれた経営研究会で、幸之助は「五年前には、電子計算機というものは、松下電器としては中止したほうがいい、むしろ内部全体をがっちりと固めてやっていったほうがいいと考えて一応中止したのですが、これからに、電子計算機というものをまた違った角度で見直さないといけたい」と述べ、端末機などの事業に進出することに意欲をみせている。同内容は前掲『松下幸之助発言集』二八巻一五三ページに収録されている。

（20）前掲『松下幸之助発言集』二六巻九六～一〇三ページによる。

（21）松下幸之助「一九七四」、『経営心得帖』（PHP研究所）五七ページ。

（22）前掲『松下幸之助発言集』二〇巻一五～二〇ページによる。

（23）同前二六巻八八～九二ページによる。

（24）前掲『経営心得帖』四〇～四一ページ。

（25）樋口廣太郎「二〇〇一」、「松下幸之助さんにみる琵琶湖哲学」江口克彦監修『経営の大原則』（PHP研究所）六一～六二ページによる。

（26）熱海会談の運営を担当した土方宥二（パナソニック客員）の談話記録による。

（27）山崎孝が「熱海会談と新販売制度」と題した講演記録より。一九九四年に発行された松下電器教育訓練センター中央社員研修所による『第三回　創業の心研究会』に収録。

（28）松下幸之助「一九六六」、『若さに贈る』（講談社）九ページによる。

(29)松下幸之助述、石山四郎・小柳道男編［一九七四］、『《求》松下幸之助経営回想録』（ダイヤモンド－タイム社）二五八～二五九ページ。

(30)伊丹敬之・田中一弘・加藤俊彦・中野誠編著［二〇〇七］、『松下電器の経営改革』（有斐閣）一〇二～一〇三ページ。

(31)前掲『松下幸之助に学んだもの』二七一ページ。

(32)石原武政・矢作敏行編［二〇〇四］、『日本の流通１００年』（有斐閣）一一五～一一六ページによる。

(33)新飯田宏・三島万里［一九九一］、「流通系列化の展開――家庭電器」三輪芳朗・西村清彦編『日本の流通』（東京大学出版会）一一三ページ。

(34)松下電器産業株式会社［一九七八］、『松下電器　激動の十年』（同社）三二〇～三二一ページ。

(35)松下正治［一九九五］、『経営の心』（ＰＨＰ研究所）四〇ページ。

(36)中山素平・堀紘一ほか［一九九五］、『ベンチャー精神とは何か』（プレジデント社）一〇六～一〇七ページ。

(37)松下幸之助［一九七三］、『商売心得帖』（ＰＨＰ研究所）六～七ページ。

(38)前掲『松下幸之助発言集』二四巻八七～一〇七ページによる。

(39)全国地域婦人団体連絡協議会［一九八六］、『全地婦連30年のあゆみ』（同会）一〇二ページ。

(40)中内㓛［一九九四］、「雨の真々庵で幸之助翁から『覇道でなく王道を』と言われた」『一冊まるごと　松下幸之助』月刊経営塾一九九四年一二月臨時増刊号（経営塾）一一四ページ。

(41)中内㓛［一九六九］、『わが安売り哲学』（日本経済新聞社）四二ページ。

(42)前掲『日立と松下（下）』八八～九〇ページによる。

Ⅵ　企業家の最期

会長引退、相談役としての訓示

一九七三（昭和四八）年、松下は創業五五周年を迎えた。三人の同族経営で始まった町工場は家電産業のリーディングカンパニーに成長、幸之助はいつしか〝経営の神様〟と呼ばれるようになっていた。そして同年七月、幸之助は会長職を退き、相談役になるという決断をみずから下した。髙橋荒太郎が会長となり、松下正治が社長を続けることになった。会長職にありながら現場復帰した熱海会談からは、ほぼ一〇年の時が流れていた。会談後の改革は成功裡に終わり、名声は高まる一方だった。一九六〇年代後半からの消費者運動という大きな試練も乗り越え、霊山顕彰会初代会長、飛鳥保存財団初代理事長に就任するなど、幸之助は社会文化活動にも力を注ぐようになっていた。

のちに交流があった天谷直弘（元電通総研所長）が「彼はすぐれた産業人であったが、産業に埋没することはなかった。彼は大衆の味方であったが、大衆に雷同はしなかった。彼は時流に身を投じて泳いだが、常に流れから顔を上げるようつとめていた」と評したことがある。[1]時流を見渡し、その時々の世相に対して警鐘を鳴らす際にはＰＨＰ研究所の出版活動が機能した。ＰＨＰ研究所では変わらず所長を続け、没するまで継承しなかった。創設以来刊行し続けた『ＰＨＰ』誌以外にも続々と著作を刊行、幸之助の見方・考え方が世間にいっそう知られるようになった。

会長退任にあたり、幸之助は後継の経営幹部たちに社長退任時よりもっと明確な指示を出した。以下六項目である。[2]

一、会長、社長は、真に一体となって、会社業務全般を統御していくこと。
二、会長、社長は、確固たる経営の基本方針を遵守することに精励し、同時に、広く社会から寄せられる当社への要望と期待に正しく応えていくことに努力すること。
三、現業は専務又は常務どまりとすること。副社長は複数の分野を大所高所から担当する。会長、社長は、経営に関しては、重要かつ基本的な問題について指摘し指示するものとし、個々の業務に関する具体的指示をする必要のなくなることが望ましい。
四、会長、社長が、右の如き執務方針を励行しても、各担当者が報告し指示を仰ぐことも多いと思われる。その場合にも右に述べた方針を堅持する心構えをもって対処すること。
五、本年度の基本方針である「新生松下一発足の方針を強化していくこと。

六、会長、社長をはじめ現業重役諸氏は、社会のすべての人々を師表と仰ぎ、大事なお得意と考え、常に礼節を重んじ、謙虚な態度で接することに率先垂範すると同時に、全従業員にこの重要性を徹底すること。

引退表明した取締役会後の記者会見（七月一九日）でも、この方針は公表された。幸之助は様々な質問を受けたが、「〝自分ながらよくやったな〟ということで、自分の頭をこうなでてやりたいような感じです」と感慨深げに語り、新体制に期待してこう述べた。「〝松下電器はすばらしく発展するだろう、国がつぶれないかぎりは〟と、私はこう思っているんです。それは私の夢かわからんですけどね(3)」。

六項の中で「六」には、松下の変えてはならない伝統精神の再確認がなされている。創業以来、大事にされてきた一商売人の姿勢である。幸之助は〝道行く人すべてがお客様〟といったこともある。実際、家電メーカーとして商売を営む以上、資材部の取引先、批評するマスコミもお客様となりうる。「六」の姿勢が徹底されてこそ、松下の持続的成長があると最後に説くところに幸之助らしさを読み取ることができよう。

相談役就任のタイミングは、以後の時代の大きなうねりを予測したかのようだった。同年一〇月には第一次オイルショックが発生、その後も物不足による狂乱物価という事態を日本経済は経験、一九七四年度は戦後初めて〇・五パーセントのマイナス成長も記録された。それまでの高度経済成長は明らかに鈍化、各企業は需給ギャップに悩まされるようになる。

この時期の経済動向を社史『松下電器　激動の十年』は「『輸出依存型の経済運営』により『大幅な貿易収支の黒字』を出すようになったが、それが『欧米諸国との経済摩擦』に拍車をかけた。『ドル安・円高』基調もこの時期からで、『円高による国際競争力』を失いはじめ」たと記している。それまでの成功体験のみに頼っていてはどうにもならない時代が到来したのは明らかだった。けれども松下が継承すべき幸之助の事業哲学は経営環境を言い訳にしないところに特徴がある。「経営のやり方というものは、いわば無限にある。そのやり方に当を得れば必ず成功する。だから、不景気であろうと何であろうと、必ず道はあるという考えに立って、それを求めていけば、やはりそれなりの成果はあがるものである。好況の時とちがって、不景気の時は経営にしろ、製品にしろ、需要者、また社会から厳しく吟味される。ほんとうにいい物だけが買われるというようになる。だから、それにふさわしい立派な経営をやっている企業にとっては、不景気はむしろ発展のチャンスだともいえる。〝好景気よし、不景気さらによし〟である」[4]と幸之助はいうのである。

承継――幸之助と新社長・山下俊彦

会長引退後、一九七六（昭和五一）年に刊行された『素直な心になるために』という幸之助の著書がある。この刊行には数年の期間を要した。当時ＰＨＰ研究所で編集スタッフだった岩井虔は、幸之助自身が〝素直な心になり切れていない〟と強く感じて、素直な心になるための教科書をつくりたいと考えたことから制作が始まったことを記憶している。〝素直な心になりたい〟と何万遍も心の中で唱えたはずの幸之助がいまだその境地を得ることができない。表面上、事業から身を引いていても、相談役・幸之助の日常はまさに葛藤の日々だったということだろうか。

そして一九七七年二月、松下正治の後継者が選ばれた。山下俊彦である。役員二六人の末席から二番目に名を連ねる取締役の抜擢だった。山下は断り続けたが、断り切れない状況がつくられ、やがて引き受け、同族以外からの初の社長が誕生した。三者（幸之助・正治・髙橋）のいずれもが山下に任せることで一致した人事だった。

「これからは世界の繁栄の受け皿としての日本にふさわしい企業としての歩みを進めていかなければならない。そのためには、相当長い年月にわたって発想を新たにし、そして革新的な具体案をつくってそれを実践実行し、成果を上げるという仕事を一人の人間が継続一貫してやっていかなければいけない。だから新しい社長は最低十年間は勤務可能の人でなければならない」[5]。幸之助はそうした考えを基本に山下を選んだようで、山下個人の仕事ぶりについては「実によく人の意見をきいてきき歩いている人だ」[6]と語っている。また「意思決定が早いな。時々、仕事の状態のことも聞くし、業績見てるとそれがよくわかる。それが一番大事ですわ、社長として。意思決定が早いということは見識を持ってるということですわ」などと述べ、ウエスト電気という出向先での体験が「一つの判断材料」だったこと、山下が大卒でないことは決断するまで知らなかったこと(7)なども雑誌のインタビューで明かしている。

ちなみに、山下のウエスト電気出向は一九五六年頃のことである。髙橋によれば、同社は写真用閃光球、いわゆるフラッシュ・バルブの専門メーカーで、松下の電球部門と昔から関係が深かった。経営不振に陥り、再建の手助けの要望が松下にきたが、労組の激しい突き上げもあって経営再建は困難をきわめた。それで松下電子工業の電子管部次長と部品工場長の職にあった山下に再建が命ぜられた。常務として出向した山下はその任務を果たし、優良企業に成長させ、三年で本社に戻った。以後、クーラー部門の事業部長としても活躍、マレーシアでもクーラーの輸出専門工場を一から建設、短期間で成功させ、着々と実績を積んでいたのだという(8)。

社長に就任した山下のところに幸之助はよく顔を出したという。元来、神経質な性分の幸之助は、若い頃から「あれこれ考え出すと、夜もなかなか寝つかれない」ことがよくあった。そのせいで「脈が結滞するというようなことも一度や二度ではなかった」。しかし「社長が何の心配もない、楽々とやれるということであったら、どこに社長の生き甲斐があるのだ。そういうことだったら社長はもうやめたらいい」といいきかせ、自分を叱咤激励してきた。しかも部下の「心配引き受け役としての役割を果たしていくことが、人を使う立場にある者としての大切な心構えだ」と考えていた。社長は「悩み解消の総本山のようなもの」ともいった(9)。だから相談役という立場は会社全体の悩みを聞き、それを解消する総本山でありたいと考えたに違いない。

山下はこう回想している。「社長になってしばらくして、相談役が私の部屋へ一枚の額をもって入ってこられた。『大忍』という字が書かれ、松下幸之助と署名してある。社長就任以来、私は信じるところをやってきたし、いうべきことも率直にいってきた。ときには、そうした言動が相談役の気に沿わぬこともあったかと思う。実際、人事や施策について意見が一致しないこともままあった。そのため『葛藤があるのではないか』などと噂を立てられもした。また、決定が早く、性急でさえあった私の態度をみて、『あの男はクールで話しにくい』といった声もきいた。相談役は、こうした私を心配してくれたのだと思う。人間、ときには辛抱も必要ということを私に教えるために『大忍』の額をわざわざ持参されたと思う」。そして幸之助は山下にこう告げたという。「自分もこの額を部屋にかけておく。きみがこの額をみるとき、私も見ているのだろうと思ってくれたらいい[10]」。

山下体制下では、全松下経営諮問会議という八人の最高経営幹部で構成される諮問機関が発足された。社史『松下電器　激動の十年』によればその八人は幸之助の推薦で、特別議員として相談役、会長、社長が参加したという。現業から生まれる悩み、心配の引き受け役になったのはどうやら幸之助だけではなかったようだ。

山下新社長の活躍

山下が社長に就任した一九七七（昭和五二）年の松下は、売上高一兆四三四五億円、経常利益九六七億円だった。この実績は正治の時代の成果である。山下はとんでもないプレッシャーを背負ったはずだ。けれども在任期間中の九年間で、売上高を二・二倍、経常利益も一・九倍に伸展させた（一九八六年の売上高は三兆一六九二億円、経常利益は一八五一億円）。事業部制の徹底だけでなく、急速に世代交代も進めた。また国内営業部門の再編成と家電販売会社の統合を積極的に推進した。商品別から業界別へと営業組織の再編成に取り組んだ上で、拡大する家電量販店等への政策をとったのである。[11]

そしてこの新社長と幸之助、正治の三代が関与し、成功を得た事業としてよく知られるのがVTR事業である。VTRは松下にとって、ラジオ、テレビの次に核となる事業だった。この事業の推移を詳しくとり上げたのがジャーナリストの佐藤正明による『映像メディアの世紀』（日経BP社）である。それが原作となり、映画化もされ、一般の人々にも松下ら当時の日本の家庭電器メーカーの奮闘ぶりが知られることになった。映画タイトルは『陽はまた昇る』だった。

VTR事業については、社史『松下電器　変革の三十年』にも詳しく記されている。駆け足でその経緯を見てみると、まず松下は当初VX－2000という機種を発売していた。しかし幸之助が、日本ビクターが開発したVHS方式の優れた性能に惚れこんでしまう。そして一九七七年一月に戦略転換を発表、「VHSグループ＝松下電器、日本ビクター、シャープ、三菱電機、日立製作所」などと「ベータグループ＝ソニー、東芝、三洋電機、日本電気」などという構図が次第にできあがる。

VTRは幸之助が会長時代に訴えたグローバルな視点が必要とされた商品だったといえる。山下社長就任直後の同年二月、米国最大カラーテレビメーカーのゼニス・エレクトロニクス社が、VTRでソニーとの全面提携を発表しており、もし二番手のRCAまでソニーと提携するようなら、もはやそれまでという事態に松下は陥っていた。そこで正治はRCAと急ぎ接触、三時間以上録画可能というアメリカ市場ならではの要望、他にも価格、出荷時期などで提示された厳しい条件をのんで、提携に動いた。価格交渉の決断には幸之助も関与した。RCA社との提携により、松下製品は米国市場を席巻することになった。

そしてVTRが本格的に普及していく中で、当初二、三年はベータが優勢だったが、一九八〇年には逆転、それ以後VHSが優勢となり、世界のフォーマットとして国内外市場に定着した。同社史によれば「一九七〇年代半ばまでは一〇〇億円にも満たなかったのが、七八年度に一〇〇〇億円を突破したあとは毎年倍々ゲームで伸び、八五年の声を聞くと約八〇〇〇億円のスケールに達した。同年度の当社の全社売上高は約三兆四〇〇〇億円であったから、VTRは全体の四分の一を占める」ようになった[12]。

ところで映画『陽はまた昇る』で見る以上に、幸之助がこのVTR事業に関与したことは明らかである。ミスターVHSと呼ばれた日本ビクターのビデオ事業部長の髙野鎭雄とは、一九七五年にビクターのVHSの試作品を幸之助が手にする前から面識があったという。それは前年に、ポータブルタイプのカラービデオカメラを幸之助がビクターの工場で見た時だった。すでに相談役の時代である。その製品で幸之助は髙野に信頼を持ったのか、以来直接コンタクトをとる関係になった。そうした開発秘話は『夢中で……。——ミスターVHS・高野鎮雄さんを偲ぶ——』という書でうかがい知ることができる。(13) 子会社とはいえ、独立心が強い日本ビクターの中でも、高野は幸之助の信奉者だったから、幸之助と直接やりとりをしながらの開発は彼の情熱をいっそう燃えたぎらせたに違いない。

才能ではなく、〝誰にも負けない熱意〟こそが責任者には必要である。その幸之助の持論を実践する高野という人材を中心に日本ビクターがVTR事業の未来を切りひらき、松下と力を合わせることで市場を席巻、VTR事業はたちまち山下体制における中核的事業となった。そして山下が後の四代目の後継社長に指名したのは、松下のビデオ事業部長として経営状況が厳しい時期から指揮を振るっていた谷井昭雄だった。

それにしても、幸之助の事業への情熱はいつごろまで持続されたのだろうか。同時期に、ビデオディスクなど他事業でも現場の技術開発者に直接話を聞き、部品や構造を理解して経営判断に関与しようとしていた逸話もある。(14) 正治には幸之助が「八十五、六歳ごろからは、だいぶ気力も衰えて」きたと感じられたが、「最後まで自分の創業した仕事というものに対する執着心というんですかね、これは強烈なものがあった」と述べている。(15) また一九七九年六月には、中国を初訪問、鄧小平ら首脳陣との懇談を実現し、以後の松下の中国進出の道をひらいた。帰国後に、中国は「世界の中の一つの国と見てはいけない」のであって「一つの小世界である」と語った。(16)

松下政経塾の開塾式

松下政経塾に託した想い

一九八〇（昭和五五）年四月、松下政経塾が開塾した。前年に幸之助の私財七〇億円が拠出され、財団法人として設立、第一期生の野田佳彦（元総理大臣）などは、幸之助が直接面接して採用された。野田ら塾生の各部屋には先の山下新社長と同じく、幸之助が揮毫した「大忍」の額が飾られた。

戦後の松下の再建に専念するため、いったん活動を休止していたPHP研究を、会長就任と同時に再開したが、その活動の延長線上に政経塾は生まれた。PHPによる研究会やシンポジウムの開催、著述を通しての政治的アピールにとどまらず、国家の未来を担うリーダー育成の場をみずからの手でつくることに挑戦したのだった。幸之助八五歳の時である。

そしてこの政経塾の指導精神を明文化した塾訓・五誓は、長年培ってきた幸之助の思想・哲学が色濃く映し出されるものになった。

塾訓

素直な心で衆知を集め　自修自得で事の本質を究め　日に新たな生成発展の道を求めよう

五誓

一、素志貫徹の事　常に志を抱きつつ懸命に為すべきを為すならば、いかなる困難に出会うとも道は必ず開けてくる。成功の要諦は、成功するまで続けるところにある。

一、自主自立の事　他を頼り人をあてにしていては事は進まない。自らの力で、自らの足で歩いてこそ他の共鳴も得られ、知恵も力も集まって良き成果がもたらされる。

一、万事研修の事　見るもの聞くことすべてに学び、一切の体験を研修と受けとめて勤しむところに真の向上がある。心して見れば、万物ことごとく我が師となる。

一、先駆開拓の事　既成にとらわれず、たえず創造し開拓していく姿に、日本と世界の未来がある。時代に先がけて進む者こそ、新たな歴史の扉を開くものである。

一、感謝協力の事　いかなる人材が集うとも、和がなければ成果は得られない。常に感謝の心を抱いて互いに協力しあってこそ、信頼が培われ、真の発展も生まれてくる。

四番目の「先駆開拓」の精神は、松下の経営においても幸之助が徹底して社員に要望したことである。こんな逸話がある。ある日、乾電池の事業場に幸之助が突然現れ、そこにあったランプを手にとり、企画課長に「君、今のスイッチはどないなっとるのやね」と聞いた。課長が「今でもこれです」と答えると、幸之助はみるみる顔色を変えて事務所中に響き渡る声で怒鳴ったという。「ええか、これはワシがつくったやっちゃで。何年たつねん。君の考案したのはどれや。一体何やっとるのや。今まで渡した月給返せ、全部返せ！」[17]。企業家精神とはこんな現場の言葉一つひとつに発現されるものなのかもしれない。

「松下の従業員は幸せに働いているか」

一九八〇（昭和五五）年七月、山下社長は熱海で販売会社社長懐旧懇談会を開催する。幸之助も出席し、旧交を温めつつ、新体制への協力を販売会社の社長たちに要望した。量販店などの進出が目覚ましく、家電市場の勢力図が大きく変化した時代に、その対応策として山下は、販売会社の統合・再編に着手したのである。[18]

翌年、幸之助は勲一等旭日大綬章を受章した。一九八〇年代になっても毎年、年頭に開催される経営方針発表会で訓示を述べた。この時期、会長の正治には手痛い思い出がある。雑誌のインタビューを受けたときに、「ひとは松下は金太郎アメというが、私はそれじゃだめだと思う」と言ったという風に書かれたことがあったのだ。すると幸之助が経営方針発表会で「金太郎アメで何が悪いんや」と発言する事態に発展してしまった。松下の集団力の強さを揶揄して「金太郎アメ集団」といわれた時期が確かにあった。正治にすればインタビューの前段で「松下電器には綱領という基本方針がある。その筋が一本通ってれば、全部が同色でない方が私は強いと思う」と話したのに、その部分が抜けて扱われたのだという。抜け落ちた部分はまさに幸之助の理想とするところである。「君、そんなことほんとに言ったんか」と事前に聞いてくれればよかったのだけれどもと正治は述懐しているが、幸之助が次第に老いてゆく中でこうしたすれ違いが生じることはやむをえないことだったろう。[19]

山下は、この一九八〇年代に海外事業の強化と現地生産の推進に積極的に取り組んだ。海外事業では相手国の事情に配慮し、その国に歓迎されることが基本方針だったが、それを明確に継承しようと一九八四年に四つ（人、モノ、カネ、技術）の現地化推進という方針を打ち出した。その基本的な考え方として、①その国で歓迎される事業を行う②その国の政府方針に沿って進める③海外への技術移転を積極的に推進する④海外生産品は品質、性能、コストの国際競争力を持つ⑤利益のあがる経営体質をつくりあげ、事業拡大資金はみずから生み出す⑥現地従業員の育成に努力する――という六点を挙げた。そして海外事業を単なる生産基地として位置づけるのでなく、自主責任経営を前提として発展させていく方向づけもした。[20] この経営方針は海外に赴任する各責任者を納得させるものだった。[21]

その後、日本経済は一九八五年九月にプラザ合意という大きな転換点を迎え、急激に円高が進み、松下への「円高の影響は八六年だけでも三〇〇〇億円のマイナス効果が予想され」たほどで、[22] 新しい時代のうねりは事業規模を拡大させた松下に様々な影響をもたらすことになった。以降、一九九一（平成三）年まで続くバブル景気も含め、老齢の幸之助が実感をもって経済情勢を認識することは困難となった。守口市の松下記念病院で起居するようになり、次第に発声することさえ困難な状態になる。それでも松下の各役員が事業の報告に来るのを待ちわびた。

平田雅彦（元松下電器副社長）も「松下電器の経理を担当して以来、毎月一回は創業者のところに出かけ、決算を通して近況を報告」していたが、一九八九年三月が最後の報告になった。報告を聞き終えた幸之助は「松下の従業員は幸せに働いているか」と平田に語りかけたという。[23]

一九八九年四月二七日、平成の世の始まりに、幸之助は息を引きとった。

（1）『THE21』一九九三年七月増刊号（PHP研究所）一四五ページの天谷直弘「歴史の申し子松下幸之助」による。

（2）『松下電器社内時報』一九七三年七月三〇日付による。

（3）PHP総合研究所編［一九九一～九三］、『松下幸之助発言集』二一巻（PHP研究所）一八九、一九九ページ。

（4）松下幸之助［一九七八］、『実践経営哲学』（PHP研究所）五八ページ。

（5）松下幸之助［一九七九］、『決断の経営』（PHP研究所）二一〇ページによる。

（6）大和勇三［一九八二］、「松下式帝王学の真骨頂―巨耳の巨人―」『松下幸之助全研究5　素顔に迫る　72人のエッセイ』（学習研究社）一六三ページ。

（7）三鬼陽之助のインタビュー記事「松下は官僚主義になってます、山下新社長で一から出直しですわ」による。『財界』一九七七年二月一五日号（財界研究所）に所収。

（8）髙橋荒太郎［一九八三］、『松下幸之助に学んだもの』（実業之日本社）一六六～一六九ページによる。

（9）松下幸之助［一九七七］、『人事万華鏡』（PHP研究所）一八～二〇、一四二ページ。

（10）山下俊彦［一九八七］、『ぼくでも社長が務まった』（東洋経済新報社）八八ページ。

（11）松下電器産業株式会社［二〇〇八］、『松下電器　変革の三十年』（同社）四三～四四ページによる。

（12）同前六〇～七七ページによる。

(13)「髙野さんを偲ぶ本」制作委員会編［一九九四］、『夢中で……。——ミスターVHS・髙野鎮雄さんを偲ぶ——』（「髙野さんを偲ぶ本」制作委員会）。同書にはビクターの経営にかかわった人々の寄稿や対話、証言等が収録されている。
(14) 例えば神尾健三［一九九五］、『画の出るレコードを開発せよ！』（草思社）二四～二五、一二八～一三二、一四六～一五一ページ等。同書では一九七五年以降もビデオディスク開発担当の神尾と直接やりとりをしていたことが明かされている。
(15)『月刊Asahi』一九八九年八月号（朝日新聞社）一〇六ページの松下正治「私だからこそ語れるオヤジ『幸之助』」による。
(16)『Voice』一九七九年九月号（PHP研究所）二二一ページによる。
(17) 上田八郎（松下電池工業OB）がその現場にいた。この叱責のあと、幸之助は気を静め、「もうええわ。そやけど君やったらやってくれると思うたんや。今でも思うてんねん」という言葉を残して去っていったという。PHPゼミナール資料による。
(18) 前掲『松下電器　変革の三十年』八二～八九ページによる。
(19) 前掲『月刊Asahi』一九八九年八月号一〇六ページ。正治が言っているのは一九八二年の経営方針発表会での幸之助の発言である。
(20) 前掲『松下電器　変革の三十年』九〇～九七ページによる。
(21) 青木俊一郎ら海外責任者を経験したパナソニック客員らへのインタビュー等にもとづく。
(22) 前掲『松下電器　変革の三十年』五六～五七ページによる。
(23) 平田雅彦［一九九八］、『二人の師匠』（東洋経済新報社）二一八ページ。

第二部 論考

“経営の神様”の核心に迫る

戦略的経営者としての松下幸之助

I　経営戦略論からみた「幸之助」

1　幸之助と経営戦略

「経営戦略」を語らなかった幸之助

今もって〝経営の神様〟と呼ばれる松下幸之助の経営戦略が一体どのようなものであったか。その戦略がどのような成果を生み出したのか。そのことを論じる前に、まずわれわれは幸之助という企業家が経営戦略という言葉を積極的に使うことがなかったという事実に気づかなければならない。

経営戦略という言葉が日本の経営学界と産業界に定着したのは、実は一九七〇年代以降のことである。経営戦略という言葉を用いた経営学の最初の研究書は、アルフレッド・D・チャンドラー・ジュニア（一九一八～二〇〇七）の『経営戦略と組織』（邦題）であり、原著の出版は一九六二（昭和三七）年である。それまで、われわれが経営戦略と呼ぶものは長期経営計画、あるいは経営政策、経営企画、あるいは戦略的経営計画という名称で呼ばれていた。日本でも一九七〇年代は戦略的経営計画という言葉がよく使われていた。

つまり幸之助が現役の経営者として日々直接に経営の指揮をしていた頃は経営戦略という言葉が世の中で使われることがあまりなかった。だから幸之助が「経営戦略を語る」ということもなかったのである。

経営学における「戦略」の意味

本題に入ろう。まず経営学において、経営戦略の意味を考える場合、二つのものを区別をしておくことが必要になる。

第一は、企業家あるいは経営者が、みずからの頭の中で、企業の将来の設計図として描いている構想としての戦略である。ただ言葉あるいは計画として示された構想が、外部の観察者にはわからない場合もある。構想は経営者の頭の中にあるもので、それを直接見ることはできないからである。その場合は、経営者の意思決定の軌跡から戦略を読み取らざるをえない。

そこで第二の、経営者の意思決定の軌跡としての戦略の存在を認めなければならない。しかしこれは、あくまで実際に実行された意思決定の軌跡としての戦略であり、経営者が頭の中に描いていた戦略とは異なることもある。また、この軌跡の背後に将来への構想があったかどうかはわからない。あったからこそ一貫した軌跡が生み出せたという場合もあるし、なくても、経営者の決定が適宜うまく行われていたために、あたかも構想に従って行動したかのごとくの軌跡が描けたという場合もある。さらにいえば、企業経営においては大抵、予測できない環境変化や反応が起こりうるから、構想された戦略がそのまま実行されるとは限らない。

そうした前提を踏まえ、本章では、第二の戦略の意味合いにおいて、幸之助の戦略について論じる。企業の将来の姿について幸之助は具体的な設計図は示していないが、彼と松下電器（現パナソニック。以下、松下と略す）の人々は、あたかも明確な設計図があり、それに従って行動したかのような、一貫した軌跡を描くことができ、目覚ましい成果も上げることができた。そしてそれが、どのようなものであり、どのような成果を生み出したのかを明らかにすることが本論考の課題である。

二種類の経営戦略

現代の経営学では経営戦略の内容は二つに分けられる。一つは成長戦略または事業構造戦略、あるいはポートフォリオ戦略と呼ばれるものであり、もう一つは事業戦略、あるいは競争戦略と呼ばれるものである。

前者は、社会の変化に合わせて事業の新陳代謝を図り、企業を成長軌道に乗せることを課題としている。後者の戦略をつくることは、松下では事業部長の任務とされてきた。幸之助は前者の決断を行い、かつ後者の事業部長がよい戦略を生み出せるような諸条件をつくり出すことに力を

図表1　松下の営業利益・営業利益率の推移

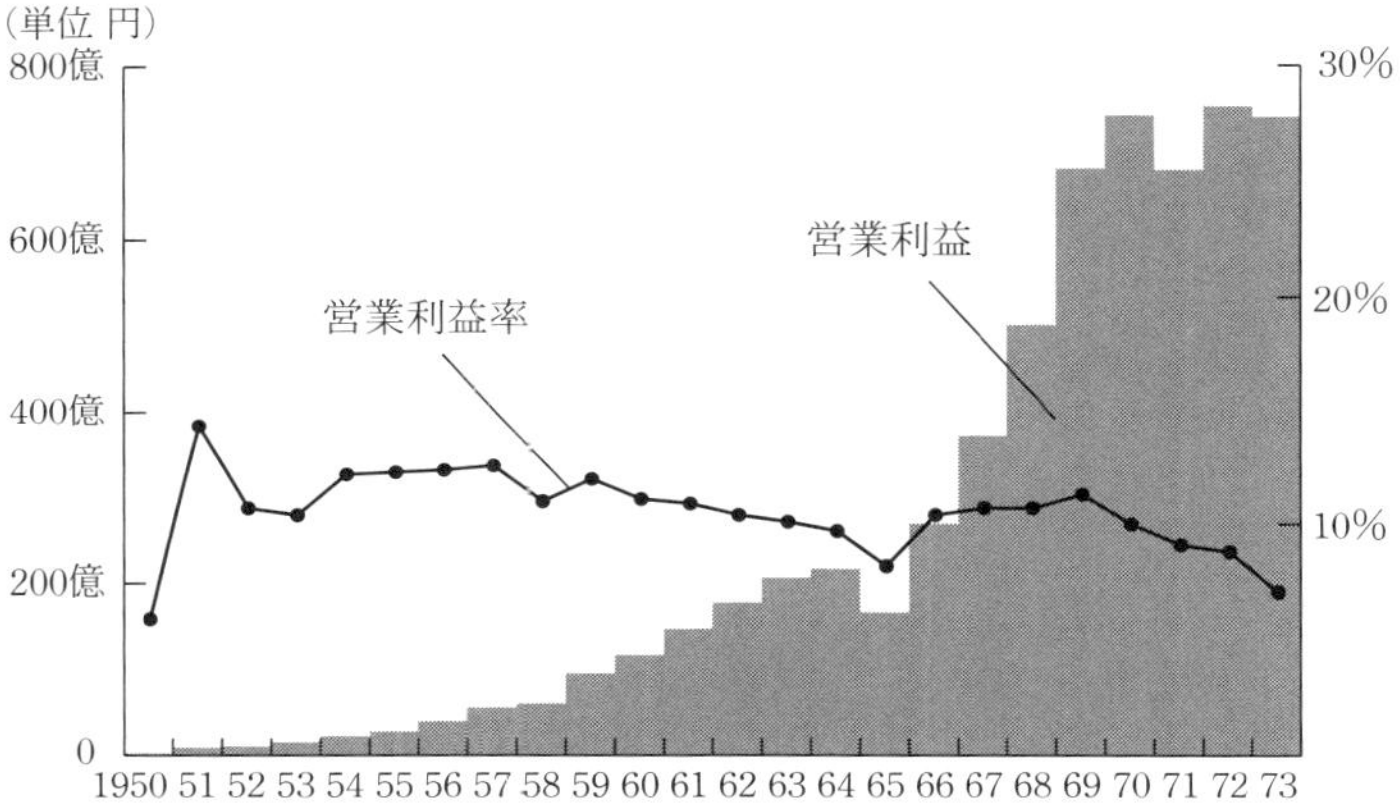

［出典］『有価証券報告書』をもとに作成。対象としたのは、事業部制を敷いた1950年度から幸之助が会長をつとめた1973年度まで。

注いだ経営者である。

　ではその成果はどうだったか。まず成長戦略の成果はというと、従業員三人からスタートした松下は、幸之助が退いた時点では三万二〇〇〇人（会長退任時は約六万六〇〇〇人）だった。現在では従業員約五万人（連結では全世界で約二五万人）にまで成長している。この数字だけをみても、幸之助の成長戦略は目覚ましい成果を上げたといえるであろう。

　この間に、松下の事業構成は大きく変化している。最初はプラグを製造・販売するだけの単品企業であったが、幸之助が引退する頃には家電製品の総合メーカーとなっている。そればかりか、電子部品や産業用機器にまで進出している。

　次に事業戦略の成果はどうか。事業戦略の成果は事業の営業利益と市場シェアでみることができる。幸之助の時代には松下の主力商品のほとんどは、業界でトップあるいは第二位のシェアを占めていた。**図表1**にあるように、事業の営業利益は総じて右肩上がりだったし、営業利益率も一〇パーセント前後を確保し続けていた。

幸之助が示したのは「夢」と「ビジョン」

将来の企業のあるべき状態についての具体的な構想としての経営戦略を、企業内外に示し、共有することによって、経営者・経営幹部は、企業内の様々な部署で行われる意思決定に、時間的・空間的な整合性を生み出すことができる。時間的な整合性とは、ある時点で行われる意思決定と、その後で行われる意思決定の整合性である。空間的な整合性とは、ある部署で行われる意思決定と、別の部署で行われる意思決定の整合性である。

重要な意思決定が一人の経営者と少数の幹部によって行われる企業では、この戦略は経営者の頭の中にあればよい。しかし企業の規模が大きくなり、事業の幅が広がってくるとともに、多くの人が意思決定の指針にできるように、具体的な構想としての戦略が語られる必要がある。

構想としての戦略は様々に抽象レベルで示される。最も抽象的な構想は「夢」である。こんな会社にしたいという経営者の夢である。幸之助の場合、この夢は経営理念、もしくは会社の使命として語られた。あるいはそれしか語られなかったといえるかもしれない。

夢に近い抽象性を持つが、もう少し具体化された構想が「ビジョン」と呼ばれる。さらに具体的なものは「目標」、さらに具体的なものは「計画」と呼ばれる。

比較的近い将来に関しては、計画としてかなり具体的に構想を示すことができるが、長期になれば抽象的にならざるをえない。あまり具体的に示せば、環境の変化によって、具体的な計画が意思決定の指針として意味を持たなくなる可能性があるからである。よって最近では、環境の変化に合わせて、計画を毎年つくり直すローリング方式がよく用いられるのである。

幸之助はかつて「二五〇年計画」を示した。第一部で触れたように、一九三二（昭和七）年五月五日、産業人の真の使命を闡明、その達成のために従業員に示したのは、二五年間を一節として、計一〇節を繰り返すという計画だった。二五年は一〇年（建設時代）・一〇年（活動時代）・五年（社会への貢献時代）に区別される。この年は「命知元年」とされ、以降、五月五日はパナソニックの創業記念日になっている。

これは夢に近い構想であり、戦略としての計画というよりは理念の表現形態だといったほうが適切かもしれない。最近の言葉を使えば、二五〇年ビジョンともいうべきものである。

2　成長戦略

企業の永続性と製品の新陳代謝

まず成長戦略とは、将来のあるべき事業構成を示した構想である。株式会社企業はゴーイン

図表２　製品ライフサイクルのモデル

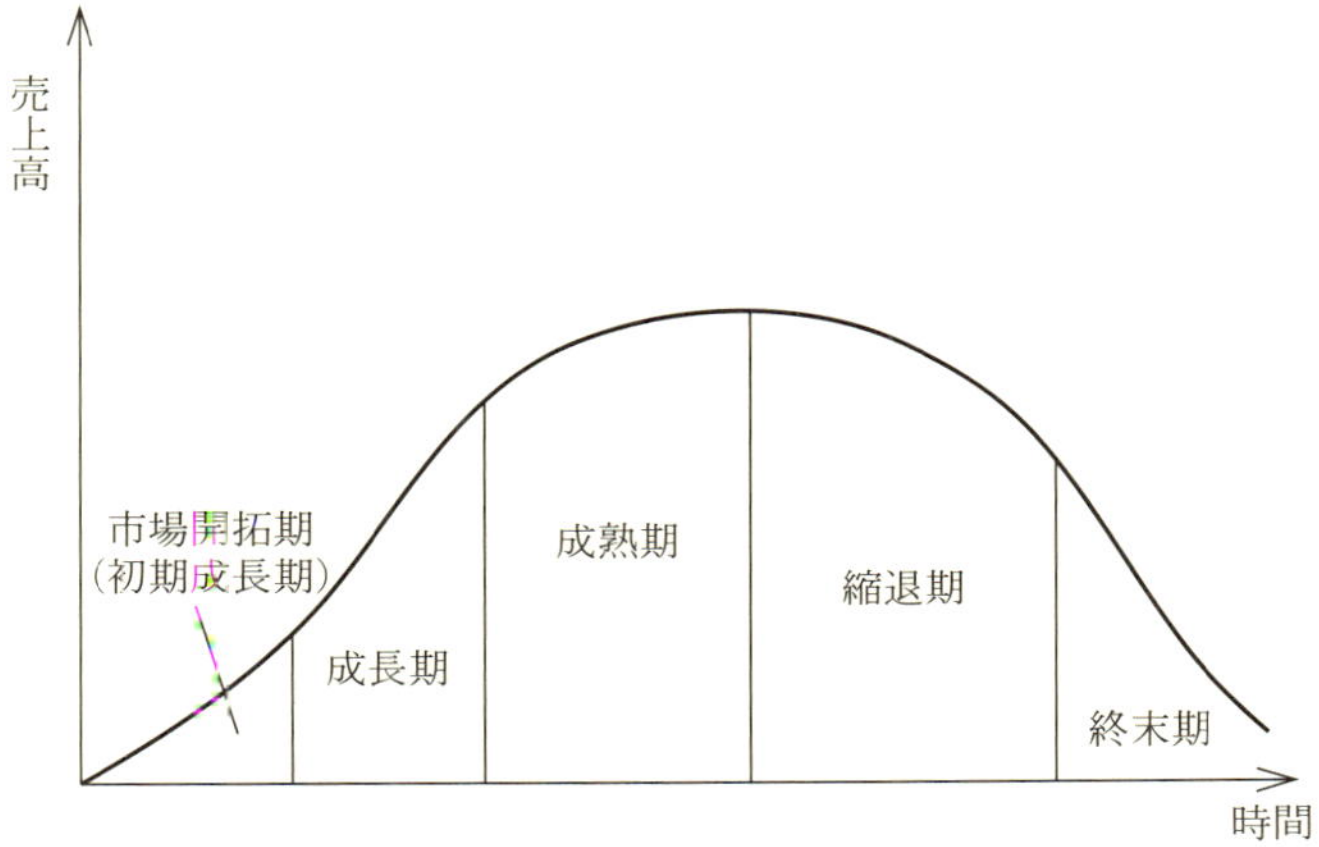

［出典］　筆者作成。

グ・コンサーンとして永続する可能性を持っているが、個々の製品にはライフサイクルがあり、寿命がある。ライフサイクルとは、製品の販売数量を示したものであり、**図表２**に示したモデルのような曲線を辿る。

最初は市場開拓期である。新しもの好きの顧客が購買するだけであり、販売量は緩やかな成長しか示さない。次いで成長期が来る。製品の必要性や価値に対する関心が高まり、さらに多くの一般顧客が購買するようになり、売上高も急伸する。販売量が増えるに従って、値段が下がることも多い。価格が下がることによって、さらなる需要が喚起され、市場は成長する。

松下のかつての主力商品の多くがそうであったように、耐久消費財の場合、製品の普及が進むに従って、新しい顧客は減っていく。そのために需要は成熟し始める。代替技術や代替製品が開発されるようになれば、需要はさらに縮減する。さらに時間が経つに従って、普及が進み、市場はさらに成熟していく。新しい顧客はなくなり、市場では買い替え需要のみとなる。

松下のほとんどの商品は、このようなライフサイクルを示した。高度成長の初期には、白黒テレビが成長を支え、その後はカラーテレビ、ビデオが松下の成長を支えた。それでも幸之助の現役時のように、この新陳代謝がうまく進まなくなっていったのは、巨大化した松下の成長を支えるような、巨大な消費を生み出す製品を得ることが難しくなったことが、最大の理由といえるであろう。

事業構成の変化

松下の創業時の商品にソケットがあった。創業の直後は、ソケットがあまり売れなかったので扇風機の部品生産で食いつなぐという時期もあった。その後、配線器具（アタッチメントプラグ、二灯用差込みプラグ）がヒット、さらに自転車用ランプ、電気アイロンやコタツ、ラジオセット、電球、乾電池と製品を多角化することによって、松下は成長を続けることができた。

幸之助はかなり早いうちから製品の多角化に取り組んだ。創業の初期に、単一の製品に頼ることのリスクを認識したからであろう。また、一つや二つの製品では、自身の掲げる大きな夢を実現することは難しかったからともいえるかもしれない。

成長戦略としてのＭ＆Ａ

戦時中には軍需製品の生産も行なったが、松下の多角化製品のほとんどは家電分野のものであった。その意味で松下の製品多角化は、関連分野に限定した「関連分野集約型多角化」であった[1]。その多角化製品のほとんどは内部開発によるものであったが、Ｍ＆Ａという方法も用いられた。Ｍ＆Ａは新しい技術をもたらす場合があれば、逆にその機会を選択せず、自社開発で新しい技術を生みだす場合もあった。初期の段階では、電池事業がそうであり、ラジオセットもそうだった。ラジオセット製造のために国道電機を設立したが、幸之助の思う方向性が実現できそうになかった。そこで結局、自社内で研究開発に取り組み、成功をおさめた。電池事業も小森乾電池を吸収後は、海外の技術移入に頼らず、自社開発にこだわる時期もあった。第一部の詳伝で触れた通りである。

また戦後も積極的にＭ＆Ａは行われた。一九五二（昭和二七）年の中川機械の買収は、同社の中川懐春から依頼されたものであった。幸之助が尊敬していた久保田権四郎（一八七〇～一九五九）に相談した中川は、会社を松下に委ねることによってより発展するだろうと考え、買収の依頼をしてきたのだった。この買収によって松下はコンプレッサーの技術を手に入れた。

松下の多角化戦略の特徴は、隣接する製品分野への多角化と垂直方向、特に川上方向への多角化である。その典型は基幹部品事業への垂直的多角化である。テレビの事業化後、しばらくしてブラウン管の生産が始められた。ラジオの基幹部品であるトランジスタも自社生産が行われた。

先に述べたコンプレッサーも冷蔵庫の基幹部品である。

また東方電機（のちの松下電送）の買収によって、ファクスの基幹技術も手に入れている。電気電子機器の場合は、基幹部品の開発や生産には、高度な技術が要求されるものが多い。基幹部品の垂直統合は、製品の差別化をも容易にする。部品の生産と比べると、製品の組み立てはあまり高度な技術を要求しない。組み立ては、かつては労働集約的な工程であった。そこで基幹部品の技術を得るために、松下は海外企業との合弁事業も行なった。第一部でみたフィリップスとの合弁である松下電子工業の設立がその一例である。

こうした多面的な技術獲得の活動によって、松下の中に技術のダムがつくられた。そのダムから、松下の独自の製品も開発されていくことになった。

3　競争戦略

後追い戦略という競争戦略

競争戦略は製品分野ごとで異なる。競争力のある製品と、そうではない製品とでは競争戦略は異なるのが当然である。成長期の松下の製品のほとんどは、一般大衆消費者を対象とした家庭用電気製品、電子機器である。そこには共通の競争戦略、得意の勝ちパターンがあった。それは後追い戦略である。

例外もあるが、松下は他の会社に先駆けて新商品を開発し、市場を拡大するという競争戦略はとらなかった。後追いの製品開発を行うことが多かった。後追いは意図してのものではなかった。新製品を他社よりも早く開発し、市場を開拓するという戦略をとるほど技術力がなかった初期の松下は、後追いにならざるをえなかったのである。

電気炊飯器を最初に発売したのは東芝だった。また、量産型の白黒テレビを最初に出したのはシャープである。噴流式の電気洗濯機は三洋電機が先行した。そうした主な家電製品の中でも、炊飯器の初期の苦労について、幸之助はしばしば語っている。

炊飯器は戦後の商品で、東芝の下請会社（東京の町工場）が最初に発明し、それから東芝が技術開発に乗り出したものだった。一九五五（昭和三〇）年、東芝はその特許を取得、商品も完成させる。それは「間接炊き」であった。最初は苦労したようだが、やがてヒットさせた。

そのとき松下は「直熱式」を開発していた。一九五六年末に商品化しているが、結果として「後追い」になった。しかしその直熱式の炊飯器には技術・品質面において問題があり、開発責任者の中尾は幸之助に随分叱られたようだ。その後しばらくは、中尾が任されていた松下の中央研究所は、改良に改良を重ね、製造にあたる事業部もおおいに苦労した。当時の事業部長・坂本達之亮は「神かけて念じて」いるような奮闘を続け、その様子に幸之助も「頭の下がる思い」だったという。まさに血の小便をたれるほどの経験があって、一九六〇年には「全国生産の五〇パーセントに達」するほどのシェアを取れるようになったのである。(2)

こうした炊飯器に代表される松下の後追い戦略には、一つの共通項があるようにも思われる。それは初期のアイロン開発で幸之助が中尾に課した条件の中でも、特に先行商品にない新規性を付け加えるという点であろう。

ショップ店モデル

後追い戦略では当然ながら、先行戦略をとる企業が得るであろう優位を獲得できない。にもかかわらず、松下が後追い戦略で勝つことができたのは、技術面だけでなく、他社にはない独自の強さがあったからである。

その一つが、いわゆるショップ店制度である。幸之助は、松下の製品だけを売る小売店をナショナル・ショップ店として系列化していった。最盛期にはその数が二万七〇〇〇店にも達した。ショップ店は人的販売促進の拠点となっていた。それだけではなく、設置や故障の修理、使い方の教示など、様々な付帯サービスを提供することができた。後追いでも勝てたのは、このショップ店の販売力の強さがあったからである。

生産技術への注力

後追い戦略を支えたもう一つの強みは、生産技術力である。松下は製品イノベーションよりも、生産技術の強化に投資を集中した。この生産技術重視の投資のおかげで、新製品導入初期の段階から安定した品質の商品を販売することができた。

先に紹介した炊飯器の例のように、すべてが順調だったわけではない。このような苦労の中から、松下は生産技術を練り上げていった。その技術力は先行企業に対する競争優位をもたらした。生産技術重視の戦略は、小売店の系列化の戦略とも整合的である。

単純な話だが、二万以上ものショップ店に新商品を一台ずつ置いていくだけでも、最初の生産ロットは二万以上からスタートできる。系列化のおかげで、最初から規模の経済を享受できたのである。規模の優位が一番活かされるのは、コスト面での優位である。

ただコストで勝っているからといって、戦後の松下は率先して低価格戦略をとることはなかった。戦前は、水道哲学に従って価格を下げるという戦略も採用されたが、戦後の高度成長期には、水道哲学をもとにした低価格戦略は重視されていないのである。戦後は品質の優位と使い勝手のよさを訴求する差別化戦略をとったのである。

系列化の戦略は、後追いの製品開発戦略とも整合的であった。最初の生産ロットが大きいため、市場開拓にリスクをかけるのは難しい。市場開発の失敗が大きな損失につながるからである。生産ロットの大きさを考えると、他社が市場を開発して市場開発のリスクが小さくなってから攻める後追い戦略が合理的なのである。

競争戦略と幸之助

競争戦略の立案と実行は、事業部長に委ねられていた。それに、幸之助が全く関与しなかったわけではない。幸之助の関与が最も大きかったのは、競争の〝舞台づくり〟である。先に述べたように、ショップ店方式というビジネスモデルをつくり上げたことである。家電分野のほとんどの事業部はこの舞台の上で競争を演じた。

幸之助は重要な製品にかかわる大きな意思決定はみずから行なっている。一九七〇年代の家庭用ホームビデオの規格戦争における、VTRの記録方式の決定はその典型例である。この意思決定を行う時点で、記録方式に関して松下電器には四つの選択肢があった。第一は、子会社の松下寿電子が開発した「VX－2000」方式、第二は、関係会社の日本ビクターが開発した「VHS方式」、第三は、ソニーの開発した「ベータ方式」だった。そして第四は、松下で新たな規格を独自に開発することだった。

ソニーはベータ方式の採用を熱心に勧めてきたが、最終的には松下はVHS方式を選択、正式に表明する。寿電子のVX－2000の全国販売に乗り出す方向性を固めてから、一年も経っていない一九七七（昭和五二）年の年頭のことである。この選択には幸之助自身が関与した。ソニーは映画ソフト（約二時間）の記録・再生がビデオの主たる機能と考えたが、松下は主力市場となる米国ではアメリカンフットボールの試合の記録再生が主たる用途だと考え、長時間記録（四時間）を可能にするVHS方式を選んだ。まさに後発であるがゆえにできた顧客視点での選択である。このビデオ開発も結果として後追いになった。先行はもちろんソニーである。しかし後追い戦略の重要な利点は、顧客の反応をよりよく見極めることができる点にある。その利点がビデオの記録方式の選択に生かされた。

幸之助が直接的に事業戦略に関与したもう一つの例は、コンピュータからの撤退である。これは一時期、幸之助の戦略的間違いとして語られることが多かったが、台湾のEMS企業や中国のレノボが圧倒的に強くなってしまった現在になってみると、撤退が正解だったといえるかもしれない。

後追い戦略について、他業界の経営者、例えば大塚グループの実質的創業者だった大塚正士（一九一六〜二〇〇〇）の興味深い発言が『週刊ダイヤモンド』に掲載されている。大塚は、幸之助と直接に接したことのある企業家である。第一部で触れたように、幸之助の出迎えの用意周到さに豊田英二（一九一三〜二〇一三）は感動したが、大塚も同様の経験により幸之助に尊敬の念を高めた人物である。(3)

誌面で大塚は「大塚製薬も医薬品業界においては松下電器と同じように『真似ばかりする田舎メーカー』と上位各社から指摘を受けておりました」とあっさり述べているが、それは「後発メーカーが先発メーカーの真似をするのは当たり前のこと」であり、「何も恥じることはない」のだという。「他人（他社）の真似さえも『迅速・正確』にできないような小会社の技術者が、独自の商品を新規開発するなんてできっこないよ。しっかり先輩他社の真似をしろ」と技術研究者に要望していたとも語っている。終戦後の社員二〇名弱の時期だったそうだ。それから会社は急成長、一九六三年に社員一〇〇〇名に達するまでになり、それまでの商法から脱皮し、独自商品の開発に取り組む決意をした。そしてあのオロナミンCドリンクが誕生したというのである。

さらに、マネシタ電器の幸之助、真似をしない本田宗一郎（一九〇六〜九一）、そして自分の流儀を比べて、「どれが正しいかはわかりません。いやみんな正しいのですよ。会社の年齢によりますよ。会社の歴史、規模、収益などみんな勘案して、あれが正しい、これは間違っていると判断しなければなりませんね。しかし総じて言えば、成功したことは正しかったと言ってもよいのではないかと述べている。[4]」現実と常に向き合う経営者らしい分析である。

大塚の談話にあるように、松下の後追いという競争戦略は、ライバルであるソニーとは明らかに異なっていた。当時のソニーは日本初、世界初の製品を開発するという製品の技術的差別化戦略をとってきた。自動車産業でソニーと同じように独自製品で戦うという戦略をとってきたホンダの本田宗一郎は、幸之助の技術開発について次のようにコメントしたという。

「幸之助さんが偉いと思ったのは、技術者ではないのに、あらゆることを合理的に、きちんとやる能力を身につけておられたことです。私は、ものを見て、いいか悪いか判断する。松下さんは、その上で、そのものがどのくらいのコストでできるかも直観的に判断することができた。ここが私と幸之助さんの差でしょうな[5]」。

幸之助は、後追い戦略に満足していたわけではない。技術力でリードできる会社をつくりたいと考えていた。ＶＨＳの選択にはこのような意思が反映されていると考えることもできる。ベータを選択してしまえば、その後もソニーの後塵を拝することになるからである。

低価格による市場拡大戦略

初期の松下の技術開発について、幸之助はどんな取り組みをしていたか少しおさらいをしよう。第一部でも触れたアイロン開発は一九二七（昭和二）年、事業部制の淵源と幸之助がいう電熱部の創設から始まる。先の大塚の見解に従えば、まだ後発メーカーの松下は他社の真似を迅速・正確にできるかどうかが勝負の時期である。そして幸之助の願い、つまり市場の値段より安く、品質は劣らず、新規性がある、というものが中尾哲二郎に託され、結実した。商工省から国産優良品に指定されるほどの商品力がありながら、他社より安値だったのである。一万台の量産を目標にし、市場では四〜五円で売られていたが、三円二〇銭で売り出すことができたという。

この頃の松下の商品化の戦略の鍵となっていたのは、大量生産とコストダウンであった。それによって可能となる売価ダウンにより、市場をさらに大きくすることができれば、さらにコストを下げ、市場をより拡大することができる。よい循環が生み出されるのである。まさに「水道哲学」が述べている方向である。

そしてその松下の水道哲学を支え続けた大量生産技術については、経営学者だけでなく、多くのジャーナリストや評論家、有識者たちの関心も呼んだようである。例えば経済評論家で松下の経営を長くウォッチしていた秋元秀雄は、この経営行動を支えた幸之助の着想と「そのときの設計の合理化、製造方法の機械化による大量生産技術への取組みと成功が、その後の松下の生産機械の自力開発に、大きな〝信仰〟を生み」、一九七〇年代後半の「量産技術を支える生産技術研究所や、各事業部生産技術部門誕生の母体となっ」たと評している。(6)

4 国際戦略

海外進出における松下の戦略

国内での成功のあと、松下は海外市場へ進出する。世界最大の市場であるアメリカ市場の開拓は、トランジスタラジオやテレビを輸出することから始まった。海外への進出にあたっても戦略は理念として示された。

発展途上国の場合は、進出の目的は現地の経済発展に寄与することであり、先進国と発展途上国の双方で、共存共栄という理念のもと、現地の市場秩序を尊重するという行動原則が置かれた。具体的にいうと、その市場で最高の値段で売るという原則である。市場の競争秩序を維持するという原則で高価格戦略がとられたのである。この高価格戦略は松下のブランドイメージを高めるのにも貢献した。

国際化にあたって、価格の安さを訴求するという戦略はとらず、高品質イメージをつくり上げ、高価格で販売するという戦略を松下がとったのは、日本製品が「安かろう悪かろう」というイメージを持たれていた時代である。短期的には、低価格を訴求するほうが市場開拓は容易であったかもしれない。先に書いたように、戦前に開発されたアイロンは低価格による市場拡大戦略を国内でとっていた。しかし長期のブランド構築を考えれば、高品質イメージを築くほうが価値がある。この戦略効果の中で最も大きいのは、非価格競争の姿勢を社内につくり上げたことである。そのほうが、より大きな可能性がひらかれる。

「乾電池」事業から始めるという理念実践の経営戦略

発展途上の地域や国の市場の開拓にあたっては、特徴的な戦略がとられた。まず乾電池から進出するという戦略である。乾電池は、品質イメージを築く上では有益な商品である。日常的に購買頻度の高い消耗品であり、品質を実感する機会も多い。製品の外から見るだけでは品質を理解できない。品質イメージを高めるにはブランドを確立する必要がある。そのためには、広告だけでなく、販売店の協力が不可欠である。一部の地域、台湾やマレーシアでは、日本と同じショップ店方式がとられたが、他の国では、既存の流通チャネルが利用された。

なぜ高価格戦略を採用する上で、店舗の人々の協力が必要なのか。それは品質だけでは売れないからである。使ってもらわなければ、品質は理解してもらえないのである。広告に関しても、高品質をどのように訴求するかを考えなければならない。知恵の使いどころが大きい。後に触れる先進国ドイツでの乾電池のマーケティングはこの典型例である。

また発展途上国市場進出においては、日本からの輸出では価格が高くなりすぎるという面が当時はあった。よって人件費が安くなる現地生産が必要であったのだが、熟練した技能者を獲得することに難しさがある。その点、乾電池というのは生産工程が、かなりの程度まで自動化されており、現地生産でも品質の確保が容易である。そうした計算が高橋にはあった。[7] しかも高橋は、松下に入る前にいた朝日乾電池でその再建にあたったこともあり、乾電池事業を知り尽くしていた。そうした意味でも、乾電池から進出するという戦略は合理的であり、しかも経営理念に忠実に従うものだったといえよう。

この高橋が活躍し、基礎が築かれた国際戦略は、山下・谷井、そして森下洋一社長の時代に大きく伸展した。一九九〇年代後半には「海外での製造・販売会社は、一九九八(平成一〇)年四月現在で四四の国と地域に二二〇社、従業員は一四万七二三〇人に達した。輸出と海外生産を合わせた海外販売高(連結ベース)は九七年度で三兆九九九七億円と、全販売高の五一%を占め、初めて海外販売高が国内を上回った。海外販売に占める海外生産比率も年々」上昇して九六年度には輸出を上回るようになったという。[8]

5　なぜ優れた戦略が実行されたのか

経営上の「ダム」をつくった幸之助

戦略は、長期の将来にかかわるものであるため、その策定段階において、将来何が起こるかを事前に正確に予測することは実際には難しい。来週の為替相場すら読めないのに、どうして一〇年先の産業環境を予測することができようか。そのときに将来の姿を具体的に描いてしまうと、それが現実に合わなくなり、戦略が役に立たなくなる可能性がある。むしろ将来の姿を特定せずに、どうなりたいかの構想を理念として緩やかに示すほうが、より効果的となる場合がある。予期せぬチャンスを利用するためには、能力の備えが必要である。それを可能にしたのはダム経営、とりわけ技術のダムづくりである。

幸之助は、将来必要となるであろう技術を取り入れるための手を次々に打っている。その代表は、第一部で詳述したオランダのフィリップス社との提携である。

この提携を通じて松下は電子部品、ブラウン管の技術をダムに含めることができた。最近の企業家論では、予期せぬことが起こるということを予期して、それに備えるというのが企業家的戦略の特徴だといわれているが[9]、幸之助も、企業の成長戦略に関しては、この方法を採用していたといえるであろう。

戦略をつくるのは「人」

松下の経営戦略の策定実行に際して、重要な役割を演じたのは、事業部長をはじめとするミドルである。戦略が先にあって、そこに人をはめ込むという発想ではなく、まず人が戦略をつくるという発想である。もちろん、のちに詳しく触れる松下の事業部制・分社制は、そうした発想によって計画的に始められたものではない。幸之助がよくいうように、自身の身体があまり強くなく、しかも事業拡大が急進展する中で、他人に任せて各事業の経営を進めるしかないという発想のもとで生まれたものである。

なおこの発想を実現する手段となったのは、第一に、人材に創造へのエネルギーを供給する経営理念、第二に、その人材の開発・育成、第三に、人材を活かすことのできる組織である。それぞれについての幸之助流の方法は、次のⅡ章以降で明らかにしよう。

(1) 吉原英樹・伊丹敬之・佐久間昭光・加護野忠男［一九八一］、『日本企業の多角化戦略』（日本経済新聞社）を参照のこと。
(2) ＰＨＰ総合研究所編［一九九一〜九三］、『松下幸之助発言集』二三巻（ＰＨＰ研究所）一九四〜一九六ページに収録された一九六一年度経営方針における幸之助の講話や、松下幸之助監修［一九八二］、『技術者魂』（松下電器産業株式会社中尾研究所）九八〜一〇〇ページ等による。
(3) 『日経ビジネス』一九八二年一一月一五日号（日経マグロウヒル社）二一八ページ。
(4) 『週刊ダイヤモンド』一九九二年一〇月二四日号（ダイヤモンド社）一一六〜一一七ページによる。
(5) 日経ベンチャー編［一九九二］、「松下幸之助の技術観」『日経ベンチャー別冊　本田宗一郎と松下幸之助』（日経ＢＰ社）三九七〜三九八ページ。
(6) 『プレジデント』一九七七年一二月号（プレジデント社）六二〜六九ページの秋元秀雄「技術を蓄めて〝商

機〟を見る」による。

(7) 髙橋荒太郎［一九七九］、『松下幸之助に学んだもの』（実業之日本社）一九七ページ。

(8) 松下電器産業株式会社［二〇〇八］、『松下電器　変革の三十年』（同社）二二八〜二三一ページによる。

(9) サラス・サラスバシー著、加護野忠男監訳、高瀬進・吉田満梨訳［二〇一五］、『エフェクチュエーション』（碩学舎）を参照のこと。

II　戦略を支えた経営理念

1　不変の経営理念

経営理念と戦略の関係性

I章では、松下幸之助の経営戦略をみてきた。幸之助は戦略を語ったわけではないのに、松下の人々をうまく動かし、優れた経営戦略を実行することができたということを書いてきた。II章では、なぜそのようなことができたのかを、幸之助が語り続けた経営理念とのかかわりで考えていくことにしよう。よって本章では、議論を二つの部分に分けることにする。

第一は、不変の経営理念が人々に与えたものについての議論であり、本節でとり上げる。

第二は、時代に応じて変化した経営理念の重点についての議論であり、次節でとり上げる。それは、幸之助の経営戦略の重点が、環境の変化に合わせて変わってきたことにかかわるものである。

「経済騎士道」を実践する日本人企業家

アルフレッド・マーシャル（一八四二〜一九二四）という経済学者がいる。ケンブリッジ学派、新古典派の学者として著名な人物で、ジョン・M・ケインズ（一八八三〜一九四六）の師にあたる。ケインズ理論は今も財政政策上の議論にしばしば登場するが、マーシャル理論を持ち出す人は少なくなっているかもしれない。しかし経営学者である筆者は、この約一世紀半近くも前の時代を生きたマーシャルがいった「経済騎士道」という精神におおいに関心を持つ。経済騎士道とは、個人の利益よりも社会への貢献を優先する企業家の精神といってもよい。

実際に資本主義社会で大きな仕事を成し遂げた企業家は、個人の利益など考えずに、もっと大きな使命感によって動かされていたとマーシャルはいう。これを支える精神が経済騎士道である。この精神は英国だけでなく、日本にもみることができる。その精神にもとづく企業家活動を幾人かの日本人企業家の経営行動の中にみてとることができるのである。

マーシャルは、当時のロンドンの街中の貧困層を見、在学していたケンブリッジ大学で専攻を数学から経済学に変更したという。その後、経済学者として数々の業績を残したことはよく知られているが、「経済騎士道」とは、企業家がいわば公への奉仕の精神をもって、社会全体への貢献を考え、事業経営にあたることを指す言葉である。

幸之助が唱えた「企業の目的は社会に貢献すること」という経営思想もこの経済騎士道に沿ったものであると考えることもできる。しかし、社会貢献の内容は、時代とともに変化する。社会がまだ貧しいときは、水道哲学に代表される救貧が社会貢献の重要な内容になるが、社会が豊かになると、いつまでも救貧にこだわっているわけにはいかないのである。

先の章で少し触れたが、幸之助の戦略を成功に導いたのは、多くの事業責任者（事業部長や分社の社長、販売会社の社長や営業所長）たちである。彼らの戦略実践への情熱は、企業の社会的使命に導かれたものであった。単なる株主利益の追求という目的では、このような情熱を引き出すことは難しかっただろう。幸之助だけでなく、事業責任者たちも経済騎士道に沿った働きをしていたのである。それを支えたのは、社会への貢献をうたった不変の経営理念である。

幸之助も独立当初から、経済騎士道に徹していたわけではない。創業後しばらくは、利益追求の経営をしていたことは、本人も認めるところである。妻のむめのが質屋に通って、資金を得なければならないほどの苦しい経営状況の中、技術でも他社に抜きんでるものがあったわけではなかったのだから、事業で十分な利益を上げることすら難しかった。ましてや社会貢献を考える余裕はなかったに違いない。しかし売れない品を売り歩く中で、問屋に松下の存在を認知してもらい、扇風機の部品の下請け生産を依頼される。そうした幸運は誰の人生においても起こりうることかもしれないが、幸之助はこの発注でチャンスをつかんだ。

その後、第一部で触れたように、みずからの事業を急速に発展させる過程において、幸之助はアメリカの自動車王ヘンリー・フォード（一八六三～一九四七）の思想から影響を受けている。

フォードは「顧客には低価格を、従業員には高賃金」を実現することをみずからの企業の目的としていたことでよく知られる。フォードに感化された幸之助は、一九二〇年代に最重要の代理店だった山本商店の店主と、フォード思想をもとに販売戦略について意見を戦わせた。この代理店主を説得できず、結局は訣別にいたるのだが、幸之助はフォード哲学にみられるような、企業の社会的責任をみずからの経営指揮の中で次第に深く意識するようになった。

フォードには、自分に代わる事業責任者を育成しようという意識は強くなかった。しかし松下は事業部制組織のもとで、後継者を育てていった。これについてはⅢ章で触れる。

理念を重視する企業家の出発点

一九二〇年代末頃には、取引先からの期待・要望が日増しに高まるのを強く感じとっていたのだろう。幸之助は、会社は「人様の預り物」であるという考え方を身につけるようになる[1]。社会の公器としての役割を果たすことを強く認識し始めたのである。そして最初の綱領・信条を制定することになる。「営利と社会正義の調和に念慮し、国家産業の発達を図り、社会生活の改善と向上を期す」。この綱領が一九二九(昭和四)年に示された。

営利、すなわち利益と社会正義を調和させながら、両者をともに追求していくことが企業目的として明文化されたのである。この時点で、利益だけを優先する経営であってはならないという思想・哲学がすでに幸之助の中に形成されていたことがわかるが、この綱領では、利益と社会正義は対立するものと考えられていたのである。

それからのちの一九三二年、幸之助は利益よりも大切な企業目的があることに気づくことになる。創業から約一四年後のことである。天理教本部の見学に行き、その場で、人々を嬉々として働かせるものは、お金でなく、共感できる理念や思想であると確信することになる。

その確信から、松下でも、働く人々が共感できる理念や使命感を持つことで、同様の姿を具現できるはずだと考えるようになった。そして同年をみずからの使命を知ったという意味で命知元年とし、松下の真の創業の年と位置づけ、企業は社会の繁栄を築くために存在するのだという理想を従業員の前で、高らかに謳いあげた。「商売や生産は、その商店や製作所を繁栄せしめるにあらずして、その働き、活動によって社会を富ましめるところにその目的がある。社会が富み栄えていく原動力としてその商店、その製作所の働き、活動を必要とする」[2]。この創業式典という一大セレモニーを開くことで、従業員とその使命感を共有しようとしたのである。

この命知で唱えられた信念のもと、松下の団結心は一層の高まりをみせ、生活物資を水道の水のように無尽蔵たらしめる、より安くより広くという理念が幸之助から語られた。それは世間から、「水道哲学」と呼ばれるようになった。

翌一九三三年、門真に事業の本拠を移し、朝会・夕会が全社的に実施され、遵奉すべき五精神も制定、綱領・信条とともに朝会で唱和されるようになり、経営理念の徹底が日常業務の中に入り込むようになった。五精神は四年後に二つ追加され、七精神になった[3]。

つまり一九三〇年前後が、幸之助の経営理念が形成される上で重要時期だったことは明らかであり、理念追求・重視型の企業家としての出発点ともいえる時期なのである。幸之助の年齢は三〇代後半だった。

そして初期の社会貢献として松下内で重視されたのは、端的には「水道哲学」にみられるような救貧である。社会が豊かになっていくとともに、この救貧の思想は重視されなくなっていく。後述するように、利益と社会貢献とのかかわりについての幸之助の思想はのちに微妙に変化するのである。

2　経営理念にみられた変化

戦後の綱領の改定による再出発

第二次世界大戦前、戦時色が強まる中で、幸之助が創業以来、従業員によく話していた商売観をまとめた「商売戦術三〇カ条」(4)というものがつくられていた。

一九三六（昭和一一）年に公表されたものだが、その第一条には「商売は世の為人の為の奉仕にして、利益はその当然の報酬なり」と記されている。つまり、社会への奉仕を目的とすれば、おのずと利益を得ることができるという考え方を、幸之助が語るようになり、その考え方が命知以降の時期に社内に徹底され始めていたことがわかる。しかし同時に、多くの企業同様、松下が軍の統制下に組み込まれていく中で、「社会を富ましめる」という企業目的の達成が不可能な状態に陥っていくことは、社内外の誰しもが認めざるをえなかったことだろう。

そしてようやく終戦を迎え、幸之助が事業の再出発にあたって、綱領の文面を修正したのが、一九四六年のことである。「産業人たる本分に徹し　社会生活の改善と向上を図り　世界文化の進展に寄与せんことを期す」。この新綱領の文面をみて明らかなように、戦前の最初の綱領から、はっきりと変化がみてとれる。命知に萌芽した社会貢献という使命感が、企業目的としてストレートに文面に反映されたのである。この時に、社会貢献により利益をもたらすという自身の考え方を、自社の企業目的とし、その履行を社会と約束したのである。

幸之助は「会社の経営理念というものは、戦前、戦後を通じて基本的にはいささかも変わっていないといってよい。それにもとづく具体的な経営活動はその時々で変わっているけれども、経営理念は不変である。一貫して同じ一つの経営理念に立って経営を行なって、幸いにしてそれが世間の支持を受け、今日の姿に経営を発展させてくることができた」という。(5)

この見解に従えば、経営理念の根底にある哲学は「戦前」の命知の時に方向性が固まり、「戦時中」にあってもその精神性については断絶することなく、「戦後」になって明確に経営行動に具現されるようになったということができるだろう。

換言すれば、「戦前」の営利を目的にしつつ社会正義との調和を図るというステージから、社会貢献を目的にしてその結果、営利を生みだすという一つ上のステージへと、幸之助は「戦後」を機に駆け昇ろうとしたのである。

「社会貢献」と「報酬＝利益」の関係性

幸之助の言葉に「赤字は罪悪」というものがある。第一部で触れたように、販売改革を余儀なくされた時期に開催された熱海会談では、赤字を出している販売会社の社長に、その経営努力の不足を指摘しようと、「血の小便を出したことがありますか」と迫ったこともあるほど、幸之助の利益へのこだわりは生半可なものではない。にもかかわらず、それを「目的」とせず、「結果」として位置づけ、経営理念と利益を有効に両立させる方法を生み出した。

この点で幸之助はやはり、稀有の日本人企業家だというほかない。「社会貢献」が「企業目的」であり、「利益」はあくまで「報酬」というロジックは、言うだけなら、誰にでもできそうなことである。しかし実際に発想し、実践するのは非常に難しいことは、真摯に経営にあたっている企業家ならすぐさまわかろうものだ。その至難の業を、幸之助はいかに実践していったのだろうか。

第一部でも触れた「五カ年計画」は、それがわかる事例である。一九五六年からの五年間、松下は大きな事業計画を組んだ。幸之助いわく従業員に「夢を持たせる」ための目標数値である。(6)

抽象的に社会貢献というだけでは、社員の多くは、それが実際にうまくいっているかどうかを知ることは困難である。だから事業計画が必要になる。ただしその計画数値は、世間、社会からの要望・期待の度合を示すものだと幸之助は考えるのである。その数値を指標として、お互いの努力の成果が定量的に把握され、事業計画が達成されれば、イコール社会貢献を実現したという社会からの評価を自然に受けることになる。ひいては、社員一人ひとりが高次元の達成感を味わうことも可能にするのである。

この論理展開を髙橋荒太郎がうまく表現している。「（幸之助）相談役は『松下電器が大きくなるかどうか、これはすべて社会が決定してくれる。同業皆さんと正しく競争してよそさんに負けない立派な仕事をして、消費者の皆さんに喜んで使っていただけるような仕事をしてゆけばおのずと社会が支持してくれるし、社会に貢献できる。貢献しておれば、消費者の皆さんが報酬を払って下さるわけで、利益は社会への貢献度のバロメータである』と言っておられる[7]」。

髙橋荒太郎は、幸之助が会長の時に副社長、相談役の時に会長を務め、補佐役に徹し続けた人物であり、経営理念（松下では経営基本方針ともいう）の遵守を常に徹底したがゆえに、「ミスター経営基本方針」とまでいわれた。その髙橋の解釈による幸之助の利益観は、近年のはやり言葉を使えば、社会貢献の「見える化」の手段であるといえるだろう。

つまり幸之助は、経営理念の実践の成果を「利益」ではかるという経営思想を、みずからの成長過程において編み出し、松下に定着させたのである。そしてこの利益を持続的に生み出して社会貢献を果たすために、製品の新陳代謝が必要とされたのである。当初の配線器具だけをつくり続けていれば、今日のパナソニックはなかったであろう。

利益は理念主導経営の暴走を食い止める「ブレーキ」

ところで幸之助以降の日本人企業家で、こうした企業目的を設定し、成功した経営者といえば、京セラの創業者稲盛和夫がいる。従業員の物心両面の幸福を追求することを事業目的に掲げ、その経営は大きく伸展した。他にも、幸之助を尊敬する企業家は多く、社会的貢献を経営理念に掲げることは（実践できているかどうかは別として）、ごくあたりまえの時代になった感さえある。

幸之助の時代には、理念を大切にする企業は一風変わった企業という認識があった。その後、経営理念を大切にすることは決してマイナスではないという見方に変わり、現代では、経営理念を持つことは、よい経営にとって不可欠のものであるという認識が支配的になってきた。この意味で、幸之助は時代を先取りしていたといえるかもしれない。

近年では、かつて利益を中心に考えてきた米国の経営学者が、社会貢献を重視した経営の重要性を説き始めた[8]。最近になって、ようやく経営学者も社会貢献が利益に結びつくということを認識し始めたのである。

それでも、利益を志向する経営者に対する世間の目は相変わらず厳しい。正当に儲け、利益を上げたとしても、妬まれ、妨害されるといった危険に経営者は晒されている。だからこそ、企業の収益が自分のためだけでなく、社会のために貢献した結果だという理念を掲げることがますます重要になる。そうしてこそ周囲が共感してくれ、協力を得られる可能性が高いからだ。この道理を、幸之助が自身の成長過程で誰にも教えられることなく身につけていったことは、第一部でみた通りである。

しかし、それでは社会貢献という使命に燃える企業家が、その遂行に猛進してしまうとどうなるのだろうか。この疑問を説明する際に、筆者はいつも一人の企業家の名前を挙げたくなる。中内㓛(一九二二〜二〇〇五)である。中内は典型的な理念先行型企業家である。日本における流通革命、消費者革命の先導者という表現はこの企業家のためにあるといっていい。

戦後の神戸で起業、とにかく安く売るという商売から始めたが、訪米時に目覚めた「良い品をどんどん安く」という理念を旗印に、価格破壊、流通革命の実現に猛進した。その間に生じた松下グループとの三〇年戦争は、今も日本経営史に記録される重要な歴史的出来事である。

では、幸之助と中内のどこに違いがあったのだろうか。中内の事業上の失敗、ダイエーの崩壊については様々に論じられてきている。しかし筆者は、理念の実践に邁進する中で、ワンマン体制になり、みずからにブレーキをかけることができなかった点が、非常に大きいのではないかと考える。同じことは、神戸を代表する経営者・金子直吉にもいえるのだが、崇高な理念を掲げて走る経営者に対しては、誰もが反対することを躊躇する。その間に本人は暴走し続け、やがて破綻してしまう。もう少し利益を考慮していたら、もっと早くブレーキがかかっていたかもしれない。その点で、幸之助は経営理念というアクセル、利益というブレーキの両方を上手に使いこなした企業家だったといえよう。

幸之助が使った「ブレーキ」

中内以後の関西出身の企業家で、大きな成功をおさめたのちに破綻した人物といえば、中内と縁のあったリクルート創業者・江副浩正がいる。江副も経営理念を重視した企業家である。その経営姿勢に引きつけられた優秀な社員が力を発揮し、事業は瞬く間に発展した。しかし、リクルート事件により、江副個人は、最後に破局を経験することになった。

江副自身がリクルート事件の記録を詳細にまとめた『〈改訂版〉リクルート事件・江副浩正の真実』という本がある。同書には江副が、尊敬する幸之助に経営の要諦を聞いた話が出てくる。「誰にどの仕事をどこまでぎりぎりの要望をする」かだという幸之助の答えに、江副は共感を覚えたという。リクルートの成功要因の一つに事業部制の導入がよく挙げられるだけに、幸之助の回答は、江副の知りたかったことだったろう。しかし江副は幸之助にはなれなかった。

同書に興味深い記述がある。「自らもっと学ばなければならない、成長しなければならないという強迫観念に駆られ」、多くのVIPと交わる中で、彼らに学びつつも、「乞われるままに多額の政治献金を行い、心のバランスをとっていた」と告白している。自らの内面性にその要因があると認識しており、中内とは違う意味で、ブレーキを失ってしまったわけだ。(9)

では、こうした内面の葛藤において、幸之助はどのようなブレーキを使ったのか。幸之助が創設したPHP研究所に蓄積されている膨大な資料データを見渡すと、反省、自省、自己観照という言葉が、幸之助の著作や発言のいたるところに出てくる。

確かに初期の著作にもこうある。「仏教徒の方々の生活態度は、朝に礼拝、夕べに感謝といいますが、われわれ日々仕事に携わる者も、朝に発意、昼は実行、そして夕べに反省、こういう日々をくり返したいということです。同様に、毎月、毎年の初めに発意、終わりは反省。そして五年たったら、その五年分を反省する。そうすると五年間に実行してきたことのうち、よかったこと、よくなかったことがある程度分かってくると思います。私自身の経験では、おおむね過ちないと思っていても、五年後あらためて考えてみれば、半分は成功だったが、半分はしなくてもいいこと、失敗だった、ともいえるように思うのです。そのように反省しつつ歩むならば、つぎの歩みを過ち少なく進めることもできるわけです。要するに商売というものは、この発意、実行、反省が大事なことであり、私自身も、こういう基本姿勢をさらに重要視していかねばと、あらためて痛感している[10]」。

ビジネスの世界でよくいわれる「PDCA」サイクルの「C」が反省にあたり、ブレーキをかける役割を果たしていると考えてよいだろう。

それにしても、こうした誰もがやるべきだと考えることを、大経営者になっても、何ら恥じることなく、みずからやっているのだと説くあたりに、幸之助の魅力があり、特徴があるのかもしれない。自身の経営の流儀を「雨が降れば傘をさす」経営と言ったこともあるそうだが、それも、あたりまえのことをあたりまえにやる経営を意味するようだ。

「世間は正しい」という考え方の効用

名経営者には優れた補佐役がいて、それが成功要因であるということがよくいわれる。確かに本田宗一郎には藤沢武夫（一九一〇～八八）がいたし、井深大（一九〇八～九七）には盛田昭夫（一九二一～九九）という相棒がいた。お互いが対等に率直な意見を交わせる関係が、ブレーキをかけることにつながる面もあったことだろう。

しかし幸之助はというと、第一部で再三、名前が出てくる井植歳男、髙橋荒太郎、中尾哲二郎は非常に重要な役割を果たしたが、対等の関係というよりも、やはり主従関係が成立していたようにみえる。加藤大観という僧侶が相談役的な存在としていた時期もあったというが、彼が経営判断にまで立ち入ることがあったようには思えない。この中で強いてブレーキの役割を演じたといえば、髙橋荒太郎になるのだろう。他の協働者は大抵「君」づけで呼ばれていたが、髙橋だけは晩年まで「さん」づけで呼ばれていたとも聞く。それでも、怖いものなしの状態になってもおかしくはなかったはずだ。では、そうならなかった理由はどこにあるのだろうか。この理念重視の経営者を暴走させない〝相棒〟はどこにいたのだろうか。

そもそも企業家にとっての経営理念とは、一種の自己主張でもある。社会に対して自己主張し、それを行動で見せ、評価してもらう。その繰り返しが世間の信頼を得ることにつながる。業容が拡大すると、自然にクレーム・批判も増えていく。その声をどう活かすかが、企業経営には重要になる。世間の厳しい声と対峙し、声なき声もつかんで、みずからの経営に反映させる中で、新たなブレイクスルーも生まれるはずだ。

第一部でみたように、会長時代に生じた消費者運動は、対処を誤れば、一瞬にして信用を失墜する危険性もあった。松下が家電業界でトップメーカーとしての地位を築いていた時期だった。幸之助の世間に対する憤りがおさまらない可能性もあった。けれども幸之助は「世間は正しい」という信念のもと、謙虚にその経営の軌道修正をはかった。そうして松下電器は窮地を脱し、経営の神様という異名も汚されずにすんだ。幸之助は、世間の声・評価に虚心に耳を傾け、それをみずからにブレーキをかける指標とする努力を怠らなかったのである。

「水道哲学」から共存共栄へ

本章の最後に、経営理念にかかわるもう一つの大きな変化について考えておきたい。それは「水道哲学」への重点の置き方の変化である。

「命知」の頃に強調されたのは、水道哲学だった。しかし、戦後の高度経済成長期以降、この哲学を幸之助はあまり語らなくなる。この変化は、経営戦略の変化に対応したものといえるだろう。産業の創成期には、製品価格を安くして、市場をつくり、拡大することが企業の課題となる。しかしこの思想はいつまでも続くものではない。

実際にフォードは、低価格で市場を拡大したが、そのあと、製品の差別化をうまく行うことができたGMのアルフレッド・P・スローン・ジュニア（一八七五〜一九六六）に業界トップの座を奪われてしまう。自動車産業の創成期に活躍したフォードも、幸之助と同じような思想を持っていた。幸之助はフォードの思想に共感していた。しかし産業が発展してくると、顧客の要求も多様化してくる。

命知の日に、幸之助はこう語った。「水道の水は加工され価あるものである。今日、価あるものを盗めばとがめを受けるのが常識である。しかし道端にある水道の水の栓をひねって、行人がこれを盗み飲んだとしても、その無作法さをこそとがめる場合はあっても、水そのものについてのとがめだてはしないのである。これはなぜであるか。それはその価があまりに安いからである。なにがゆえに価が安いか。それはその生産量があまりに豊富であるからである。いわゆる無尽蔵に等しいがためである。ここだ、われわれ、実業人、生産人のねらい所たる真の使命は。すべての物資を水のごとく無尽蔵たらしめよう。水道の水のごとく価を廉《れん》ならしめよう。ここにきてはじめて貧は征服される(11)」。

これが世間から「水道哲学」と呼ばれるようになった。第一部で触れたように、命知の時代は、いわゆる格差社会であった。貧困層、豊かさを享受できていない大衆が大勢いた。だからこそ、この水道哲学にはおおいなる説得力と社会的意義があった。

やがて日本社会は高度経済成長期を経験、一般大衆の多くが豊かな生活を得ることが普通になる。批評家たちからは、幸之助の経営理念（水道哲学）がもはや時代錯誤だと指摘されるようになる。そして、この時代の社会貢献は多様な側面を待つようになる。

しかし命知の意義は、水道哲学に最重要点があるのではなく、社会貢献を企業目的にすることをいったものであると筆者は考える。そして水道哲学自体は、普遍的な経営理念ではなく、その時代に対応する具体的な理念であり、経営戦略により近いものだと考えることができる。戦略は時代が変わる中で、その内容が変わるべきものである。松下のＯＢは水道哲学を否定すると幸之助否定になりかねないので、その妥当性に触れることを避けたという面があったようにも思う。さらに全世界に目を向けると水道哲学を実践するという使命は限りがないという理解もあったようだが、むしろ、水道哲学は過去の時代性に即したものだったと考えたほうがよい。

成熟した社会では、低価格で拡大できる市場は限られている。それよりも多様化する顧客の要求にうまく対応できる市場を創造することが、より大きな社会的意味を持つ可能性がある。このような市場では、互いに差別化し合い、共存共栄を目指すという理念のほうが、より大きな社会的価値を持つと考えるべきであろう。

幸之助の経営理念を具体的な経営の原則に言い換えるということを上手に行った髙橋荒太郎は、共存共栄の思想は、その市場の一流メーカーと同じ値段で売る、安売りはしないという原則を守ることによって実現されると考えていた。高度成長期以降は、この考え方が松下電器の発展をもたらした。

（1）松下幸之助［一九六二］、『私の行き方 考え方』（実業之日本社）二四四ページ。

（2）同前二九五ページ。幸之助という企業家は、筆者からみて、宗教的な雰囲気を持った人物というイメージがある。戦後に、繁栄・幸福・平和を願って設立したＰＨＰ研究所も宗教団体と勘違いされる向きもあったようだ。また実際の宗派は、浄土真宗の西本願寺派というが、宗派について語ることはほとんどなかったようである。大衆商品を扱う会社の経営者だから、自分の宗派にあまり言及しないほうがよいことをわかっていたからだろう。〝道行く人はみなお客様〟という幸之助の言葉があるが、考えてみれば、消費者の中には様々な宗派の信者がいる。どんな人にも不快感を与えないよう配慮することは、多宗教国家の日本では案外、重要なことではないか。実際、半生伝『私の行き方 考え方』にも「天理教」とは書かれていない。

（3）松下では伝統的に綱領・信条・七精神が、経営理念を明文化したものとして扱われた。七精神は内容的には社員の指導精神であるが、その精神の発揮がなされるところに、松下の企業目的が達成されるという考え方があってのことだろう。

（4）一九三六年一月創刊の松下のＰＲ誌『松下電器連盟店経営資料』の巻頭で発表された。

（5）松下幸之助［一九七八］、『実践経営哲学』（ＰＨＰ研究所）一〇ページによる。

（6）松下幸之助［一九八〇］、『経営のコツここなりと築いた価値は百万両』（ＰＨＰ研究所）七四～七五ページによる。

（7）髙橋荒太郎［一九八〇］、「松下商法の神髄―無謬の幸之助哲学に導かれて―」『週刊東洋経済』臨時増刊一一月二一日号（東洋経済新報社）三六～四〇ページによる。

（8）近年さかんに言われるＣＳＶ経営については、例えば『ハーバード・ビジネス・レビュー』二〇一一年六月号（ダイヤモンド社）所収のマイケル・Ｅ・ポーターら論文「共通価値の戦略」を参照のこと。

（9）江副浩正［二〇一〇］、『〈改訂版〉リクルート事件・江副浩正の真実』（中公新書ラクレ）四四〇～四四一ページによる。

（10）松下幸之助［一九七三］、『商売心得帖』（ＰＨＰ研究所）の序文による。
（11）前掲『私の行き方 考え方』二九五～二九六ページ。

Ⅲ　理念にもとづく人材開発・育成

1　幸之助の「人材」観

同族経営から出発した幸之助

初期の幸之助率いる松下は、特別に優秀な人材を集めることができたわけではなかった。資本もなく、小さな町工場から出発した零細企業なので無理もない。

急速に成長を遂げる中で、次第に学卒の社員も採れるようになったが、松下の成長期の技術開発・研究を支えた中心人物は叩き上げの技術者・中尾哲二郎であった。ただ中尾は家庭環境により進学が難しかっただけで、豊かな才能を秘めていた。その才能を発掘し、開花させた指導者としての経験は、幸之助にとっても財産になったはずだ。

中小企業は得てして人材に苦労するものだが、同族経営から出発した幸之助の人材活用や育成の方法は優れたケーススタディになるだろう。本章では、その実践を幸之助の直系の部下たちの発言記録をもとに解説する。

適所に適材を配置する

幸之助の数多い人材観にかかわる発言の中で特に注目すべきものをみてみよう。「私の経験からいうのであるが、人は、その会社にふさわしい状態において集めるべきだと思う。あまり優秀すぎても、時として困ることがある。こんなつまらん会社がと思われるより、この会社は結構いい会社じゃないかといって働いてくれる人のほうがありがたい。分に応じた会社に、分に応じた人材ということでいいのであって、あまり優秀すぎる人を集めすぎても、かえってよくない場合があることを心したい[1]」。

ここでは「適材」の必要性を言っている。会社の力量に応じた人材の確保が経営をうまくいかせる。そう語る幸之助の脳裏には様々な社員の顔が浮かんでいたにちがいない。

もう一つ、幸之助の基本的な人材観を表現する言葉をみてみる。「私は、お互い人間はあたかもダイヤモンドの原石のごときものだと考えている。つまり、ダイヤモンドの原石は磨くことによって光を放つ。しかもそれは、磨き方いかん、カットの仕方いかんで、さまざまに異なる燦然とした輝きを放つのである。それと同じように、人間はだれもが、磨けばそれぞれに光る、さまざまなすばらしい素質をもっている。だから、人を育て、生かすにあたっても、まずそういう人間の本質というものをよく認識して、それぞれの人がもっているすぐれた素質が生きるような配慮をしていく。それがやはり、基本ではないか。もしそういう認識がなければ、いくらよき人材がそこにあっても、その人を人材として生かすことはむずかしいと思う[2]」。

適材に「適所」を与えて、その人材を最大限活かすことが基本的な考え方であることがはっきりとみてとれよう。

一九五九（昭和三四）年、家電のトップメーカーとしての地位を固めつつあった時代でも、こんな発言をしている。「組織はどうしても第二義的に考えられるのであって、やはり人が第一である。人を中心として組織が組み立てられていくと、こういうように目下の松下電器では考えねばならんかと思うのです。（中略）向上の途上にある今の松下電器の実情におきましては、やはり人を中心として考えないといけないと思うのであります。組織は、人を生かすために、適当につくっていくと、こういうように今のところは考えてよくはないか。松下電器がさらに大きな経営体になって、組織というものを中心として、それに適材をあてはめていく、というような時代も私は来るかと思います。しかし、今のところはまだそう考えてはいけない。やはり人を中心として考えていかなければならない[3]」。

それまでの事業部制や分社制も、個を活かすための組織として認識した上で、幸之助が生んだものだったことを裏づける発言であろう。

個の重視は、幸之助の理想だったといってもいいほどである。自主責任経営や社員稼業といった言葉と同様に、一人一業という言葉も好んだという。トヨタ創業者の豊田佐吉（一八六七～一九三〇）以来、豊田家が大事にした言葉でもある。ただ幸之助の場合、仕事の大小に関係なく、それぞれの人にそれぞれの最適な仕事があり、その仕事に就くことが、その人のためでもあり、社会のためにもなるという意味合いで考えていたようである。

第一部でとり上げたが、ソニー創業者の井深大との対談では「みんなが一人一業でやってるのをまとめていくのを自分の一業にしようという考えでやってきた」とまで言っている。こうした幸之助の人材観が基盤となり、松下の人材育成が行われ、それが後進の社員に受け継がれようとしたことはいうまでもない。

X・Y理論と幸之助の人間観

アメリカの経営学者ダグラス・マグレガー（一九〇六～六四）によって一九六〇年代に主張された「X理論・Y理論」は、経営学の世界ではよく知られている。氏の著作『企業の人間的側面』（邦題）は経営者・管理者のあるべき人間観を考える上で示唆に富む経営書の古典である。(4)

「アメとムチ」を必要とするような、性悪説的な人間観にもとづく人事管理が行われることを、彼はX理論と呼んだ。他方、性善説的な人間観を前提として、人間の可能性を尊重した管理手法が用いられることを、Y理論と呼んだ。そして彼は、Y理論を前提とした経営のほうが、X理論による経営に比べ、よりよい結果を生み出す可能性を説いた。この思想は経営学だけでなく、その後の産業界にも大きな影響を及ぼした。

では実際の企業家は、人間の性質と企業経営の関係性について、どれほどの意識をして経営にあたるものだろうか。第一部でみたように、幸之助は理想を掲げ、社員を善導することで、それに従事する人間一人ひとりが光り輝くことを宗教団体の運営に触れて再認識したようである。それは人間の性質の把握といってよい。そして社会の繁栄、楽土の建設に貢献するという使命を持つことが、自分にとっても従業員にとっても幸せであると信じた時点で、幸之助は人間と企業の関係性にすでに着眼し、その解も見出していたことになる。それが「命知」である。

さらに、その崇高な理想の実現には二五〇年という長期間を要するとし、その間、いくつもの世代にわたり、連続性をもって企業目的達成の努力を持続することを念願した。時代を超えた連帯関係の維持を従業員に要望したのである。

この要望が実現されるかどうかは、後続の社員たちの努力によるが、こうした思考・発想自体はやはり先駆的というほかない。なにせこの一九二〇～三〇年代というと、アメリカでも、X理論による経営が一般的だった時代だからである。

「偶然」を人材マネジメントに生かす

幸之助は〝風の音にも悟る人がいる〟という言葉が好きだったという。これは経営学的にも意味のあることである。幸之助は人材に関しても「偶然のマネジメント」の必要性を自然に体得していたようだ。

企業経営においては、偶然を起こす人を増やすことが必要になる。常にイノベーションをひき起こすためである。新たな事業を起こして、やがてどの企業にもやってくる停滞・衰退の危機を突破するためである。そしてそのイノベーターたちの獲得さえも、偶然の産物によることが間々ある。幸之助の場合、特にそうである。例えば幸之助は事業を拡大していく中で人を強く求め続けた。すると、下請けの協力会社に金の卵がいることに気づいた。中尾である。またM&Aも、世間から期待される事業に素早く進出するうえで必要なことだった。その中で貴重な人材に出会う。髙橋荒太郎や中川懐春らである。髙橋はライバル会社の経営幹部であり、中川は幸之助が敬意を表した久保田権四郎の紹介であった。

この偶然の幸運は、他にもよい影響をもたらしたことが推察できる。彼らの登用は、プロパーの人材にとっておおいに刺激になったはずである。彼らも、プロパーの人材の意識に気を配り、行動したはずである。しかもその刺激をもたらす異質な人材が、松下の中で最も「松下らしい人材」となったことは興味深い。同時に、人材獲得において、偶然を生みだす上で、それをひき起こした幸之助の旺盛な事業欲と受容力があったことも重要な要素といえるだろう。

失敗体験を生かす

原理的に正しいこと、本質的に重要かつ大切なことを徹底してやっていくと、偶然に行きあたる可能性が高まることは、経営学の世界でよくいわれることである。しかし偶然に行きつくまでに、必ず失敗は生じる。しかし失敗には、そのプロセスの中で、例えば生産技術や販路など、次につながる資産を生んでいる可能性がある。ただ可能性を、未来の事業に生かせるかどうかは、まさに経営者の力量にかかっている。

幸之助だけでなく、関西の商売人が大切にする「転んでも只起きぬ」の精神は、失敗が成功に変わることを前提とした経験則である。しかし、幸之助の失敗経験はあまり語られない。それはなにも「経営の神様」だったからではない。失敗を挽回し、組織に成長のベクトルをもたらし、成功に結びつけることに長けていたからだろう。

幸之助の創業・成長期をみると、ラジオセットの開発などは、成功と失敗を重ねながら、結果を得た恰好のケーススタディといえるのではないか。第一部で触れたが、いま一度とり上げてみると、当時、早川などの中小企業や専門メーカー以外、例えば東京電気など有力電機メーカーは市場の混乱の中でラジオセット事業から撤退する。つまり真空管を製造できる超高度な技術を要するメーカー抜きに市場競争が繰り広げられたわけだ。事業の多角化を狙う松下にとって、それはチャンスだった。しかし松下の当時の技術では、すべてをつくることはできない。では、どこまで自社で製造するか。キーデバイスである真空管の技術、特許は東京電気らが握っているのだから、それはもう、そうした会社から仕入れて使えばいいと合理的に判断をするしかない。それが、日増しに高まる代理店からの松下への要望に応える道である。だから、社会貢献を企業目的にする松下にとって、ラジオセット製造は、やるべき事業、大義のある事業であった。

けれども、すぐに成功を得ることはできなかった。合弁でのラジオセット開発がうまくいかなかったのである。そこで本格的に進出するべく、垂直統合化を進めることになる。そして幸之助の思いを託された中尾は、優秀な製品を開発する。ところが今度は、ラジオ聴取の環境が十分に整備されていない時代に、地方での感度に問題があり、しかもそうした技術面だけでなく、高価格であることも失敗の原因になった。ここで経営者の決断が必要とされた。

幸之助はあきらめず、商品開発を持続する。やがて、優れた商品が開発されることになった。そうして道はひらかれ、松下は戦前に市場シェアを拡大させた。その努力と成果が戦後の経営につながったのか、松下はラジオセットのトップメーカーの地位を固めた。

その後も、真空管の製造技術もフィリップスとの合弁により、飛躍的に向上させた。しかし今度は、ソニーのトランジスタ開発が国内ラジオ市場に大きな変化を生じさせる。技術開発競争はその後も延々と続く――。〝成功するまで続けてこそ成功がある〟という幸之助の至言は、そうした失敗のマネジメントに裏打ちされた経験則なのである。そしてそうした体験こそが、事業に携わる人材の能力を向上させ、タフな企業風土をつくるのではないか。

併せて幸之助は、人の成長を促す競争の重要性を強く認識しており、よい新製品を開発したなら、それをライバルとしてさらによい新製品を開発せよ、昨日より今日、今日より明日という具合に、日々進化発展していかなければならないと従業員に説いたという。

こうした創業者の事業に対する価値観が共有されていくことは、独自の会社文化の創造におおいに貢献した。ちなみに松下の社史では、ラジオ事業を中核にした松下の一九三〇年代前半までの正確な売上高や利益率は見当たらないが、ラジオ事業での初期の失敗があっても、経営が存続し、やがて成功したという結果は、揺るぎない事実である。

細部にこだわる

〝経営は生きた総合芸術である〟という幸之助の言葉がある。確かに、合理性を追求していくだけで、よい経営ができるのなら、幸之助も「経営はサイエンス」とか「経営はバランスシート」などと言ったかもしれないが、経営はそれほど単純なものではない。社員や関係者の創意工夫や努力を背負い、一枚のキャンバスに画を描くように、一体の肖像を彫るように、経営を行う。それらの作品が経営の成果である。幸之助はそう考えたようだ。

ところでこの芸術とは、一体どのようなものなのだろうか。例えば、スティーブ・ジョブズ(一九五五～二〇一一)のアップルストアの内装、アートディレクションにかかわった神戸生まれの日本人デザイナー八木保は「no detail is small(デザインは細部に宿る)」といっている。

このアーティストの仕事観は、細部にまで徹底したこだわりをもつことによって、人を惹きつけるデザインや芸術が生まれるということだろう。そしてそうした商業的にも成功するすぐれた芸術作品を創るように、細部にまで魂が宿るような仕事、経営をすると、「アーリーウォーニング」という産物が、経営者にもたらされることになる。

そもそも経営とは、矛盾やジレンマとの闘いである。発展を遂げるための優れた戦略も、その戦略が成功し、市場を創造し、商品が普及してしまうと、いわばその企業や商品を取り巻く「環境」に変化を生じさせてしまうことになる。その新しい環境に適応すること、矛盾を解消していくことが経営には日々求められている。つまり、そうした矛盾やパラドクスが生じる事態をいち早く察知することが経営者には必要なのである。[5] そして、そのために日常において必要とされることが、魂が宿るほどの細部への徹底したこだわり、なのではないかと筆者は考える。

幸之助は、会長期に熱海会談をひらいて、すぐに現場復帰し、改革を指揮、危機を乗り越えた。その際、経営悪化の微震に気づかず、対処の時期が遅くなっていれば、松下がその後、どうなっていたかわからない。会長期にも衰えをみせなかった、現場への徹底したこだわりが、営業所の過剰在庫という大きな失敗の予兆に気づかせた。そしてそれに適切な対処をすることで、危機を革新の好機に変え、以前よりも完成度の高い仕事の実現を可能にしたのである。

この経営におけるアーリーウォーニングは、気づいてもつい見逃してしまうような場合もある。そうした風土が企業内に形成されてしまうと厄介である。それをさせないために、日頃から細部に徹底してこだわる雰囲気を会社全体に充満させておくことが必要になるのである。

2　経営理念と人材の育成

幸之助と「市民精神」

筆者は過去に、松下幸之助商学院の教育内容や教育方法体制を学ぶ機会があった。現在は株式会社パナソニックマーケティングスクールの中に設置されている。松下のショップ店の子息を預かり、商売の基本を学ぶ場、知・体・徳を高める場として機能している。

筆者はここで、松下の人づくりの基本を知った。それは「凡事徹底」と「靦面注意《てきめん》」であり、日本の伝統的な精神に通じるものがあると思った。儒教精神を学ぶ四書五経の一つ、『大学』という書には「修身・斉家・治国・平天下」が説かれていることはよく知られている。まず自分の行いを正すことが、社会に有為な人材になる第一歩だという教訓である。

それは、「凡事徹底」と「靦面注意」により、身のまわりの凡事を徹底して正してこそ、よい仕事をする人材に成長できるという松下の人材育成の考え方と基本部分は同じである。そしてそうした考え方は、松下の経営においても実際に生かされた。松下が海外の後発国で事業展開をしていく上で、整理・整頓・清潔・清掃・躾の5Sを徹底したことは多くの松下OBが語るところである。それこそ凡事徹底そのものといえるが、そうした文化がない国々にも、粘り強く徹底していくことで、海外の生産性が向上していったのである。

この「徹底」という言葉を耳にすると、筆者は、トヨタ自動車の渡辺捷昭元社長の言葉を思い出す。渡辺は「愚直に、地道に、徹底的に」と言っていた。「徹底的に」追い求めることで、狭い範囲での合理主義を超越して、よい仕事が生み出されるのではないか。それがトヨタの文化でもあるのだろう。また、こうした基本的な考え方というものは、東洋も西洋もさほど変わるものではない。ただ、まじめさ、正直さ、愚直さといった「市民精神」の涵養に、西洋では宗教が大きな役目を果たしたようである。

市民精神の重要さに最初に気づいたドイツの社会学者、マックス・ウェーバー（一八六四〜一九二〇）の主張を筆者なりに理解すれば、それは宗教による拘束が資本主義を発達させたというものである。

例えば、生産現場の作業員の仕事ぶりを監視するということは案外難しいことである。怠けていないかどうか、常に厳格にチェックしようとすれば、大変なコストがかかる。どんな監視装置にも必ず盲点があり、結局、人の力が必要とされる。しかし監視人をおけば、その人を監視する人が必要になる。監視人の監視人の監視人という具合になってしまい、膨大な人件コストが必要になってしまう。それゆえウェーバーのいうように、人の怠惰を完璧にチェックできるのは神様しかいないということになる。しかも許容範囲が広いカトリックでなく、厳格なプロテスタントの神様の監視のもとで、資本主義が発達したという結論も成り立つわけだ。

このウェーバーはしかし、儒教について否定的である。来世のない儒教では制裁力が弱い。少し乱暴に言えば、神の監視が弱い儒教の文化社会では必ずしも資本主義は発達しないというのが、ウェーバーの主張なのである。その主張からすれば、日本は何とも理解が難しい国かもしれない。江戸後期には儒教精神が根付いたようにも思えるが、仏教の各宗派も庶民におおいに影響を及ぼしたことを見逃すことはできないだろう。その仏教では、昔から「あの世」があることになっている。ご先祖様に顔向けできないなどというし、「草葉の陰から……」といった言葉などもある。悪いことをしないための監視機能をご先祖様に委ねることが、自然に民衆の生活にも入りこんでいる。

幸之助は「根源社」という自分のための神様を創り、祀ったという。しかしそれは自身のためのものであり、一般社員にはさほど知られていない。天理教本部見学の際も、その「経営」に影響を受けたようだが、帰依したわけではない。

幸之助は宗教を用いるのではなく、社員にあるべき姿を明確に提示することで、その遵守を要望した。いわば社員の自主的な道徳心の発揮に期待した。遵奉すべき七精神にそれが凝縮されている。この指導精神に、幸之助にとっての人間的に望ましい姿、いわば「市民精神」が表現されたといえるのではないか。

戦後のPHP活動を通じて「素直」になることの大切さを幸之助は説いたが、それは非常に難しい目標で、誰もが会得できる境地ではなく、自身でさえ、晩年にまだ初段だと言ったほどである。その素直の文字はこの七精神には入っていない。戦後にも変更の検討がなされて、結局幸之助の判断で変更しなかったというから、一般社員に求めたのは、もっと基本的な精神、ウェーバーのいうような「市民精神」のようなものだったのだろう。そしてそうした精神の涵養により、仕事への自主的な勤労意欲の向上・維持を要望した松下が、類い稀な成長・発展を得ることができたことは非常に興味深い現象だといえよう。

真摯に叱る

先ほどの「凡事徹底」と「覿面注意」に話を戻そう。この二つの関係性をいえば、「凡事徹底」ができていない人には即座に注意、指摘する、すなわち「覿面注意」をするということである。だから普段は、職場のＯＪＴで実践されるものである。

幸之助がこの効用を意識したかどうかはわからないが、残された逸話からすれば、気づいたらすぐに叱る、問い質すことはごくあたりまえのことだったようだ。例えば、取引先や顧客を普段どれぐらい大事にしているかは、接待や会合の場でふと出てしまうものだが、そうした際に幸之助は微細なところまで指導をした話が残っている。座布団が畳の目に沿ってきちんと置かれているかとか、招待する自社の役員の胸に付けた花が招待客より大きなものになっていないかといったことに、幸之助は気をつけており、そうしたことができていないと即座に叱り、質そうとしたという話が松下では伝承されている。

また第一部でみたように、営業所にあった製品の性能にイノベーションがみられないと感じれば、即座に厳しく問い質している。戦前は、日課のように、各工場長に毎朝一番に電話、状況報告を聞きながら、経営のコツを伝授していたというが、そうすることで、問題点はすぐにみつかり、即座に注意、改善もできたのだろう。

この電話指導に関する逸話は多い。幸之助社長に面接をされて、戦前の松下に入社した人材の中に金谷貢という人物がいた。のちに松下電工の副社長として経営を任された金谷はみずから「叱られ役」だったという。幸之助に電話で直接叱られたときは「二〇〇ボルトの電流に打たれた」感じになるそうだ。〝経営者の資格なし〟と何度も叱られたともいう。(6)

こうしたケースからも、幸之助が感情をそのままストレートに伝えていたのは間違いない。ただ幸之助は、小事でよく叱り、大きな失敗には慰めをするような面があったようだ。赤字続きのビデオ事業部長だった谷井昭雄には、教え諭すような言葉を投げかけて、奮起を促した。大きな失敗を厳しく叱ってしまい、しかも事後のフォローがなければ、その責任者は居所がなくなってしまうだろう。第一部でとりあげた三洋電機の後藤清一も散々叱られた経験を持つが、そうした幸之助のフォローによって、救われた一人である。

こうした「叱り・叱られ」の話を総合してみると、その根底に、熱情や愛情、善導しようという思いがあり、それを叱られた側も感じているということがわかる。そして幸之助に叱られた経験は松下OBの「宝」になり、勲章になって、逸話として語り継がれることを、筆者も松下の幹部社員と接した中でつくづく実感した。かのピーター・F・ドラッカー（一九〇九～二〇〇五）は経営者の要件として、「真摯さ」を挙げたことはよく知られているが、幸之助は「真摯に叱る人」であったといえるのではないか。

同じ方向性・価値観を共有する

松下の「市民精神」を高めるための指導として「凡事徹底」と「覿面注意」があることを述べてきたが、そのエッセンスとは「小事は大事」である。それを戦後に松下電工の経営を任された丹羽正治も体験している。

丹羽の多くの著作等によれば、丹羽は叱られた経験が少ない、幸之助学校の優等生である。多くの著作にも、他の幹部ほどには「叱られ」記が出てこない。松下電工では前出の金谷が、丹羽の代わりに叱られ役だったからだろうか。それでも「小事」で叱られた話を見つけることができる。丹羽は入社したての若い頃、幸之助に面会に来たお客に支払いをすることがあったそうだ。言いつけ通りの金額を支払い、無事に済んだつもりだった。しかし領収書をもらい損ねていた。それを見ていた幸之助に、その場で「領収書をもらわんヤツがあるか！」と厳しく叱られた記憶があるという[7]。

小さな失敗は以後の行動を改めるチャンスである。そのチャンスを認識させるという点で、叱るという行為が意味を持つ。幸之助は「叱る」という行為で相手に気づかせる。「気づく」力が弱まっていくと、それが腐敗のタネになって、組織全体に広がってしまうことを幸之助はわかっていたのではないか。だから企業衰退のアーリーウォーニングとして、小事を疎かにしない行為を大事にしたのではないか。

小さな緩みが大きな緩みをもたらす。会社のコンプライアンスを揺るがす不正行為などは大抵、そうしたものである。小さな不正が次第にエスカレートしていくのである。領収書の取り忘れなども、原則的に考えれば、不正行為につながる行動である。それをその場で「叱る」という行為によって、厳しく指導していく熱情を社員は案外忘れないものである。

経営理念のような大きな目標を示すだけでは、社内の方向性、価値観が共有されることはない。日々の小事の積み重ね、その徹底の中で、人間は次第に、その経営者なり責任者が「正しい」と思う価値観を受け容れていくものではないか。実際、幸之助は「正しい価値判断」を持つことの大切さを著書でも説いているが、社員が大きな方向性において、同じ価値観を持って仕事をしていなければ、その「正しさ」の基準が形成されることはないはずだ。

だから、社員の価値観を一にする経営理念が必要になるのである。そして幸之助がそうしたように、その理念にもとづく指導精神が必要になるのである。

ともに働く

「オーバーエクステンション(8)」をどう使うかは経営者にとって重要な問題である。無理をしない経営を標榜した幸之助だったが、どの伝記や評伝をみても、そうとは受け取りにくい。特に初期の中尾哲二郎による商品開発の連続は、任された中尾からみれば、オーバーエクステンションになりかねない事業創造だったはずだ。

中尾はなぜ幸之助の要求に応えようとしたのか。それは、中尾が共感できる夢や目標を幸之助が真剣に描き、与えることができたというのが誰もが求める回答の一つになるだろう。ただ同時に、うちの大将は自分以上に働いている、ともに働いていると認識を与えていたことが案外、重要なことではなかっただろうか。幸之助が蒲柳の質で、寝床で臨床実験をしたりしていることを中尾はじかに見ている世代である。こうした仕事への姿勢の上に、夢や理想が語られると地に足のついたものになり、説得力のあるものになるのはいうまでもない。

幸之助の社長時代、ラジオの協力工場主との対話でこんな逸話がある。ある暑い日のこと。幸之助はその工場主と涼しい場所で昼食をとる。ところが途中で箸をおいてしまう。どうしたかと心配をすると、幸之助は、いま工場で働いている従業員の姿が想いだされて、食が進まなくなったのだという。浪花節が効きすぎるこうした話も、その人の日常の姿に説得力があれば、自然に人を惹きつける行為になるはずだ。

また先に触れた「二五〇年計画」や、第一部でみた「五カ年計画」は社員の夢になったことだろう。高度経済成長期、日本の多くの会社に「夢」が溢れたが、松下では、幸之助が夢を与え、そのもとで、各自がその目標を実現し、社会に貢献するという構図が完成された。しかしそれも、日常の積み重ねによって生まれる団結心、成長意欲といったものが社内に植えつけられていたからこそ為せる業だったはずだ。

ジョージ・E・メイヨー（一八八〇〜一九四九）らの一九三〇年前後の実験・研究により、工場労働者の作業の能率には、物理的・生理的・経済的条件以上に、人々の感情、集団の雰囲気といったものが大きな影響を及ぼすということが、経営学の世界でよく知られている。幸之助の経営、そして人材育成の手法は、その研究成果を実証し続けたものであったともいえよう。

「修羅場」を経験させて育てる

松下の事業部長、分社の社長など要職を歴任した小川守正は、自著やPHP研究所の研修セミナーなどで幸之助の指導方法を明かしている。幸之助に直接指導を受け、事業部長として「しっかり給料払うんやで」と幸之助に言われたこともあったそうだが、受け手の意識が高いと、こうしたふとした言葉にも、経営の要諦を感じ取ることができるようだ。

小川は後に、給料を払えるかどうか心配しないといけない窮境を、分社の社長として経験した。一九七七（昭和五二）年のことである。松下住設機器という分社の社長になった小川に、幸之助は昼食をごちそうしたそうだ。ところが、出てきたステーキを半分以上残してしまい、コックさんを呼ぶよう、小川に指示した。クレームかと思いきや、年のせいで食べることができないので気を悪くしないでほしい、とわざわざ伝えたのだという。

結果、気配りのお手本にもなったのだが、そんなスタートを切った松下住設が最初から修羅場だったとはいえない。しかしその後に日本経済はオイルショックを経験、住設も業績が悪化し、大きな赤字を計上せざるをえなくなったという。そしてその頃、幸之助がたまたま近くに来たので、ついでに来社する。そこで厳しい経営状況を知る。

松下の分社は基本的には、資金を本社から借りた。幸之助はその貸し付けをすぐに撤収させるように命じたという。容認できる事態ではないと考えたのだろう。しかし小川にしてみれば、それこそ本社からの資金を引き上げられたら、社員への給料が払えなくなってしまう。取引先への支払いもできず、普通に考えれば倒産になってしまう。必死に撤収を撤回してもらおうと小川が粘ると、銀行を紹介するから、工場を担保に再建計画を立てよ、そして銀行に借りるよう指示したという。しかしそうした修羅場に追い込まれたことで、小川を中心に会社全体が奮起、経営を立て直すこともできたという。

実際には、本社経理に借りることができたそうだが、自主責任経営を体験することができたのである。この実体験談にも、幸之助の人材育成の要諦がみてとれる。つまり、「修羅場」に追い込むことで、経営改革と同時に、幹部養成をしていたのである。

理念という抽象を端的な言葉で具象する

事業部制は、幸之助の思想・哲学を具現する組織であったことを第一部で触れた。幸之助の娘婿であり、社長業を継承した松下正治によれば「一つは、事業部にすることによって成果がはっきりわかり、責任が明確になって、『自主責任経営』の徹底が図れること、もう一つは、一切の責任を持って経営に当たることが、経営幹部にとっての本当の試練の場となり、経営者の育成が図れる」ことが幸之助の狙いとしてあったという。(9)

この「本当の試練の場」というのが、修羅場である。その試練を受けた事業部長クラスの人材が語り伝える「叱られ」体験に、「赤字は罪悪」という言葉がしばしば出てくる。

他にも、「雨が降れば傘をさす」「ダム経営」「困っても困らない」「かつてない危機からかつてない革新が生まれる」「道徳は実利に結びつく」といったように、端的に経営理念を具象した言葉、わかるようでわからないような喩えが、幹部の指導に有効だったようである。

例えば、赤字続きの事業部長が報告にくる際、幸之助は、税金でつくられた天下の公道の真ん中をまさか歩いてきてないだろうな、道の端を歩いてきたよな、と厳しく叱責することもあったという。これも無茶といえば無茶だが、意識の高い人間には様々な考えが派生して起こり、その人物の心に火をつけることもあるだろう。人によってはビジネスチャンスの発見や人材マネジメントの効用といったものに敏感になる効果をもたらすこともあるはずだ。

もちろん荷が重すぎて、精神的・肉体的にまいる人も出るかもしれない。だからフォローもする。先ほどの松下住設の小川も、赤字のことで散々叱り、本社からの貸し付けをストップし、再建の事業計画書を銀行に提出して資金を借りさせようと指示したときも、幸之助はそのまま叱りっぱなしにしなかったようだ。帰り際、見送りをする小川ら幹部に、君らの経営は「国鉄みたいや」、「技術はあっても経営がない」とニヤッと笑って、車で去ったという。

どこかに「救い」を残すのである。「技術はある」という承認をそれとなく伝えるのである。そこに厳しい幹部指導の要諦があるように思えてならない。「物をつくる前に人をつくる」と幸之助は言ったが、実際には「物をつくると同時に人をつくる」会社だったともいえるのではないだろうか。

3　人材開発〜変化と継承という視点から〜

「質問」で血の小便が出るほど真剣に考えさせる

幸之助という経営者が短気でせっかちな性分であることは、筆者も、松下ＯＢや関係者からそれとなく聞いたことがある。その性分は、叱るという行為につながりやすいのかもしれないが、幸之助の指導スタイルの特徴はそれだけではない。忍耐力が要りそうな釣りでは、名人が意外にも短気であるとよくいわれる。釣りはいわば魚との対話である。どんな仕掛けが有効か、釣り人は絶えず創意工夫を凝らし、試してみることで、釣果を得ることができるからである。

そして釣りの名人のように、幸之助も部下との対話の中で、有効な指導方法を見出し、使い分けていたようだ。叱るだけではない。時に厳しく時に優しく、相手と状況に応じて、自在に投げかける「質問」は、受ける側に、新たな気づきをおこさせる契機となるのだが、幸之助も、相手の主体性を引き出すには質問が効くことは認識していたようだ。

わかっていることを、あえてわざわざ知らないふりをして、それを部下がわかっているかどうか電話で試すこともあったという。それが、人を育てる上で効果的であることを実感していたからだろう。

松下の製品開発の歴史の中で、「ペッパー」ラジオの開発の際にも、その幸之助の指導スタイルが存分に発揮されたようだ。その開発ポイントについては、『品質管理』一九八〇年一一月号に開発責任者だった藪崎俊一らが寄稿しているが、幸之助によくインタビューをした石山四郎は、藪崎から開発秘話を引き出すことに成功している。

その著書『松下幸之助全研究2　命知の国際経営』に収録された藪崎の話からすると、松下の初期の主力事業だったラジオは、やがて東南アジアなどのキャッチアップが激しくなった事業の一つであり、円高が進む中で、一九七〇年代後半には厳しい事業になっていたという。創造的模倣、後追いの戦略に長けていた松下が、低コスト力を武器にする後発国に後追いされるようになったのである。開発の責任者はなんとか打開するべく、時代性に適合した薄型ラジオの開発にひそかに取り組む。そして、たまたま工場に寄った幸之助に直訴、意見を聞く。それから、いわば幸之助のお墨付きで開発に力を注ぐ中、何度も報告・説明が要求されたという。幸之助は時に激励しつつ、要所で要求(このときは価格で一万円以下に、というもの)をする。次第に要求は微細にわたり、音、工程数、部品のコスト……となる。

その後も、開発事業部の希望的目標を一桁超える一〇〇〇万台という生産台数を目標に設定し、その場合の材料費はなんぼか、宣伝は、専門工場の運転資金は、何年でやるか、という質問もして、答えさせたという。厳しい要求でもあるが、自然と夢を与える指導をしているのである。結果、売値が七八〇〇円になり、「薄型電卓か」と思われたこのラジオ「ペッパー」は、シリーズ展開をして一〇〇万台をはるかに超えるヒット商品になった[10]。

夢を与えると同時に、質問で導く、しかも厳しい要求をして修羅場へと自然に追い込む、そうした指導が一連の対話の中で行われていたのである。

また、筆者に松下の実際の経営についていろいろと教えてくれた松下OBの中に、副社長まで経験した佐久間昇二がいるが、彼は、血の小便が出るほどの真剣さを幸之助が経営幹部に求めていたと強く感じていた一人である。

佐久間がよく語るのは、ドイツでの乾電池の市場創造においてみずからもその体験をしたことである。冷戦体制で東西に分かれていた当時の西ドイツの市場を松下はまだ開拓できていなかった。その段階で、市場で一番シェアを確保している現地の商品と同価格で売ることが営業責任者として使命づけられた。それは現地で販売されていた東芝の商品よりも高値だったという。命じたのは高橋である。安易な安売りをせず、現地での共存共栄の理念を貫くその困難な仕事の中で佐久間は真剣に考え、考え抜いて、参入の方策を打ち出した。市場占有率が高く、すでに競争優位を得ていた国内の営業部門では体験できないことである、そうした体験が、後々の佐久間の成長の糧になったことは間違いない。

新市場への参入を経験させることで経営者としての力量が高まるということは、経営学でもよくいわれることだが、それは「修羅場」を経験することでもある。逆にいえば、経営者側は修羅場を創出することで人材開発も行えるのである。第一部でみた九州松下電器の経営でも、髙橋はそれを実行していた。

自発的な「学び」を重視する

「昭和の代表的な企業家を挙げよ」といわれたとき、真っ先に挙がるのが松下幸之助、本田宗一郎、そして関西では中内㓛ではないか。

私はあるとき、三者に共通点があることを発見した。それは仕事に就いてから、学校へ通ったということである。幸之助は大阪電灯時代、関西商工学校の夜学に通ってまで電気の勉強をしようとした。本田は社長になってから、いまの静岡大学の工学部、浜松の高等工業学校で勉強している。中内は神戸の三宮で闇市に店を出しながら、神戸経済大学（現神戸大学）の経営学部の夜間部で勉強した。経営学は学べても経営のコツは学べないというのが幸之助の哲学だが、経営学のような学問を学ぶなといったわけではない。理論の学習を活かせず、逆にそれに拘泥して、うまく経営をできないのは困りものだが、経営学は企業家たちの実践の経験を普遍化したものでもあるから、それを原型として、みずからの経営の手本にしていくことの有意義性が失われることはないように思う。

筆者は中内㓛に「神戸大学での勉強でどの科目が役に立ったか」と聞いたことがある。中内は「日本国憲法」だったと答えた。経営学の専門科目でなく教養科目である。闇市で商売していても将来この日本がどうなるかがわからなかったが、憲法の授業を聞いたとき、日本がどんな国になるのかがわかったと中内は教えてくれた。

ＭＢＡの大学教育は、応用でなく基礎でいいのだという筆者の持論は今も変わらない。応用は現場でいくらでも学習できる。幸之助は、中内が言うような基礎的な勉強をしていなかったのかというと、そうではない。幸之助のＰＨＰ研究は、研究員とともに研究会を開いて、問答で進める自学自習だったそうだが、その際に政治経済の動きをスタッフに確認しながら、その上で、雑誌等で発表する提言内容も固められていったようである。日本国憲法私案まで、幸之助はつくっている。自衛隊に関する憲法の改正についても言及している。

そうした幅の広い言論活動を支える教養が、直接的ではなくとも、幸之助の経営行動に刺激を与え、充実させていったことも想像できる。実際に幸之助は会長に引退し、ＰＨＰ研究に没頭していた時期に、熱海会談とその後の改革を現場で指揮しているのである。

仕事において経済合理性の追求は必要である。しかしそればかりではあまりにも危険である。自分がわかっていることの範囲内で考え出された経済合理性というものは、結局、わからないことを無視した上で、考え出されたものにすぎない。

自分が知らないことがたくさんある。それを貪欲に吸収するために、幸之助は「謙虚さ」「素直な心」の涵養を社員にも要望した。その心の姿勢がないと、どんなに価値の高い知識でも消化することができないからだろう。週休二日制を他の企業よりも先んじて取り入れたのも、五日間はさらに効率化を増し、その上で、二日のうち一日は休養でなく「教養」にあててほしいと要望したという。幸之助は自己啓発という言葉は使わなかったようだが、その権化のような企業家であったといえる。

経営理念の継承の中での人材育成

哲学・倫理の世界で高名な和辻哲郎（一八八九～一九六〇）の『孔子』（岩波文庫）には、孔子、キリスト、ブッダ、ソクラテスという賢人が、それを受け継ぐ弟子、孫弟子により、人類の教師として理想化されていったことについての言及がなされている。例えば孔子の『論語』のように、聞く側（弟子）の人格や境遇といったものも、師の教えの言語化に影響を及ぼす可能性があることなどを気づかせてくれる良書である。

和辻は同書で、これらの人類の教師がいかにして普遍性を獲得したのかについて論理を展開している。そして「弟子プラトンと孫弟子アリストテレスとは、師の仕事を迅速に完成して西洋思想の源流を作った。これらの偉大な弟子の仕事が人々に承認せられれば、その弟子の仕事の中にその魂として生きているソクラテスが、一層偉大な教師として承認せられないはずはないのである」という。[11] この論理に従えば、幸之助の思想・哲学を実践する後継者たちの仕事が社会に承認されるかどうか、高く評価されるかどうかによって、その「仕事の中にその魂として生きている幸之助」の社会からの評価が決まるということになるのであろう。

もちろん彼ら聖人と幸之助を比較することは妥当でないのかもしれないが、普遍的な理念の継承という行為にかかわる者が、こうした教養を深める書から学び得ることは多いはずである。そして和辻の指摘する観点からすれば、幸之助の理念の布教者でもあった髙橋は、非常に賢明な行動をとったといえるのではないだろうか。

経営理念を体現する人材を育成する上で、経営理念の具体的実践のためのルールを、期待する部下たちに課し、要望する役割を幸之助の代わりに果たしたのが髙橋である。

しかし髙橋は「A・Tさん（髙橋の愛称）は何度も同じことをいう」といわれたそうだ。三代目の山下社長時代に、経営の中枢にいた佐久間は、この髙橋の「同じこと」で「理念を具現した古い成功・失敗体験」を何度も聞かされ、最初はうんざりだったそうだが、経験を積むうちに、その話の重要さに気づいている。聞く側のレベルが高まると、普遍性のある理念や体験はいくらでも応用できるので、髙橋はそれを語り続けることに徹していたことが推測できる。

また髙橋は、共存共栄を具現する上では、「よそさんに負けない商品をつくる」、その上で「安売りをしない」という表現に具体化して、監督・指示をしていたようだ。さらにⅡ章で紹介したように、「利益は社会への貢献度のバロメータ」といったわかりやすい表現も用いている。

それでも、そうした経営理念の実践には、市場や文化の違いを踏まえた戦術の展開がなければ、その戦略に成果をみることは難しい。つまり難題を部下に提示することになるのである。そうして部下がその課題解決により育っていくのである。

理念のみを語り、具体性を備えない理念継承では、その理念が誤った方向へと進みかねない。受け取る側にいかようにも理解の方法があるからである。そう考えると、具体性を明らかにする年度の事業計画の策定なども、経営理念の実践という意味合いにおいて、非常に大きな役割を果たすことがわかる。要はそれを活用できるかどうか、ということになるのだろう。

「任せて任せず」による人材開発

パナソニックでは、人間尊重とか人間大事といった表現が使われることがある。それは幸之助以来の松下の伝統精神である。そうした経営姿勢には、優しさと厳しさという相対立する両面が内包されていると筆者は理解したい。なぜなら、尊重されるということは各自に自立性が求められることでもあり、安易な依存を許さないということだからだ。

幸之助は販売会社によく「共存共栄」を訴えたが、それは「持ちつ持たれつ」の関係を維持したかったからではない。お互いの「自主独立」のもとに関係が維持されることを訴えたかったのだ。それは、社内でも同様だった。

松下だけでなく、かつて多くの日本企業において、程度の差はあれ、雇用者と被雇用者の間に築かれた連帯関係の良好さは、やがて、甘えや馴れ合いの関係にすり替わった。同時に日本経済全体もおかしくなっていった。制度を陳腐化させるのは結局、人なのである。幸之助が事業部制を成功する組織に仕上げることができたのは、やはり人間というものをよくわかっていたからだろう。「任せる」と同時に「任せず」の経営をすることが、人間の本質を生かす経営であると幸之助は認識していたにちがいない。この事業部制の組織ガバナンスについては次章で触れよう。

また幸之助は、ものづくり面では、開発商品が完成し、役員会で報告されると、衆人環視の中、それを手にとって撫でまわし、様々な角度から眺めたという。その姿は、表面的には愛情表現のようにみえるが、同時に不良を発見する行為でもあっただろう。

もしその新製品に自信がない事業部長なら、その間、精神的な緊張は尋常なものではなかったはずだ。最終権限者に常に見られているという、いわば「こわさ」を常に感じる場があることは、企業統治という点からもよいことではないか。幸之助はそれを、意識的か無意識的かはわからないが、実践していたようである。

ところでこの「任せて任せず」という言葉を使ったのは、丹羽正治だといわれている。幸之助が最も信頼した経営者の一人である。それは、丹羽を松下政経塾やPHP研究所の経営に一時期、かかわらせたことからもわかる。丹羽は会長になっても、隣に幸之助の机を置いたという。松下の六代目社長だった中村邦夫（現パナソニック相談役）は創業者と「同行二人」で経営に取り組むといったが、丹羽はそれを「かたち」にして実際の経営にあたっていたわけだ。

正確には、丹羽は「任して任さず」といい、それは最高権限者の幸之助が持つ、強い責任感を表敬するものだったが、ほかにも様々な意味合いがあったように思える。丹羽にしてみれば、任されたと思わず、自分の経営がいつも幸之助に見られていると思うことで、道を過つことも少なくなる。つまり自律心の制御に使えるのだ。丹羽はその数多く残された自著を見る限り、幸之助同様、宗教的な人物にみえる。同質性を感じる。幸之助にいつも監視されていると思わず、どこかで〝オヤジ〟のように見てくれていると思っていたのではないか。

そうした思いの中で生み出された経営が、松下電工という本社を凌ぐほどの強い経営体質の会社をつくり上げる基盤になったのだと、筆者は考えたい。

理念を伝承するのは「人」

松下が戦後、莫大な広告宣伝費を投入していたことは第一部で触れた。幸之助は当初から、みずから宣伝コピーを発案している。「買って安心、使って徳用、ナショナルランプ」という簡潔明瞭なコピーも、幸之助が考え出したという。そして、協力会社や消費者に訴える言葉、イメージの力といったものの重要性を理解し、商品をつくった以上、「知らせる義務」があるのだと認識していた点にも特徴がある。

この次第に培われた自身の宣伝に対する信念は、一九四五（昭和二〇）年の経営方針発表でも明確に述べられている。「経営においても真実あるのみ、実質以上のことを宣伝してはならない。過去を顧みるとき、松下も宣伝してきたが、決して他の商店、会社のような宣伝はしなかった。そもそも宣伝が許されるのは唯一の場合である。すなわち真実の姿の宣伝である。この商品はどうしても世間で使ってもらう必要がある。効果があって便利であることを早く知らせたいときに、初めて宣伝は許されるのである。決して誇張であってはならない。あくまで正義でなければならない」[12]。また「魂のこもらないような宣伝をするということには、一厘の金も使ってはならない。宣伝して笑われる」[13]と語ったこともある。

各事業の仕事の成果、血と汗により生まれる利益を使う広告宣伝は、自然に考えると、社内にその費用対効果の説明責任がある。しかし実際には、それは難しい。だからそこに資金を投入する意義、クオリティをできる限り明らかにすることは、会社の風土を健全にしていく上で重要なことであり、それを最高責任者みずからが言及することは効果があるものだっただろう。そしてそうした幸之助が示した指針を、時代に即して具体化し、表現することで、企業のブランドイメージも持続性をもって創出され続けることになるのだが、その伝承の媒体はやはり「人」である。広告・宣伝のように、効果が見えにくいものほど伝承は難しいものなのかもしれないが、幸之助は松下の宣伝部門の重役に、ＰＨＰ研究所創設後の『ＰＨＰ』誌の編集業務を兼務させている。逆にいえば、幸之助の思想・哲学を深く理解した人物が、松下の宣伝の仕事も担ったのである。

商品のデザインにおいても、幸之助は創業期から関心を持ち、資材不足などが次第に明らかになる戦時中の一九四二年にも、「製品には親切味、情味、奥ゆかしさ、ゆとりの多分に含まれたものをつくり出し、需要者に喜ばれること」[14]を根本的信念としてほしいという社内通達を出し、奮起を促したこともあったという。また『松下のかたち』というデザインにかんする社史では

「松下電器のデザイン理念をひとくちにいえば、経営の基本理念を商品のデザインにおきかえていくこと」だと記されている。「情緒の橋渡し」や「ある種の甘さを持たせる」といった表現もみられる。[15]こうしたデザイン創造も、広告宣伝と同様、伝承する「人」次第で大きく変わってしまうものである。「人材」の活用には、「配置」というものが重要であり、それ自体が、よい仕事、よい経営を生みだし、かつ個々の人材の育成にも寄与する。それだけに経営者は、人間というものをよく知っておく必要がある。実際、幸之助がリーダーの要件として最重視したのは「人間の把握」だった。

(1) 松下幸之助［一九八三］、『松下幸之助経営語録』(PHP研究所) 八二ページ。
(2) 松下幸之助［一九七九］、『人を活かす経営』(PHP研究所) 一三〜一六ページ。
(3) PHP総合研究所編［一九九一〜九三］、『松下幸之助発言集』二五巻(PHP研究所) 三二五〜三二六ページによる。
(4) ダグラス・マグレガー著、高橋達男訳［一九七〇］、『新版 企業の人間的側面』(産能大学) を参照のこと。一九六六年に初版が翻訳刊行されており、その際に訳者はまえがきにおいて、同書で展開される内容は「現在の組織理論・管理理論に対する痛烈な批判である。現在の理論がX理論に立脚しているものであり、このX理論をY理論に転換しないかぎり、経営理論の進展はないという立場に立つ」ものだと解説している。
(5) 企業の発展において現れる「矛盾」のマネジメントについては、伊丹敬之・加護野忠男［二〇〇三］、『ゼミナール経営学入門』第3版(日本経済新聞社) 四二四〜四五二ページを参照のこと。

（6）丹羽正治著・小柳道男編［一九七七］、『私のなかの親父・松下幸之助』（株式会社波）一八一ページ。
（7）同前五一ページ。
（8）「オーバーエクステンション」への理解を深めるには、伊丹敬之［二〇〇三］、『経営戦略の論理』第3版（日本経済新聞社）を参照のこと。
（9）松下正治［一九九五］、『経営の心』（PHP研究所）一五七〜一五八ページ。
（10）石山四郎［一九八一］、『松下幸之助全研究2　命知の国際経営』（学習研究社）三三九〜三四七ページ。
（11）和辻哲郎［一九八八］、『孔子』（岩波文庫）一六ページ。初版本は岩波書店から一九三八年に刊行。
（12）前掲『松下幸之助発言集』二二巻六六ページ。
（13）同前二七巻一二七ページ。
（14）同前二六巻一九六ページを参照。
（15）松下電器産業総合デザインセンター［一九八〇］、『松下のかたち』（同社）の序文による。

Ⅳ　人を活かす経営組織と組織ガバナンス

1　事業部制組織について

事業部制の歴史

育成した人材に活躍の場を提供するのが組織である。組織は同時に人材育成の場でもある。幸之助は、組織づくりのイノベーターである。幸之助には日本初と呼ぶべき組織づくりがいくつかあった。なかでも代表的なものは事業部制組織の構築である。

一九三三（昭和八）年に事業部制組織を導入した幸之助は、その事業部制に様々な工夫を加えて独自の組織をつくった。その組織は松下電器の成長を支えただけでなく、他の日本企業が参考にするモデルにもなった。

事業部制組織を世界で最初に導入したのはアメリカの企業、化学会社のデュポン社である。同社は爆薬のメーカーであり、第一次世界大戦で爆薬の売上を急拡大したが、大戦後は爆薬が売れなくなることが予測されたので、大戦末期からそれを補う事業として、塗料、染料などの化学製品に多角化した。多角化した事業を一人の社長が経営していたが、うまく経営ができず、業績が低下したので、多角化した事業のそれぞれに経営責任者を置き、日常業務にかかわる意思決定を委譲することにした。これが事業部制のはじまりである。

デュポン家の同族であった経営史家のチャンドラーは、同家に残されていた資料をもとに『経営戦略と組織』(邦題)という研究書を著した。チャンドラーは本書で同社をはじめ、GM、スタンダード石油などの歴史を詳細に調べ、事業部制という組織は、事業の多角化の結果として採用される組織であることを明らかにした。

幸之助と事業部制

松下も同様である。先に述べたように、松下はソケットと扇風機部品の生産から始め、その後ランプ、電球、電池、ラジオへと製品を多角化していった。こうした多角化の結果、すべての製品の製造と販売を幸之助一人で指揮することは難しくなった。そこで事業部制が導入された。松下も、アメリカ企業と同じように製品の多角化に伴って事業部制を導入したのである。これはデュポンに遅れること一二年であった。

デュポンとの違いもある。デュポン社と比べると企業規模がまだまだ小さい段階での事業部制への移行であった。また事業部の単位も小さく、単一製品別(単品)事業部制と呼ぶのが適切な組織であった。また、後に述べる職能別事業部制とも思われる組織であった。製造と販売の両機能を持っていたのは、ラジオ担当の第一事業部だけで、他の事業部は、販売職能は持たず、販売は営業部に一元化されていた。

幸之助がデュポンの例を知っていたかどうかを確認できる記録は残っていないが、幸之助の活動を見る限り、幸之助は事業部制の本質をよく理解していた。事業部制は単に業務的意思決定の権限を委譲することだけで完結するのではない。

任せた以上、任された事業部長がよい経営を行なっているかどうかを継続的にチェックし、よい経営が行われていない場合には、必要な介入を行わなければならない。これを事業部のガバナンスと呼ぶことができる。事業部制の最も本質的な特徴は、組織が複数の自律的な意思決定単位に分権化されていることである。このような分権的な単位を事業部というのである。事業部は、一定の地域、事業分野、製品分野の業務遂行に必要な機能（メーカーの場合だと、製造、販売、開発という基本的な職能）を備えている。つまり自己完結的である。事業部制における基本的なガバナンスの手段は、事業部長の利益責任である。事業部は、利益責任単位（プロフィットセンター）でもある。

アメリカの事業部制は、一九三〇年代に企業の多角化とともに出現し[1]、その後、大企業のほとんどに普及した。一九八〇（昭和五五）年のデータによれば、アメリカの大企業（フォーチュン一〇〇〇社レベル）での事業部制の採用率は約九五パーセントだった[2]。もちろんアメリカでも、全

図表3　事業部制の構造に関する日米比較

インディケータ・項目	米国	日本
事業部制採用率	94.4（%）	59.8（%）
（職能保有率）		
生産	96.7	85.5
販売	94.8	91.3
マーケティング計画	89.6	82.6
人事	84.4	35.5
会計・コントロール	82.0	40.1
財務	38.4	12.2
基礎研究	19.9	28.5
応用開発と研究	62.1	75.6
購買	77.3	52.4

［出典］　加護野忠男ほか［1983］、『日米企業の経営比較』（日本経済新聞社）37ページを参考に作成。

く教科書通りの事業部制を採用しているところはない。しかし、欧米企業の事業部は、製販を兼ね備えた自己完結型であることが圧倒的に多かった。

日本では、大企業の多くが事業部制を採用するようになったのは戦後である。

図表3は、筆者らが行なった日米企業の比較データ[3]をもとに、事業部が所有する職能の比率を示したものであるが、アメリカ企業で、事業部が生産職能を持たないような事業部制を採用している企業は三パーセント、同じく販売機能を持たない事業部制を採用している企業の比率は約五パーセントであった。これに対して、日本では、事業部が生産機能を持たない企業の比率は約一四パーセント、販売機能を持たない企業の比率は約九パーセントであった。この数字は、日本企業で、製造あるいは販売という必須機能が欠落した事業部制を採用している企業が、アメリカよりも高い比率で存在していることを

示していた。

その後、筆者らがかかわった一九九一年の関西生産性本部の調査だと、上場企業レベルでは、一九九〇年で五五パーセントの企業が事業部制を採用していた。[4] そしてその中に製造と販売とが、それぞれ別個に事業部化されている組織がかなり存在していた。

教科書的な意味での事業部制組織にとって、メーカーでは、少なくとも製造と販売という職能がともに存在することは必要不可欠である。両者の機能が存在しないと、事業部は独立した意思決定の単位になることは難しい。しかし日本の大企業の中には、この必須の職能のいずれかを欠いた事業部が存在し、その事業部制のオペレーションは、特に松下においては、教科書的な事業部制のオペレーションとは異なるものになった。そのことについては後でも触れよう。

2　事業部制・分社制のガバナンス

幸之助が生んだ三つのガバナンス

事業部制は分権的組織構造と呼ばれる。業務的な意思決定に関しては、事業部長に任せるのが事業部制の特徴であるが、それだけではない。任せた以上、事業部のガバナンスを行わなければならない。

ガバナンスとは経営を任された人々がよい経営をしてくれることを担保する仕組みである。アメリカでは、事業部長に利益責任を与えてよい経営が担保されている。この点に関しても幸之助はよく認識しており、前述のように「任せて任せず」という言葉を残している。

幸之助の経営のもとでつくられたガバナンスの制度の中で特筆すべきものは、三つある。

第一は最も大切なもので、経理社員制度である。

第二は、分社制である。一つあるいは複数の事業部を子会社として独立させ上場させることもあった。上場させることによって、多くのメリットが得られるからだ。

第三は、製販分離型の事業部制である。松下では職能別事業部制と呼ばれている。前述したように日本で多くみられる不完全な事業部制である。この組織にも多くのメリットがある。

経営経理と経理社員制度

事業部のガバナンスのために最も大切なことは、事業部の経営の良し悪しを正確に知ることである。その基本となるのは、経理制度である。事業部の経営の結果である損益をきっちりと正しい数字で把握することである。しかし、結果責任を負わされる事業部長は、様々な手段を通じてよい結果を出すように経理を操作しようという誘惑に駆られがちである。

幸之助は、経理の最高責任者であった髙橋荒太郎を通じて、そのような誘惑に負けない経理制度をつくり上げていった。それを支えていたのが経理社員制度である。松下の経理担当者は、経理社員と呼ばれ、経理社員は、営業や技術などの社員とは異なったカテゴリーの社員として採用されていたようだ。昇進やローテーションも経理職能の中で行われる。経理社員の人事権は経理部が握っている。教育も独自で行われる。事業部に派遣された場合でも経理社員の評価や異動は経理部が行う。事業部長は人事権を持たない。それゆえに経理社員は経理の基準に従って仕事ができる。事業部長の依頼に対してもノーと言うことができる。

このような経理社員に支えられた経理制度があるから、本社は事業部の業績を正しく把握し、事業部の評価を正しく行うことができる。この経理制度に支えられている本社は事業部に対して絶対的な権力を持ってしまうものである。しかし幸之助は、本社の力が絶対にならないようにする工夫もしている。それが次の二つの組織制度である。

松下の事業部制・分社制の変遷

事業部制の採用以降の松下の組織の変遷を示したのが図表4である。一九三三（昭和八）年時点での事業部制は完全なものではなかった、第一事業部のみが製造と販売の両職能を持つ完全な事業部であり、第二事業部以下は製造職能しか持たなかった。翌年にはすべての事業部が完全な事業部になり、一九三五年には分社制がスタートしている。

幸之助は、事業部制に移行してから二年後に分社制を生み出している。分社制の最も重要な特徴は事業部を独立の会社として法的に独立させることである。非上場の場合もあれば、上場されることもある。

図表4　1973年までの松下の組織編制の変遷

年代	組織改革（年）	備　考
1910	職能部制	1918年に創業。
1920		1927年に電熱部を創設。これが事業部制の淵源と幸之助自身も語っている。
1930	製品別事業部制（1933） 分社制（1935）	1933年の事業部制開始は当初（ラジオの）第一事業部のみ直販制。他の2事業部は製販分離だった。1934年にすべて製販一体の統合型事業部になる。1935年には株式会社に改組、分社制に発展させた。
1940	製造所制（1944） 工場制（1949）	戦時中は軍部統制、戦後直後はＧＨＱによる活動制限によって、幸之助の思うような経営ができない時代が続いた。
1950	職能別事業部制（1950） 事業本部制（1954）	戦後に敷いた事業部制は統合型ではなかった。この1950年の年間売上は27億円だったが、1954年には175億円に達している。
1960	製品別事業部制（1965） →事業本部制へ	1961年、幸之助は会長になったが、熱海会談（1964）後に現場復帰。その後に敷かれた事業部制（1965）は1933年と同じ製品別だった。直販制にもとり組んだ。1965年の年間売上は2030億円にも達した。
1970	事業本部制廃止（1972）	1973年に幸之助は会長を引退、相談役になった。経営を任された山下俊彦新社長も事業部制を重視した。

［出典］　松下の社史資料等を参考に作成。

分社は、社内の事業部とは違って本社だけでなく、外部の眼によって監視される。非上場の場合でも、法的に独立すると、融資を受けようとする場合、取引銀行の審査の対象となる。分社には松下は融資しない、銀行から融資を受ける場合でも松下は保証を行わない、というのが原則になっている。分社が上場された場合には、証券市場や投資家によっても監視されることになる。

株価は、多くの市場参加者の総意である。本社は、この総意を参照しながら事業部の評価を行うことができる。本社の評価は、経営のプロが行うものであるから、市場の評価よりも正しいことがある。市場による企業経営への介入は難しいが、本社はより機敏に介入することができる。

上場することによって、ガバナンスは本社だけでなく、証券市場でも行われるようになる。本社がいつも正しければ、証券市場によるガバナンスは不要である。しかし、本社も限られた能力しか持たない人間によって構成されるから、市場によるガバナンスのほうが、より正しい場合もある。

分社方式のメリット

分社方式のメリットに、事業単位が法的な独立性を持っているがゆえに、自立性が高いということから得られるものである。分社は、本社以外に多様なステークホルダー（銀行、労働組合、上場している場合には他の株主）を持つがゆえに、本社の言いなりになることができないし、本社の指示に対してもノーと言わなければならない場合がある。そのような存在であるから、経営責任をより重く感じることになる。それゆえに、本社の命令に安易に従えないし、その責任感がよりよい経営につながることもある。

3　製販分離型と統合型の事業部制

事業部制の長所と短所

松下は、欧米の事業部制とは異なる独特の事業部制組織を生み出してきた。製造業の事業部制組織では、事業部は製造職能と販売職能を併せ持つのが普通であるが、松下の場合、製造職能しか持たない事業部と販売職能しか持たない事業部があった。このような事業部制を私は製販分離型の事業部制あるいは職能別事業部制と呼んできた。

これまで多くの研究者、実務家が、この組織は通常の事業部制組織のバリエーションの一つであり、欧米の事業部制組織と本質的には変わらないと考えてきた。しかし筆者は、この組織は独自の長短を持つものだということを何度か書いてきた。[5] 最初は学術雑誌に、その後は幸之助について論じた一般書に、である。今でもその基本的な考え方は変わっていない。そして今回、松下の歴史を改めて眺め直してみると、松下の組織は通常の事業部制と職能別事業部制の間を揺れ動いていることがよくわかった。成長を志向するときは製販分離型の事業部制が採用され、収益を志向するときは、製販一体型の事業部制が採用されているのである。

これは製販分離型の事業部制が通常の事業部制より優れたものであるわけではないということを意味している。いずれも、長所もあるが欠点もあるのである。幸之助自身もそれを強く認識していた。以下は、幸之助が一九六三（昭和三八）年に日本青年会議所ゼミナールで、聴衆の一人の質問に答えたものだが、それがよくわかるものなのでそのまま紹介しておく。

「まァ、どんなものにでも私は長所もあれば短所もあると思うのです。私どもがなぜ事業部制度をしいたかというと、それはだんだんと仕事の種類がふえてきたからにほかなりません。（中略）〝電熱部というものをつくるから、君が担当してくれ。その代わりに製造も、販売も、またいかなるものをやったらいいかという研究も、いっさいがっさいを一つの事業として、君が担当してくれないか。まァ非常に大きな問題だけは僕に相談してくれ。僕は今、配線器具とか電熱以外の本業をやっておるために、忙しくてとても手が回らないんだ。しかしおとくい先の要望もあるし、時代の気運によっても、私の会社はやはり電熱を作らないといかんから、作りたいのだけれども、僕はようやらん、君やってくれ〟

その〝君やってくれ〟というときに、その人をもって、事業部の最高責任者にしたわけです。早くいえば、最高責任者ということは、全部をまかすということです。業容は小さくても全部まかすということです。それが松下電器の事業部のはじまりなんです。（中略）まァ、この人だったら大丈夫だろうと思う人に、そういうような依頼をした場合、幸いにいい人であればうまくいく。そうでない人はうまくいかないということです。そこに問題が起こりますが、そこに長所を見いだそうとしてやったのが事業部制です。

ところで一方事業部制の欠点はどういうことかというと、欠点というものは、ことさらに私は考えられないと思うのです。その人が責任を持って、社員が協力してやっていくということがいちばんいい姿だと思う。そこから起こる欠点というものは、その人が行き過ぎて、〝自分にまかされた以上は、自分の勝手にするんだ。借金はいくらしてもかまわんのだ〟というようになってくると、これは欠点が出てくるわけです。

しかし、大きな方針の決定はやはり私が判断する。たとえば電熱部をつくるということは、これは一つの大きな方針です。それは私が決定する。これは会社の方針だから、会社が決定すると考えていいわけです。しかし、その方針の範囲でその人が逐次仕事をするのがたてまえだから、それを逸脱した場合には一つの欠点になってくるわけです。このような欠点は自分がやれば別に問題はないわけです。自分の思ったとおりやれますから……。しかしそれを逸脱しなければ多くの長所が出てくるのです。またそういう欠点が出かかると、すぐわかりますから、やはりそれは注意をする、ということで、今のところ欠点がないとは言えませんが、欠点よりも長所が多分にある。こういうように自分は考えています」[6]。

幸之助による事業部制の運用（1）

松下の事業部制の運用の実態を詳しく観察すると、欧米の事業部制とは決定的に異なった特徴がいくつかみられる。これは、程度の違いというよりも質の違いといったほうがよい。しかもこの違いの意味を追求していくと、松下独特の強みや弱みと深く結びついていることがわかる。

松下が大きく成長を遂げて、幸之助が会長に退いた後、大きな危機が訪れ、熱海会談が開かれたことは序文や第一部でも触れた。その後、幸之助は現場復帰するが、その時期の改革以降、松下の営業・販売組織は変革を繰り返す。その歴史の中で、事業部制とかかわりのあるものについて、以下、社史の記述をもとに概観していくことにしよう。

まず全国の販売会社、代理店を集めて、熱海会談を開いた後、改革を進める中で、一九六五（昭和四〇）年九月に、幸之助と社長・松下正治の連名で以下のような要望が販売会社社長宛てに出された。

「昨夏熱海にて懇談会を開催致しまして以来一年、その後たびたびの会議にご出席賜わりご意見を承りながら、諸般の新政策を実施に移してまいりました。幸いにも、ご販売店さまには、これを機会に正常販売にご尽力いただき、また販売会社におかれましては、自主経営のご方針のもと、経営体質の改善と、積極的な経営推進に、ご努力いただだいているご様子を承り、力強く存じている次第でございます。

ご承知のごとく、新販売制度は皆さま方のご利益を願い、安定販売の確立のため社運を賭して実施に踏み切ったのでございます。こうした新体制についての松下電器の意のあるところを、十分お汲みとりいただきますとともに、いっそうの経営の向上にご挺身いただきますよう、お願い申しあげる次第でございます。また、お互いのそのような、必死の努力の中から経営改善についてのより良い方策が見出されるならば、躊躇することなく、ただちにとりあげ、ともども繁栄への道へ、全力をあげて進んで参りたいと存ずる次第でございます。先般、その一つのあらわれとして皆さま方に、事業部との直取引きをお願い致したわけでございますが、幸い制度そのものについては理に適い、ご賛同をいただいたのでございますが、さて運用の面になりますと、多少そこに問題が出てきたように感ずるのでございます。そこで、先般の懇談会を通じまして、今後のご注文はすべて、月一回、文書にて行い、事業部セールスマンの注文取りは、皆無に致し、事業部からの訪問は皆さま方のご経営上のご相談を承り、また、新製品の説明、市場動向の調査等に限りたいと、ご提案申しあげましたところ、皆さま方のご共鳴を得ましたので早速実施に踏み切りたいと存じますので、よろしく格別のご協力を賜りますようお願い致します」[7]。

このときに取り組んだ事業部制と販売会社の直取引制度は、流通を単純化して、中間に発生するコストを削減するというメリットがあるが、卸売側の負担が増えるというデメリットもある。営業所がノルマを持たなければ、押し込み販売などの非合理な営業手段はなくなると考えることもできるが、各事業部が販売活動に熱心になると、それは変わらない。しかも各事業部からの販促が重複する中で、卸売側は松下の商品を仕入れるというよりも、松下各事業部の商品を仕入れるということになる。在庫過多を生まない自主的な仕入れが実現できないと経営は難しくなる。そうした状況を踏まえ、幸之助は事業部に注文取りをさせない、月一回の注文書に集約するといっているのである。当時松下への物的・精神的依存が強まり、経営難に陥っていた感がある卸売側に、自主責任経営の徹底を制度的に強いたと考えることもできよう。

こうした細やかな方策が講じられて、松下の販売職能が各事業部内に統合されることになったのである。

幸之助による事業部制の運用（2）

熱海会談後、直取引制度推進に幸之助の強い意思が働いていたのは確かである。後の一九七二（昭和四七）年一一月、幸之助は事業部制について経営幹部に以下のように語ったことがある。

「私はいまのままでは事業部の独立採算制というものが中途半端である、これを完全なる独立経営体にしたいと思うのです。事業部が完全に独立すれば、現在の事業部というものは、もっと活気が出てくるでしょう。もっと創意工夫も出てくるでしょう。そして新製品もどんどんと生まれてくるでしょう。

独立すれば、だんだんとお互いに横の連絡ができなくなるだろうという心配もあります。しかし、真に独立体になれば、その心配は解消するだろうと思います。それはどういうことかといいますと、真に独立していたら、その人は何とかして自分が担当している事業部というものを発展させたいと熱願し、となりの事業部に知恵を借りにいくだろうと思うわけです。となりの事業部に知恵がなければ、こんどは他に借りにいくでしょう。完全なる独立体であれば、そうせざるを得ない。兄弟会社の良いところをみなとってやろうというふうに考えると、タテ割りになっていても、ヨコの連絡は必要に応じて出てくるものです。

ですから、完全な独立体に脱皮すると、ヨコの連絡はもっと良くなる、一心同体になります。真に独立するところから、あらゆるものが入ってくる、万物ことごとくわが師であるということになってくると思うのです。

一生懸命になれば、必ず万物から教えをこうということが自然に起こってきます。そういう意味で、今日ただいまから、事業部を完全に独立していくということを宣言しておきますから、みなさんもそのつもりでやっていただきたい[8]」。

事業部制に対する考え方が明確に示された発言である。そうした経営観を正治の後に引き継いだのが山下俊彦である。山下社長時代、一九八〇年になって家電販売会社の統合、ならびに営業所の統廃合が進められている。販売会社の統合については、一九八三年以降に一県一社構想による統合が進められたが、この時期、なんといっても流通機構の強化・再編の中で重要な課題といえば量販店対策であった。

山下・谷井・森下社長時代の組織制度改革

松下の社史『松下電器　変革の三十年』によれば[9]「一九七九（昭和五四）年度の販売チャネル別の家電製品販売状況を見ると、大型量販店とスーパーの売上げは約一兆円に達し、国内市場の二五％のシェアを占めている。その五年前の七四年度には五七〇〇億円、シェア一九％であったから、わずか五年で売上高は七五％も増え、シェア拡大も著しい。しかも、大型量販店の販売シェアは年々一・五％程度ずつ増加していくと予想されていた。これに対し、メーカー系列店の販売シェアは、七四年度の七三・三％から、七九年度には六五・〇％まで低下してい」たという。それゆえ、広域大型量販店に対する営業と一般販売会社の通常営業を棲み分けをするといった戦略がとられることになった。

市場の激変が事業部組織だけでなく、営業・販売組織にも大きな影響を及ぼすようになり、幸之助の時代に長年かけて構築された仕組みに変化を与えていく必要性が生まれてきたのである。

そして山下体制後、松下は谷井・森下社長時代を迎える。当時の国内営業体制の改革について、急ぎ足で社史を見ていくと、一九八七年一一月にその抜本的改革に踏み切っていることがわかる。それは「商品別営業体制の限界が強く認識されるようになった」からだという。その際、具体的にはそれまでの商品別の五営業本部体制が、顧客別・地域市場別の三営業本部体制とされている。三種の顧客とは「個人・家庭（リビング営業本部）」「官公庁・一般法人（システム営業本部）」「製造業の法人（インダストリー営業本部）」であった。

そして国内営業体制の改革後、家電流通改革にも着手している。地域販社の松下ライフエレクトロニクス（松下LEC）の設立などが行われ、家電販社の統合再編が進められたのである。さらに一九九二年四月、全国二万七〇〇〇店のナショナル店会を解散、新しい販売店組織「ナショナルMAST（Market-oriented Ace-Shops Team）」を発足させた。

同社史ではこうした一連の改革を「プロダクト・アウトからマーケット・インへの転換を図る取り組み」だったと位置づけている。そしてこの国内営業体制については「事業部制は堅持しながらも、従来の営業体制を抜本的に見直した改革・再編成であ」り、「その基本的な考え方は、〝お客様第一主義〟をベースに、事業部と顧客との間をできるだけ太く短く直結して、顧客のニーズや社会の流れをいち早く新製品に反映するしくみをつくりあげようというもの」として認識されていたようだ。

その後、営業本部は一九九五年七月に一一の体制に再編され、一九九七年二月には、パソコンに特化したパナソニック・コンピュータ・カンパニー、同年四月には半導体営業本部がそれぞれ設立され、国内一三営業本部体制となった。また家電流通改革としては一九九七年四月に、松下コンシューマーエレクトロニクス（松下CE）を設立、量販店やチェーンストアなど、広域展開する販売店への対応を全国一社体制としたことなどが重要事項として挙げられよう。

そして以上のような細やかな営業体制改革を続ける中で、事業部制・分社制という組織戦略が経営理念と固く結びつき、その枠の中で戦略転換が繰り返され、成長への挑戦が続けられたのが森下社長時代までだった。外部の人々からすれば、この頃の組織再編が複雑に見えるのは、卸の販売会社の系列化によって、販売組織が二重になっているからである。ただ時々の改革において、どのような営業体制が敷かれるにせよ、基本的に重視され続けたのが、事業部と営業本部が製販一体になるという視点であった。それが幸之助の経営哲学において重要な位置づけにあるものだったのであり、松下の経営の独自性を維持するものとして経営陣も受けとめていたことは容易に推察できよう。なおこの第二部では、五代目の森下社長時代までを論考の対象とし、概観した。その理由は結びで触れる。

二つの事業部制組織を使い分けた幸之助

先の図表4にまとめたように、戦後の松下は一九五〇（昭和二五）年に事業部制を復活させているが、それは職能別事業部制である。その後、熱海会談後の改革で、製品別の統合型事業部制が採用されるが、その後再び、職能別事業部制に復帰する。その中で、販売組織が継続的にといってよいほど変わっていったことをこれまで駆け足でみてきた。

ところで筆者は、これまでの論文等で、職能別事業部制は製品イノベーションを促すという効果を持っていると書いてきた。これに対して統合型の事業部制は、短期の効率を高めて、利益率を改善するという効果を持っている。したがって経営的に苦しいときに、松下は統合型事業部制に復帰することが多いのである。そして幸之助の組織づくりのユニークなところは、イノベーションに適した組織と効率化に適した組織を使い分けることによって、双方の両立を図ってきたところにある。

両方を同時に追求してしまうと組織の勢いが弱くなる。箍《たが》を緩めるときには職能別事業部制を敷き、箍をしめるときには統合型事業部制を敷くという方式である。

製販分離型事業部制とイノベーション

なお、これは松下に限らず、一般論としていえることだが、職能別の製販分離型事業部制のもとでは、製造・販売事業部と卸売・小売業の販売会社の間で多角的な取引が行われる。取引されるのは、製品だけではない。事業部と販売会社の戦略的提案も取引されるのである。販売会社からの提案が、いずれかの製造事業部で受け入れられれば、その提案は実行に移すことができる。製造事業部の提案がいずれかの販売事業部に受け入れられれば、その提案は実現される。このようにして、製造事業部と販売会社もしくは販売事業部が合意すれば、いちいち本社の認可を得なくても製品の生産と販売を進めることができるのである。すなわち市場の声を受けとめたイノベーションを期待できるというメリットが得られるのである。

スイーパー組織になりえた二つの子会社

幸之助の会長時代、そうしたイノベーションをさらに活発化させていたのは、松下グループにおける二つの子会社である。それは、九州松下電器と松下寿電子であった。

この二つの子会社は、事業領域は決められていないから、どのような製品分野に進出することもできる。経営学者の吉村典久はこの二つの会社はサッカーのスイーパー、最近の名称はリベロというようだが、それとよく似た役割を演じているという。[10] そのわかりやすい例は、家庭用ファクスの開発のケースである。

松下が再建を引き受けた東方電機（のちの松下電送）は新聞電送システムが典型的な商品であり、大型のファクスが得意であった。幸之助から直接薫陶を受けたこともある木野親之が社長としてその再建の指揮にあたった。木野は自著に、その頃の話を詳しく書いている。再建を引き受けたころから、家庭用ファクスの可能性が考えられていたが、商品開発の発想はずいぶん異なっていた。大型では、発信と受信が別個のシステムになっていたのである。

しかし木野はホームファクスの開発に挑んだ。そのうちに、幸之助から「ファクスの中に電話機」が入るものを松下の商品として要望される。「密かに研究をつづけ」たそうである。しかし、家庭用ファクスを成功させたのは、製造側ではスイーパー組織の九州松下電器であった。

木野が「密かに研究をつづけ」ていた時を回想し、こう記している。「そんなとき、九州松下電器がホームファクスの開発を始めました。こうして松下グループでは二社が競争しながら、幸之助のいったお客様に愛されるホームファクスに火花を散らして開発戦争が行われ、今日にいたっています。九州松下電器はホームファクスで成功し、松下電送は一般ファクスや業務用ファクス、特殊ファクスでお客様に愛されるファクスづくりに、いまでも激しい競争をつづけています」[11]。スイーパーへの対抗意識がそこはかとなくみてとれる発言である。

本社を絶対者にしない〜結びにかえて〜

分社制と製販分離型の事業部制という松下の組織編制の背後には、松下幸之助の組織についての独特の思想が認められる。それは本社を絶対的なものにしてはならないという思想である。これまで論述してきたように、製販分離型の事業部制であれば、本社の承諾がなくても、製造事業部と販売事業部とが協力しあうことで、事業部の枠におさまらないイノベーションを実行に移すことができる。分社制においては、分社は本社以外の多様なステークホルダーの意向を考慮しなければならないので、本社の指示に対してノーを言わなければならない時もある。

本社も限られた能力しか持たない人間によって構成されている。それゆえに間違った判断や選択を行う可能性は常に存在している。現場から遠いだけに、間違いの可能性も大きくなる。後述の第三部Ⅱ章でとり上げる松下正治の証言にもあるように、幸之助は大きな決断を行なった後でも、それを何度も再考していた。決断を覆すこともあった。考えに考え抜いた結果としての決断でさえも、唯一絶対の正解ではないということを知っていたからであろう。

一九五八(昭和三三)年九月に開かれた松下の全国営業所長会議で、当時社長だった幸之助は、本社の限界について、次のように述べている。少し長くなるが、幸之助の思想がわかりやすく表現されているので、引用しよう。

「皆さんは、それぞれの部門について、日々本社からの指示も受けつつ、いろいろな点において最善を尽くしていただいていると思います。しかし私は、本社の指令が必ずしも最善とは思わない。それは神さんでない以上はそんなことはありえない。三べんの指示のうちには一ぺんは、皆さんの地域、場所には適切でないようなこともあるにちがいないと思います。ところが『他の地域はそうかもしれないが、私の地域では今これをやったらいけない』ということを、これまでだれも私に対して訴えてきたことがない。『これは方法としてはいいけれども、今これをやると、結論においては一時こうなる』というようなことを重大問題として私に訴えてきた人は一人もいない。これも私はおかしいと思うんです。

たとえば販売の方面のことをとりあげて言いますと、日々お得意と接しているところの自分の地域の販売情勢、得意先の動き、考えというものは、本社よりも、皆さんがいちばんよく知っているはずである。ですから、『九州でこういうことがよいとしても、私のほうではこれはまだ早い。これはこうだ』というようなことについて自主的に考えて、『これはいかん』と言うことを大いにすべきです。しかるに本社が、『こうするようにしたらよいと思う』と言ったら、全部オーケーということでやる。それでは自主的なものは一つもないわけである。

なにも本社の言うことに反発したり、命令に反することを勧めるのではありません。けれども、全国それぞれに習慣とか、しきたりとか、いろいろ違いがあるんです。東京には東京の風が吹き、大阪には大阪の風が吹く、北陸には北陸の、というふうに、一応一律の線はあっても、自分はここはこういうようにやる、ということがなければいけない。ところが、『そうやった結果はこうなりますぞ。そうなった場合はどうしますか』というようなことを一つも訴えてこないならば、松下電器の独立自主の経営をやろうというような趣旨は生きてきません。今まで、松下電器の独立自主の経営は、その首脳者の人たち、経営担当の人たちがみずからいろんな施策ができて、体験もいろんな面から積むことができる、それによって経営者としての才能が伸びるというよさが十分にある、そういうところに松下電器の一つの特色があり、また力の培養もあるだろうということが、私どもの一つのねらいであったんです。

しかしそれは同時に、一面には統一を欠くことであるから、非能率的になる面もあることは十分承知している。非能率的になるという点もありますけれども、しかしまた個々の人々の才能が独特に生きて、画期的な案がそこにできていくという、そこをねらっているんです。

ところが、指令一本でみなそのとおり、右に倣えでズーッとやるのであれば、独立採算制、自主経営というようなことは必要なくなる。そういうような傾向が最近非常に強いと思う。本社は統制機関ではなくて助成機関である、助言機関である、皆さんが経営するんだ、皆さんが独自の立場で経営するんだ、それが松下電器の特色だということを世間にも発表し、皆さんにも私は発表してきたと思うんです。だから、ある経営の衝にあたる人は案外にスカタンする場合があり、ある経営者は非常にぐんぐん伸びてうまくいく場合がある。平均すると、結論においてはそのほうが面白い、人間味があって、また非常に独立性があって面白い、あえてそれでいいだろう、ということでやってきたんです。それが本社の指令一本で動くというようなことでは、工場は工場だけやる、販売は販売だけやる、いっさいの企画は本社でやるということで、それでも私はいいと思うんです。そのほうがずっと能率は上がる。それはみなやっておるわけです。しかし、そういうことではたしていいかどうか。何か一つ特色ある松下電器の経営というものを見いだしたいというのが、われわれの最初の思いで、今日まで四十年が過ぎたんです。幸い今日まで成功しておった。それがどうも私は最近、自主独立の経営をやってくださいと言うて、そういうようにやっているにもかかわらず、必ずしもそうでないような変異が起こってきているように思います。というのは、昨年からこの一年間についての皆さんの提案というものが、非常に私は貧困だと思うんです[12]」。

イギリスの歴史家のアクトン卿（一八三四～一九〇二）の言葉として「権力は腐敗する。絶対的な権力は絶対に腐敗する」という格言があるが、これは企業内の本社という権力機構についても成り立つ可能性がある。だからこそ幸之助も、本社による決定と選択に過度に依存しない組織をつくる必要性を社員に強く説いたのであろう。

ところで本章では森下社長時代までの組織改編の歴史を論考の対象としたと前述したが、それは以後の中村社長による「破壊と創造」の改革から、それまでの松下の組織づくりの基本戦略に変化がみられたからである。すなわち、純粋な組織編制の変革という側面よりも、松下グループ全体の財務構造の再構築という財務的側面を重視せざるをえなくなったからである。

二〇〇〇（平成一二）年末からのＩＴバブル崩壊以降、松下銀行とまで呼ばれた潤沢な自己資金による「ダム経営」を危うくする窮地に松下は陥った。そのため、優良子会社（分社）の吸収合併を進めることが必要とされた。一般論として、それは本社の力を強める環境の変化を生じさせてしまうことになる。けれども幸之助の組織づくりの基本思想は、最終的に本社を絶対的な権力機構にしないところにその特徴がある。パナソニックがさらなる成長を持続していくためには、そうした思想にもとづく組織変革が今後も必要とされるのかもしれない。

製販分離型の事業部制では、一つの事業部の提案を、本社以外の多数の事業部に評価させるという可能性がひらかれている。さらに分社制においては、そうした事業部のガバナンスに加えて、本社以外の銀行や投資家など外部の眼の利用を期待することが可能である。筆者の長年の学術的研究から得られたこの知見を最後に付して、本章の結びとしたい。

（1）米国企業の事業部制の歴史については以下を参照のこと。Alfred D. Chandler, Jr.［1962］, *Strategy and Structure: Chapters in the History of the American Industrial Enterprise*,（The MIT Press）. 邦訳書はアルフレッド・D・チャンドラー・ジュニア著、三菱経済研究所訳［一九六七］、『経営戦略と組織』（実業之日本社）。

（2）加護野忠男ほか［一九八三］、『日米企業の経営比較』（日本経済新聞社）三七ページ。

（3）データ調査方法については前掲『日米企業の経営比較』一七〜一九ページ。

（4）加護野忠男らが分析・執筆にあたって作成された一九九一年の報告書「リストラクチャリングと組織」（関西生産性本部）九ページ。

（5）加護野忠男［一九九三］、「職能別事業部制と内部市場」『国民経済雑誌』第一六七巻第二号（神戸大学経済経営学会）、同じく加護野［二〇一一］、『松下幸之助に学ぶ経営学』（日本経済新聞出版社）を参照のこと。

（6）ＰＨＰ総合研究所編［一九九一～九三］、『松下幸之助発言集』一巻（ＰＨＰ研究所）三二八～三三一ページによる。
（7）松下電器産業株式会社［一九七八］、『社史　松下電器　激動の十年』（同社）九五～一〇〇ページによる。
（8）同前三七三～三七八ページによる。
（9）以下は、松下電器産業株式会社［二〇〇八］、『松下電器　変革の三十年』（同社）二六一～二六四ページによる。
（10）吉村典久［一九九五］、「組織外変化とスィーパー組織」『経済理論』二六四号（和歌山大学経済学会）による。
（11）木野親之［二〇一一］、『松下幸之助　叱られ問答』（致知出版社）二二一～二二四ページによる。
（12）前掲『松下幸之助発言集』二五巻二三一～二三三ページ。

第三部
人間像に迫る

経営とは生きた総合芸術である

企業家・松下幸之助の残影

Ⅰ　企業家活動の源泉――その言葉にみられる行動原理

一人の企業家から何かを学び取ろうとするとき、彼が発した言葉に触れ、その意図するところを汲み取り、そこに彼の思想・哲学を洞察することは誰もが取り組めるアプローチであろう。

もちろん語られる言葉は、時どきの感情、周囲の環境によって左右されるものである。刻々と変化する世の中に即応した経営判断をしようとして、朝令暮改どころか「日に三転」する姿勢が必要だという幸之助においては、なおさらのことである。

しかしそうした言動を概観し、残影を辿るうちに、彼の一貫した姿勢、行動原理といったものが見えてくるのではないか――。本章はそうした思いをもって編集することを心がけた。幸之助がその企業家活動の中で一貫して主張し続けた見方・考え方を計一四項に絞り込み、それぞれに属する文章・発言を選んだ。まずは「創造」、そして「自立・独立」「責任」「対立と調和」「日に三転」「競争」「共存共栄」「生成発展」「熱意」「欲望」「志」「運」「謙虚」「素直な心」である。

なお出典はそれぞれの言葉の末尾に書名（巻数）・雑誌名（年月号）を付した。詳細は以下の通りである。発言記録はPHP総合研究所編『松下幸之助発言集』（一九九一～九三年、PHP研究所）によった。書籍は松下幸之助の著作のみである。PHP研究所刊行のものが『道をひらく』（一九六八年）、『思うまま』（一九七一年）、『商売心得帖』『その心意気やよし』（一九七三年）、『社員稼業』『経営心得帖』（一九七四年）、『道は無限にある』『指導者の条件』（一九七五年）、『経済談義』（一九七六年）、『人事万華鏡』（一九七七年）、『実践経営哲学』（一九七八年）、『人を活かす経営』（一九七九年）、『経営静談』（一九八〇年）、『社員心得帖』（一九八一年）、『折々の記』（一九八三年）、『人生心得帖』（一九八四年）。表記はそれぞれ最新版に依拠している。他は松下電器産業株式会社刊行の『四季のことば』（一九五九年）、『光雲荘雑記』（一九六二年）。雑誌は新政治経済研究会発行の『新政経』からのものである。

創造

経営とは生きた総合芸術である。この幸之助の言葉には、世間が求める商品の創造、新事業による新しい価値の創造、組織の創造、顧客や市場の創造といったことだけでなく、経営学でいう「創造的模倣」のような戦略も含まれるだろう。しかし幸之助の創造において特に際立つのは、「考え方」を創造するという面ではないか。「新しい人間観」を創ることを念頭としたし、知命をあえて命知といった。素直、生成発展という言葉に独自の意味も持たせた。そうした新しい見方・考え方を創造し、周囲を感化する力が、みずからの経営の中で発揮され、生きた総合芸術作品を生みだす源泉になっていたと考えてもよいのではないだろうか。

経営における一つひとつの分野がみなこれ創造的な活動である。そして、それを総合し、調整する全体の経営というものもこれまた大きな創造である。そうしてみると、経営は芸術であるといっても、それは絵画であるとか、彫刻であるといったように一つの独立したものではなく、いわば、その中に絵画もあれば彫刻もある、音楽もあれば文学もあるといったように、さまざまな分野を網羅した総合芸術であると見ることもできる。しかも経営というものは絶えず変化している。経営をとりまく社会情勢、経済情勢は時々刻々に移り変わっていく。その変化に即応し、それに一歩先んじて次々と手を打っていくことが必要なわけである。だから、たとえば絵画のように、描き終えたら一枚の絵が完成するというのとは趣を異にしている。いわば経営には完成ということがないのであって、絶えず生成発展していくものであり、その過程自体が一つの芸術作品ともいえよう。そういう意味において、経営は生きた総合芸術であるともいえる。

『実践経営哲学』

◉　◉　◉

とにかく考えてみること、くふうしてみること、そしてやってみること。失敗すればやりなおせばいい。やりなおしてダメなら、もう一度くふうし、もう一度やりなおせばいい。同じことを同じままにいくら繰り返しても、そこには何の進歩もない。先例におとなしく従うのもいいが、先例を破る新しい方法をくふうすることの方が大切である。やってみれば、そこに新しいくふうの道もつく。失敗することを恐れるよりも、生活にくふうのないことを恐れた方がいい。われわれの祖先が、一つ一つくふうを重ねてくれたおかげで、われわれの今日の生活が生まれた。何気なしに見のがしている暮らしの断片にも、尊いくふうの跡がある。茶わん一つ、ペン一本も、これをつくづくと眺めてみれば、何というすばらしいくふうであろう。まさに無から有を生み出すほどの創造である。

『道をひらく』

私は人間というものは神だと思うんです。そんなことないやろう、人間は人間、神さんは神さんやと言うかもしれないけれども、神さんを認識したのはだれかというと人間ですわな。馬が、神さんのあることを発表して、われわれに知らせたのやないです。人間みずからが神の存在を認識したわけですね。ほんとうはあるかないか分からない。しかし自分で認識した神にひざまずいて、その教えを請うている。そして、みずからをさらに高めようとしている。私はそうやと思うんですね。そして高まった人間が、またさらに高き神をつくる、創造する。そしてそれにまた教えを請う。人間というものはもうすばらしいものやと思いますね。人間というものはすなわち神だと、私は思うんですね。しかし、一人では神になれない。衆知を集めたときに人間の力は神に等しいものになる、神そのものだ、というような感じが私はするんです。個々の人は人間である。衆知を集めたときには、それが叡知となって神になる、神すらもつくり出す。偉いもんですよ、神の製造元ですもんな、早くいえば。

『松下幸之助発言集』三三巻

◉　◉　◉

自立・独立

自立や独立という言葉は幸之助がよく用いるテーマである。自主独立、自主性、自立経営、自主責任経営、社員稼業といったように様々な言葉で表現された。初期の松下電器の工場が台風で倒壊したことがあった。その様相を見、門前で呆然と立ち尽くす責任者に、かけつけた幸之助がすぐさま言ったのは「こけたら立たなあかん」だった。その責任者とは、第一部で取り上げた後藤清一（元三洋電機副社長）である。後藤の心を強く揺さぶったその言葉にみなぎる精神は、若い頃から自立・独立の道を歩み、幾多の困難を乗り越えながら、事業を伸展させ続けた幸之助だからこそのものであり、それが自然に言葉として出てきたのだろう。

今日、独立した経営者は数多くありまして、その経営ぶりはさまざまであります。それぞれの人の持ち味において、自主独立のかたちで経営が行われております。うどん屋さんの主人公もそうであります。そば屋さんの主人公もそうであります。夜なきうどんの主人公も独立しておりま す。その人たちは、いわばその仕事を自分一人でやっておられるのであります。自分一人で、独立経営体として、そこに精魂を打ち込み、おのが事業としてものを見、ものを判別し、そうして是非を判断されているのであります。しかし、大会社のいわゆるサラリーマン、社員という人たちは、そこまでは徹しておらない。会社の社員という立場において、要するに与えられた仕事を遂行している、というような心がまえに終わっているのではないかという感じがするのでありま
す。それをもう一歩進めて、自分は、松下電器という一つの会社の中で、社員稼業をしている独立経営体である。皆さん一人一人が、自己の独立経営として、自分は松下電器の社員稼業をやっているんだと、こういうような心意気になって、ものを見、ものを判断することが、はたしてできないものかどうか。

『松下幸之助発言集』二三巻

◉　◉　◉

お互い個人としても、独立自主の精神というものを確立しなければいけませんね。独立自主の精神を確立して、自分個人の経営は自分が経営者としてやっていく。その確立した独立性をもった人々が相寄り協力しあって、より高いものを生み出していこうということでなければならない。

『松下幸之助発言集』一一巻

◉　◉　◉

この社会には、宗教とか道徳とか芸術といったいろいろなものがあって、それが人間の心を高めていく上で、大きな役割を果たしていることはいうまでもありません。ですから、商売というものは、基本的には、物資の豊かな供給をめざしたらいいとは思いますが、やはり一面に精神面

の高まりということにも思いをいたし、いわゆる心も豊か身も豊かな社会の実現に貢献していくことが大切だと思うのです。たとえば、正しい商習慣、商道徳というものを打ち立て、その実践に努めていくこともその一つでしょう。かりに、集金や支払いをルーズにしていたとしますと、そこからつい商売が安易になり、精神的なゆるみが生じてきて、それは人心の悪化にも通じてくると思います。ですから、お互いに集金や支払いはキッチリやっていくよう心がけ、またそれを呼びかけあっていく。そのことは、単に商売を健全な姿にしていくだけでなく、人心の良化にもつながっていくといえます。あるいは、お互いに自主独立の経営に徹しよう、そして、その上に立って相協力していこう、といったことを訴えあうことも大切だと思います。

『経営心得帖』

幸之助にとって「責任」とは使命のようなものである。産業人の使命を闡明した一九三二年、幸之助は松下電器という企業がなすべきことを感得し、同年を命知元年と定めた。換言すれば、企業の目的と責任を明確にしたのである。会社が求める「正しさ」が定まったのである。しかしその正しさの追求が合理的であるほど、「智に働けば角が立つ」のが日本社会である。正しいこと、合理性を追求することで角が立ち、物事がうまく進まなくなってしまうのも世間の道理なのである。そうした道理を踏まえた上で、現実的な判断・行動が必要になることを幸之助はよく説いている。実現してこそ責任は果たされるのである。

責任

私はずっと以前から、借金経営はいけない、自己資金による自主責任経営をしなくてはならないということを、機会あるごとにいってきた。借金経営では、どうしても安易になるし、企業の体質も弱体化する。だから、金融の引き締めが行なわれ、不況になると倒産しやすくなる。しかも、多額の借金をしているから、連鎖反応を起こして、倒産が倒産を呼ぶ結果になってしまう。それだけではない。借金政策による安易な事業の拡張は、経済を適正以上に急膨張させることになる。その結果、物価も上がるし、いろいろな弊害もそれに付随して生じてくる。そのことは、今日の日本の姿がハッキリと物語っているところである。また借金となれば、どうしても規模の大きい、いわゆる信用を持った企業ほど借りやすくなるから、それだけ資本の横暴といったことも起こるようになろう。

『経済談義』

◉　◉　◉

自分の欲望や利害を離れ、もっと広く高い視野からものの道理というものを考えて、これはやはり自分が言うべきことであり行なうべきであると思ったならば、確固たる信念を持ってその使命、責任を果たしていく。それができるだけの勇気なり熱意なりを多少なりとも持たないならば、私たちは何事もなし遂げることはできないと思うのです。もっとも、いかに正しく強い使命感なり勇気を持っていたとしても、実際に事を進めるにあたってのやり方もまた大切です。自分は正しいのだからということだけで行動し、周囲の反感を買い、協力を得られないというようなことでは、せっかくの勇気も熱意も死んでしまいます。そこには、たとえば言葉使いひとつにも、周囲の人たちの気持ちを汲んだ、礼儀作法にかなったものが求められるわけですが、ぼくはお互いが、ほんとうに私心のない高い使命感なり責任感を持ったならば、そこからは周囲の人への心くばりが行き届いた言動もおのずと生まれてくるように思います。自分の大切な責任を果たすために、ほんとうに一所懸命になるならば、その時々に必要な言動がかなり適切に考えだせるでしょうし、かりにそれが不十分であっても、熱心で誠意ある私心のない態度は、おのずと周囲の人びとの心に響いて、それなりの協力を得ることができるのではないかと思います。

『折々の記』

◉　◉　◉

極言すれば、会社の盛衰は、その会社の社長一人の責任であるとまで言いきってよいと思う。一国を興すのも人なら、一国を滅ぼすのも人である。と同様に、一社を興すのも人なら、一社をつぶすのも人である、といえると思うのである。これは誰しも、ある程度はわかっている。しかし、その責任を百％自覚しているか、六十％しか自覚していないかということが、ここで大きな分れ目になってくると思う。六十％ぐらいは、大体、誰でも自覚しているはずである。それでは百％責任を自覚するとは、どういうことか。それは、自分は指導者として、また最高経営者の一人として、はたして現在、適任であるかどうか、その適性を冷静に反省することである。そして、もし適任ではないということになれば、いさぎよくその責任の場からはずれることである。

『新政経』（一九六一年四月）

◉　◉　◉

人間はとかく勝手なもので、自分に都合が悪くなれば、どうしても責任を他に転嫁しがちである。責任を転嫁しようと思えば、りくつはいくらでも立つものだ。しかし、だからと言ってみんながみんなりくつばかり言い合って、責任を他に押しつけ合ってばかりいては、この世の中は一体どうなるだろう。われわれがいかにいい仕事をしようと、そこに社会的な責任の自覚という裏づけがなければ、決してうまくゆくものではない。社会を離れてわれわれの存在には意義はないわけで、われわれの力というもの、活動というものも、全部、社会に関連して初めて有意義に生きてくると思うのである。だから、お互いにそうした強い責任の自覚がなければ、社会共同の生活というものが繁栄し高まるということは、決してあり得ない。同時にお互いが仕合わせになるということも、またあり得ない。みんなが寄り合って暮らしているこの世の中、この世の中を明るくし、お互いの生活を高めていくためには、やはり、みんながそれぞれに、責任を自覚する、自分の役割に対して責任を感ずるということが、まず先決の問題ではないかと思うのである。

『新政経』(一九五九年九月)

対立と調和

対立と調和は宇宙の実存の姿である。人間も宇宙の中に生存する限り、万物と対立し、人間同士も、対立しつつ調和しているという理解のもとに生活をする必要がある。そうしてこそ社会の発展とお互いの幸福が生まれてくる——。戦後に取り組んだPHP研究の中で、幸之助はこうしたみずからの思想を涵養していった。「対立と調和」という言葉も、その中でつかんだ、いわば自然の法則である。経営上では、主に労使関係のあるべき姿を指すものだったが、商取引や人間関係においても、その関係性が重視された。対立しつつ調和するところにお互いの衆知が生き、真の成長発展が生まれるのだと幸之助は考えたのである。

お得意先と対立している会社は伸びてますね。そやけれど、対立しっぱなしの会社は喧嘩して、お得意さんをなくしてますね。ですから言うべきことはキチッと言う、これは対立ですわね。そして要求することはキチッと要求する。しかしその上で相手の言うことも聞く。そしてお互いが調和し、そして手を結んでやっていこうというような力強い態度をとれば、商取引というものは盛んに伸びていくわけですね。お得意先の言うことを、ご無理ごもっとも、というて聞くところがありますわな。そういうところはやはり伸びませんね。

『松下幸之助発言集』七巻

労使というのは、いわば車の両輪のようなものであり、一方が大きく他方が小さいということでは円滑に前に進んでいきにくいといえる。やはり両方の輪が同じ大きさでなくてはならない。だから、一方の力が強いときにはむしろ相手の成長に力をかすというくらいのことが望ましいともいえよう。そのように、力の等しい労使が互いに対立しつつ調和していくことによって、好ましい労使関係が生まれ、会社も発展し、従業員の福祉も高まっていくのである。

『実践経営哲学』

◉　◉　◉

対立と調和ということはいわば一つの自然の理法であり、社会のあるべき姿である。だから労使の関係も基本的にはそれに則したものであることが望ましいと思う。

『実践経営哲学』

◉　◉　◉

要するに対立とは、すべてのものが一対一の関係において存在するということなんです。太陽は太陽、月は月、地球は地球、また山は山、川は川、花は花、どんなものでも、みなそれぞれに与えられた天与の役割と立場というものがあると思います。その役割や立場は、そのもの独自のもので、他のものがこれに代わることはできません。その意味において、みな独立の一対一の関係にあると思うのです。この関係を保つこと、これが対立というものです。これを人間についていえば、おとなと子ども、男と女、甲と乙、どんな人でもみな天分が異なり、使命が違います。一人の人の天分や使命は、他の人がこれを代わることはできません。ですから、みな独立した一人対一人の関係にあるわけです。ふつう対立といえば、相反する意思を押しとおしあって、互いに相争っている姿を想像しますが、ほんとうの対立はそんなものではなく、それぞれ別個のかたちにおいて存在している、自然のままに独立して存在しているということで、それ自体は善でも悪でもない自然の姿なのです。

『松下幸之助発言集』三七巻

◉　◉　◉

人間と人間とが一対一の関係において対立しているのは、自然の姿であるということが分かりますと、お互いに相手を尊重しあうようになると思います。つまり、暴力で喧嘩するのでもなければ、相手を自分に同化させるのでもなく、また権力によって圧服させるのでもなく、お互いの立場を認めあい、お互いの人格を認めあうようにしなければならないのです。つまり、自分の考えで他を律するのは誤りになるのです。これは単に人と人との場合だけでなく、国と国、民族と民族など、すべての場合にあてはまると思います。

『松下幸之助発言集』三七巻

たとえば、色に赤と青の二色がありますね。これは対立した二つの色です。しかしこれを一つにした場合、もしも青がその特質を全部失って赤一色になってしまったら、これはほんとうの意味で一つになったのではありません。青の特質が何らプラスされないわけで、これでは対立した意味がまったくなくなってしまいます。赤一色になっても、青一色になってもいけないので、そこに新しい混合色が生まれてこなければならないのです。つまり、青は青の特質をもち、赤は赤の特質を失わないで、それぞれの特質を生かしつつ新しい混合色が出てこなければならないのです。これでこそ、赤の力と青の力がプラスされたことになるので、これがほんとうの対立と調和だと思います。

『松下幸之助発言集』三七巻

◉　◉　◉

単なる服従ではほんとうの調和にならないのですね。二つの力がプラスされて、二の力を発揮するためには、単なる服従だけではなく、対立しつつ調和しなければならないと思うのです。そうでなければ、プラスしたことにはならないのです。そして、このようなかたちになって初めて衆知が生きてくると思うのです。先ほど申しました青と赤の場合、これを混合すれば青でもない赤でもないまったく新しい色ができるのと同じように、対立した意見なり考えが調和したならば、そこに新しい考えが生まれてこなければならないと思うのです。これがほんとうに衆知を集め、それぞれを生かしたことになると思うのです。

『松下幸之助発言集』三七巻

◉　◉　◉

対立というのは、相争うことではなくて、相手の独立性を認めることなのです。相手の独立性を認めたら、相手の主張を認めなければなりません。そういう意味において、相手がたとえ子どもであっても、その主張は一応認めなければならないのです。こういう二つの存在が調和して働くところに、双方の価値が生きてくるのだと思います。

『松下幸之助発言集』三七巻

◉　◉　◉

対立しながら調和しているから、それで一体といえるわけで、一体の文字をそのまま直訳してはならないのです。対立がなければ調和もなく、したがってそれは一体でも何でもなくなるでしょう。夫婦一体、家族一体、全社員一体、国民一体、人類一体、さらに宇宙一体などということの内容はみな同じで、一体になるためには、対立しながら調和しなければならないのです。そしてこの意味で一体になったとき、そこから進歩が生まれ、繁栄が生まれてくると思うのです。

『松下幸之助発言集』三七巻

幸之助は経営上の大きな決断でも変えるべきは躊躇なく変えた。次章でそのことを承継者の松下正治が実体験として語っている。「日に三転」、いや日に百転が必要と説いたのも、君子豹変のススメというより、何が正しいかを常に追求せよと言いたかったからだろう。そしてその追求がお互いの進歩、生成発展を具現し、日に新たな決断を実現すると考えたからであろう。一度下した選択の変更は自身の威厳を貶めることになると心配する経営者は案外多いのかもしれない。しかし幸之助のように、みずからの選択を日々進化、変更させていくことで成果を出すほうが、結果として、自身の尊厳を高めることになるのではないだろうか。

日に三転

ぼくは思うのに、われわれは時代とともに生きていかないかん。昔の中国のことばに〝君子は日に三転す〟というのがあるが、これはたえず古い考えにとらわれずに進歩せないかんということやね。しかし、日に三転しなくてはならない時代には、三転したらいい。日に三転していい時代に五転もすれば、ひっくりかえってしまうかもしれない。そこにぼくは自己観照が必要になってくると思う。世間をみて、同時に自己をみる。つまり世間と自分を合わしていくことです。これは少なくとも経営者になる人には、とくに必要だと思うな。三転せないかん時代に二転しかやらなかったら、ぐあいが悪い。やっぱり一番いいのは、三転せないかん時代には三転半ぐらいすることやね。順応同化の精神ということを松下電器ではいってるけど、それは結局こういうことを意味してるわけやな。つまり、世の中の体制に応じるということなんですな。たとえば、会社の経営において、その基本理念はかわらないとしても、それが表にあらわれてくる姿というものは、時代時代に応じたものでなければならん。いままでだったら日本語だけで、一流会社も経営できたが、今日の一流会社は日本語だけでは経営できない。外国人がくれば外国語で話をせねばならん。ところが、これが徳川時代だったらどうだろうか。徳川時代やったら、いかに大きな仕事をやっていても、何百人という店員を擁して、倉をたくさん持っているような大問屋でも、日本語だけでコトがすんだ。しかし、今日では、ある面で英語を充分解さんといかん。つまり経営理念に少しも変わるところがなくても、文明の道具が必要になってきたわけやね。やはり、時代とともに、新しい知識を生みださないかんわけです。これはなにも会社だけじゃなく、個人もおなじことやな。単に自分が生活するだけやったらいいが、社会的に大きな仕事でもやろうという場合には、時代に応じた知識が必要になってくる。そうでないと、非常に非能率になってくるわけですな。外国人が来たときに、通訳を使わなければならんということは、やはり非能率やね。しかし、通訳を使っても、肝心のことがわからなかったら、これは何にもならん。つまり、基本の理念に誤ちがあったら何にもならん。だからこれからの若い人は三ヵ国語ぐらいに通じてないといかん。そうせんと、国際社会に対して活動することができないね。幹部になる人もおなじことや。ぼくは今後五十年たって、つまり創業百周年のときの幹部は、最低三ヵ国語はあやつるような人で、しかも経営の理念をピシッと握った人やないかと思うな。

『松風』一九六八年一月号

◉　◉　◉

この宇宙に存在するものは、すべて刻々に動いている。万物流転、きのうの姿は、もはやそのままではきょう存在しないし、一瞬一瞬にその姿を変えつつある。いいかえれば、これはすなわち日に新たということで、日に新たな生成発展ということが、この宇宙の大原理であるといえよう。人間もまたこの大原理のなかに生かされている。きのうの姿はきょうはない。刻々に移り変わって、刻々に新たな姿が生み出されてくる。そこにまた人間社会の生成発展がある。人の考えもまた同じ。古人は「君子は日に三転す」と教えた。一日に三度も考えが変わるということは、すなわちそれだけ新たなものを見いだし、生み出しているからこそで、これこそ君子なりというわけである。日に一転もしないようではいけないというのである。おたがいにともすれば、変わることにおそれを持ち、変えることに不安を持つ。これも人間の一面であろうが、しかしそれはすでに何かにとらわれた姿ではあるまいか。一転二転は進歩の姿、さらに日に三転よし、四転よし、そこにこそ生成発展があると観ずるのも一つの見方ではなかろうか。

『道をひらく』

競争

人間の競争心というものを幸之助は活用し、みずからもいかんなく発揮した。競争が人間社会に進歩向上、発展をもたらすものだということをよく理解していたからこそ、自社グループ内においても、正しい競争を生じさせようとした。それを具現する組織制度が、事業部制であり、分社制だったのである。一方で、幸之助は過当競争を嫌った。それは一貫してみせた姿勢だったが、競争そのものを否定したいのではなかった。競争を積極的に肯定するために、過当な競争にいたることを嫌ったのである。では、幸之助が望んだ適正な競争はどうしたら実現できるのだろうか。それは今も解決をみぬ命題だといえよう。

わが社の遵奉すべき精神の中に「力闘向上」という一項がある。会社事業の伸展も、各人個々の成功も、この精神なくしては成り立たない。事業を経営することも、商売を営むことも、そのこと自体が真剣の戦いである以上、これを戦いぬく精神が旺盛でなかったならば、結局敗者たらざるをえないのである。ただし、その戦いたるや正々堂々でなくてはならぬ。他を陥れ、傷つけて、己一人独占せんとする精神行動はもとより排すべきであり、どこまでも正しき闘争でなければならぬことはもちろんである。よい意味における闘争心、正しい意味における競争精神、これなきところ、事業の成功も個人の向上も絶対に望めない。この精神のない人は結局熱のない人であり、物事をして伸展せしむるに役立たない人である。幸いに松下電器の人々には、この精神が伝統的に旺盛であったことが、今日を成す大きな因であったと考える。されば今後といえども、諸君にこの正しき闘争心をどこまでももち続けて、日々の業務に処していただきたいと希望する次第である。

『松下幸之助発言集』二九巻

◉

◉

◉

それぞれのお店がそれぞれに競争相手をもち、互いに負けまいとして創意工夫を凝らし、真剣な努力を重ねるならば、そこから自他双方に、よりよい成果がより効果的に生まれてくると思います。つまり、競争が、双方の成長の原動力となり、進歩、発展の基になると思うのです。ただそのためには、あくまでも正しい意味の競争でなければなりません。公正な精神のもとに、秩序を重んじてなされるものでなければならないと思います。さもなければ、その競争はいわゆる過当競争になってしまって、成長、進歩をうながすどころか、かえって業界に大きな混乱を生み出すことになりましょう。すなわち、お互いが日々行う競争というものは、戦争のように相手を倒すためのものではなく、共存共栄のための競争というか、ともに成長し発展していくためのものでなければならないと思うのです。このことはいいかえれば、お互い常に対立しつつも、それと同時に調和、協調の精神を忘れてはならないということだと思います。対立し、相争うばかりで、調和、協調することがなければ、その競争は破壊に通じることになりましょう。お互いが力に任せて対立に火花を散らしてばかりいたならば、共存共栄はもちろん実現できませんし、下手をすると共倒れということにもなりかねません。結局においては、業界全体がまったく疲弊してしまうことになり、ひいては、お客様にもたいへんなご不便、ご迷惑をおかけすることになりましょう。したがって、お互い、日々の進歩、発展のため、適正な競争は徹底してやるけれども、絶対にそれが過当なもの、行きすぎたものにならないように心がけねばなりません。お互いの良識を高めて、常に対立しつつも協調するという姿を生み出していかなければならないと思います。そしてそれぞれの人が商売人としての適性を備え、正しい意味の努力をしているかぎり、お店の規模の大小にかかわらず、ともに栄えていくことができるような環境を常に保持していくことが肝要だと思うのです。そういうお互いの態度、行動こそが、国家国民全体の真の共存共栄の基礎だと私は信じています。

『商売心得帖』

幾度となく危機を乗り越えた幸之助も、一九六四年の熱海会談とその後の改革は格別なものだった。その頃、各事業所には幸之助の顔写真が掲げられていた。現場に赴いて社員と常に顔を合わせ、働きたいのだが、それがかなわないために、離れていても、ともに働いているのだという意味合いを持たせるものだった。しかし会談以後、それが創業者だからという安易な考え方で掲げられているのではないかと思うようになり、みずから顔写真を外すように指示、「共存共栄」の額を掲げるようにした。販売会社や代理店の人々とともに汗を流し、成果を上げる。社員にその大切さを骨の髄まで沁みこませるためにそうしたのだという。

共存共栄

仕事を始めて五年なり十年たったころ、同業者がたくさんあり、その同業者が痛手をこうむるわけですな。競争に負けるわけです。それが大きな悩みでしたね。自分が負けるわけにはいかんでしょう。やはり、一生懸命にやって、自然競争になりますわ。意識的に競争せんでも、知らん間に競争になっているわけです。それで、こちらはうまくいっている、向こうは倒れるということもありますわね。昔で、いまよりもっと中小企業の多いときですから。そうすると、一面には勝った喜び、発展していく喜びを味わうと同時に、また一面には、同業者が左前になっていくというのが非常に気になったものです。それで快々として楽しまなかったという感じがありましたな。そういう時代が、十年ほど続いた。その後で、ふとした拍子から、そういう問題にとらわれておってはいかん、自分にはもっと大きな使命があるのではないか、ということを考えてみたわけです。そう考えているうちに、ふっとヒントを得まして、それからはもう苦にせんようになったんです。つまり、自分のやっていることは正しい。別に無理に先方さんをつぶすとかいうような意識は全然ない。共存共栄でいい。しかし、やる以上は、新しいものをつくらないかんし、つくった以上は、それを一生懸命売らないかん。その結果、先方が弱るということが起こったとしても、それによってもっと多くの人々に喜びを与えているということを考えたら、そんなことにとらわれる必要はない。そういうことが、だんだんわかってきたんですわ。それから非常に勇気が出ました。それでもう、その悩みは卒業してしまった。

『経営静談』（イトーヨーカ堂創業者・伊藤雅俊との対談より）

◉　◉　◉

いうまでもないことだが、人間は自分一人の力で生きているのではない。いわゆる天地自然の恵みというか、人間生活に欠かすことのできないさまざまな物資が自然から与えられているのである。また多くの人びとの物心両面にわたる労作というものがあって、はじめて自分の生活なり仕事というものが存在し得るのである。いいかえれば、自然の恵み、他の人びとの働きによって、自分が生きているわけである。そういうことを知って、そこに深い感謝と喜びを味わい、そしてさらに、そうした自然の恵み、人びとの恩に対して報いていくという気持ちをもつことが大切だと思う。そういう心からは、いわば無限の活力とでもいうものが湧き起こってこよう。それが事をなしていく上で非常に大きな力となってくると思う。また、感謝の心はものの価値を高めることになる。一つのものをもらっても、何だつまらない、と思えば、その価値はきわめて低いことになってしまうが、ありがたいという気持ちでいれば、それだけ高い価値が見出せ、よりよく活用できることにもなろう。だから、〝猫に小判〟というが、反対に感謝の心は、鉄をも金に変えるほどのものだと思う。感謝の気持ちがうすければ、何ごとによらず不平不満が起こり、みずからの心も暗くし、他をも傷つけることになる。それに対して、感謝報恩の念のあつい人には、すべてが喜びとなり、心も明るく、また他とも調和し、共存共栄といった姿を生み出しやすい。そういうことを考えてみると、感謝報恩の心は人間にとっていちばん大切な心がまえであり、したがって特に指導者はこの念を強くもたなくてはならないといえよう。

『指導者の条件』

◉　◉　◉

一つの商品をかりに一〇パーセントなら一〇パーセント安くつくって、それだけ値下げしたいというとき、自分のところでやっている製造工程その他の合理化によってコストダウンしていくことはこれは当然です。が、それとともに、原材料なり部品を供給してくれる仕入先にも、値下

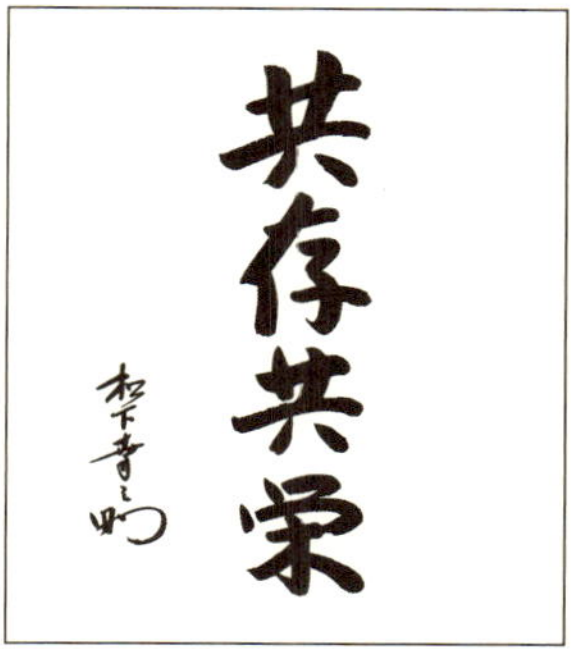

げを要望するということが起こってきます。その場合、仕入先にどのように要望していくかということです。ともかくも一〇パーセント値引きしてくれ、というのも一つの行き方でしょうが、私自身はそうはしませんでした。どうしたかというと、今度自分のところのこの品物については一〇パーセント値下げをして、そしてより多くの方々に使っていただくようにしたい、ついては、あなた方にもご協力をお願いしたい、という話をして、「けれども、あなたのところが値下げをして損してもらったのでは困ります。値下げをしても、適正な儲けを得ていただけますか」ということをおききしたのです。それで十分やっていけるというのであれば問題ありません。けれどもときには「いや、そんなに値下げしたのでは儲からん」と言われることもあります。そういうときには、なぜ儲からないか、詳しい説明を求めました。それでも得心がいかないときは、その工場を見せていただくようにしたのです。そして、工場を見て、こういう点を改善すればより安くできるのではないかということを先方と一緒に検討し、それによって、仕入先にも十分得心してもらいつつ値下げすることを可能ならしめたのです。そのことによって、単に値下げが実現しただけではありません。私どもに対して、「自分のところの儲けだけを考えるというのでなく、こちらの立場に立って考えてくれる」ということで非常に喜ばれ、またそこに自主的な意欲も生まれてきて、

こちらが要望せずとも、いろいろと工夫改善をして値下げしてくれるということも起こってきました。結局、仕入先との共存共栄ということが大切なわけで、そういうところに仕入れの一つのポイントがあると思うのです。

『経営心得帖』

◉ ◉ ◉

競争ということは、お互いが切磋琢磨し、みずから活動を高めていく上からも、また、業界なり社会の進展を助成するためにも大切なことであります。しかしよく考えておかねばならないのは、競争すること自体が尊いのではないということであります。競争することから、商売なり人生に何が考え出され何が生まれるかが要点であり、相互に競争していくうちにも、常に業界共通の利益が守られ、共存共栄の実を結ぶところに真の意義がある、と考えることが大切なのであります。端的に申しますと、競争はあくまで明朗公正な姿で行われることが要諦であります。反対のための反対とか、相手に打ち勝ちたいというだけの対抗意識から、明朗でない方法をとったり、権力や資本の力で臨んだりするような競争に対しては、メーカーたると卸店、一般販売店たるとを問わず、広く業界安定のためにも断じて退けなければなりません。社会が求める声を聞かず、自己の販路を広げることのみ図っては、押売りという不愉快な姿になり、ひいては卸、販売店相互のあいだにも、安易な考えと乱売を助長させることになります。このことは、販売店、卸、メーカーの三者ともに共通の損害をこうむることになります。または、不当な値下げをしてこれを競争なりと考え、サービスと見誤ることがあっては、取引を乱脈にすることになります。道理をはずれた商売をしては、支払いや集金にも当然影響し、一軒の乱れは将棋倒しに全般へ波及して、みずからを弱体に陥れ、業界を混乱に導く結果ともなるのであります。これでは産業人本来の使命が失われ、商売が社会に存立する意味もなくなると考えます。われわれは、いかような困難に遭っても、常に業界の公正な競争を助け、適正な商売を通じて国家社会の繁栄に寄与するという、大いなる責務を忘れてはならないのであります。代理店、連盟店のご販売を助成する種々の活動も、すべてこの考えに立って行い、さらにお店の経営に対して私心のない助言を申しあげることに、日々心がけていただくよう、皆さんに希望する次第であります。これを一言にしていうならば、わが社創業以来の信条である〝共存共栄〟の理念を訴えたいと願う真情にほかなりません。

『松下幸之助発言集』二二巻(一九五四年経営方針発表会より)

例えばピーター・F・ドラッカーが企業家精神について述べる際、「変化」がキーワードになることはよく知られている。その変化という状態を、幸之助流に表現すると「生成発展」になるのだろう。幸之助に言わせれば、人間の進歩発展には限界がなく、それが宇宙に働く自然の理法である。「色」が即是《すなわちこれ》「空」であるように、「限りない生成発展」即是「自然の理法」なのである。そして、その自然の理法に即して、人間を包みこむ万物を生かし、活用して、物心一如の真の繁栄を生み出すことこそ、人間に与えられた天命であり、その尊い使命の自覚、ならびに発揮において、「素直な心」が必要になると考えたのである。素直な心については本章最終項で説明する。

生成発展

正しい経営理念というものは、単に経営者個人の主観的なものではなく、その根底に自然の理法、社会の理法といったものがなくてはならない。それでは、その自然の理法、社会の理法とはどういうものだろうか。これは非常に広大というか深遠というか、人知をもって究め尽くすことはむずかしいといってもいいものであろう。しかし、あえていうならば、私は限りない生成発展ということがその基本になるのではないかと思う。この大自然、大宇宙は無限の過去から無限の未来にわたって絶えざる生成発展を続けているのであり、その中にあって、人間社会、人間の共同生活も物心両面にわたって限りなく発展していくものだと思うのである。そういう生成発展という理法が、この宇宙、この社会の中に働いている。その中でわれわれは事業経営を行なっている。そういうことを考え、そのことに基礎をおいて私自身の経営理念を生み出してきているわけである。

『実践経営哲学』

◉　◉　◉

成長、発展のテンポというものには、その時々で違いはあろうけれども、この人間の共同生活は限りなく生成発展していくものだということになれば、それに応じた物資なりサービスなりの供給も時とともに増加させていくことが求められてくる。そうでなくては生成発展にならない。だから事業経営としても、原則としては次々と新たな開発、新たな投資を行なっていくことが必要になってくるわけである。

『実践経営哲学』

◉　◉　◉

生成発展とは、一方で絶えず新しいものが生まれているということであるから、その一方で衰退というか、消滅していくものもあるわけである。そういうすべてを含んで、全体として生成発展しているということである。事業経営においても、個々の商品なり業種については、一定の寿命というようなものが考えられよう。けれどもそれだけを見て、全体としての大きな生成発展ということを見失ってはいけない。やはり、この人間の共同生活、さらにはそれを包含する大自然、大宇宙は絶えず生成発展しており、その中でわれわれは事業活動を営んでいるのだという基本の認識は、どんな場合でもきわめて大切である。そういう明確な認識が根底にあってこそ、いかなる場合においても真に力強い経営を展開していくことが可能になるのである。

『実践経営哲学』

◉ ◉ ◉

文化国家の定義をひとつ私なりに考えてみたのであります。それはどういうことかと申しますと、文化国家には三つの条件が絶対に必要である。そうしてその三つがバランスをとっておらなくてはならない。こういうことであります。で、その三つとは何かといいますと、一つは生成発展ということであります。その国が絶えず生成発展していることが、文化国家の一つの条件であると考えねばならんかと思うのであります。第二番目の条件は、その国に自由があるということであります。その国につとめて広い意味の自由が存在しているということであります。これはやはり一つの条件として文化国家になくてはならないものだと思うのであります。いま一つの条件は何かというと、その国の秩序ですね。社会秩序が高くなくてはならんということであります。この三つが存在し、しかもそれが高まり、バランスをとっていくところに、文化国家というものが考えられると思うのであります。どの一つが欠けても、それは文化国家といえるかどうか。いえないことはありませんが、好ましい状態の文化国家とはいえないと思うのであります。

『松下幸之助発言集』七巻

積極経営が松下電器の創業以来の伝統であると自負していた幸之助は「およそ物事は、前進と反省、積極と消極、両々相まって完全なの」だといっている。消極も必要だが、消極とはあくまで積極のための消極だと述べてもいる。この積極が、先の生成発展と連なるのである。幸之助は「今日の最善が明日の最善ではない」といった。よい製品を生み出しても、それに満足することなく、その自社製品を競合他社の商品だと思って、新製品を開発せよという思いを伝えて鞭撻したこともある。そしてこの幸之助の積極性を生み出す源泉こそ熱意なのだろう。事業欲旺盛な幸之助は、そうした心の働きについてもよく語っている。

熱意

人間が月に行って、月面を探険し、月の石を持って帰るなどということは、ほんの十数年まえには夢物語にすぎないことだった。その夢物話にすぎなかったことがもう現実のものとなっているのである。まことに人間の知恵というものははかりしれないものがあるのではないだろうか。だから、そう考えれば、きょうはこれが最善だと思っていることでも、考え方によればまだまだ他に道があるかもしれないのである。ところが、これはこんなものだろう、これでいいのだろう、ということでみずから限界をつくってしまえば、一歩も進歩することはできないと思う。われわれ人間というものは、いいことがつづいたり、少し事がうまくいくととかく易きにつきやすい。そして、そこに安住してしまって、新しいものを求める熱意というものが欠けてくるきらいがあるように思う。これも人間の心理として一面無理からぬことではあるけれども、これでは変化発展してゆく時の流れについてゆけなくなって、やがては進歩向上もとまってしまうであろう。やはり、つねにみずから新しいものをよび起こし、よび起こしして、そしてなすべきことをなしてゆくという態度を忘れてはならないと思う。また、日々の仕事においても、事業を経営してゆく上においても、そういう心がまえを持ちつづけているかぎり、五年まえと今日の姿とはおのずと大きな変化が生まれてくるであろうし、五年先、十年先にはさらに新たな経営の姿、仕事の進め方が生まれて、個人にしても、事業にしても、そこに非常に大きな進歩向上がみられるように思うのである。このように考えれば、まさに道は無限にあるという感じがする。大切なことはそういうことを強く感じて、熱意をもってやるかやらないかではあるまいか。ふしぎなもので熱心に仕事をやろうとするところ、なすべきことが次から次へと生まれてくるものである。

『その心意気やよし』

◉　◉　◉

知識、才能というものについては負けてもいい。それはすぐれた人がたくさんいるだろうし、負けてもいい。だが、この仕事をやっていこうという熱意だけは君が最高でなくてはならない。

そうであれば、みなが働いてくれるだろう。「うちの部長は、ぼんやりした点もたくさんあるけれど、あの熱心さだけはかなわない。あれには頭が下がる。これは、われわれも大いにやらなくてはならない」というようなことになって、みな持てる才能を存分に発揮してくれるだろう。

『人事万華鏡』

◉　◉　◉

心がおどっていると、人間は少々のことでは疲れたり、病気したりしないものです。趣味やスポーツなどでよく経験することですが、それに熱中し、楽しんでいるときは、他人から見ればずいぶん疲れるだろうと思われる場合でも、本人はむしろ爽快さを覚えていることがあります。心がおどっているから疲れない。あるいは疲れても、それを疲れと感じないわけです。仕事の場合もそれと同じことで、仕事に命をかけるというほどに熱意をもって打ちこんでいる人は、少々忙しくても、ときに徹夜などをしても、そう疲れもせず、病気もしません。反対に、なんとなく面白くないというような気分で仕事をしていると、その心のすきに病気が入りこんでくる。そんなことをよく見聞きします。もちろん人間の体力には、やはり限度があります。いくら心がおどって疲れを知らないという人でも、あまりに度を過ごせば、過労に陥ることにもなりかねませんから、そのへんの注意は当然必要でしょう。いずれにしても、自分の健康管理も仕事のうちということを考え、心をおどらせて仕事に取り組むことを基本にしつつ、それぞれのやり方で健康を大切にしていってほしいと思います。

『社員心得帖』

◉　◉　◉

なるほど偉い人、というとおかしいが、ほんとうに間に合うという人は熱心です。熱意のある人です。早くいえば、この二階に上りたい、なんとかして上りたいという熱意のある人は、ハシゴを考えましょう。非常に熱意のある人は、どうしたら上れるのか、ということでハシゴを考える。この二階に上ってみたいなあ、というくらいの人ではハシゴは考えられません。おれの唯一の目的は二階に上ることだ、という熱意のある人であればハシゴを考えると思います。その人の才能が非常にすぐれているからハシゴを考える、という場合もありましょうけれども、そうではなく、あまり二階に上りたくない、上ってもいいけれど、というのではハシゴを考えるところまでいきません。やってみたい、という熱意が問題です。仕事の上の熱意がなかったらお豆腐みたいなものです。人間はなんといっても熱意です。みなさんが習った技術、知識というものも熱意があればぐんぐん生きてきます。

『社員稼業』

欲望

人間の欲望を否定せず、欲に生きるのが本来の姿だと認め、偉大なる凡人である行き方を求めるのが幸之助である。欲を悪とせず、制することなく、そのまま素直にうまくお互いの生活に活かしていく。自分だけの欲望にとらわれず、自分の分限をわきまえることを重視するが、嫉妬心も認める。嫉妬心は、きつねうどんにのせる油揚げのように、狐色にほどよくこんがりと焼けばいい。そうすれば、行動力の源泉としてうまく活かすことができる。地位が高まり、指導者の立場にある人は、特にその活かし方に気を配る必要がある。私欲でなく、公の心から発せられる大欲を持つ必要があると幸之助は説くのである。

人間は神さまではないのだから、いつも一番正しい考えを持っているとはかぎらない。ともすれば、自己に執し、欲にとらわれる。そんなとらわれた考えを世の中に押しつけてみたところで、それで通るはずがない。しかし世の中もなかなか寛大なところがあるから、ある程度までは受け入れてくれる。それでいい気になって調子に乗る。そのへんで止めとけばいいものをと思っているうちに、案の定ゆきづまる。ゆきづまってみて、世の中はなかなか自分の思うようにはならないと嘆く。もともと自分の考えがとらわれていたのだから、嘆く方が無理である。そう考えると、世の中はなかなか自分の思うようにならないというけれど、見方によっては、自分の思うようにならない方が、かえっていいのかも知れない。ともあれ、お互いが愉快に生活していくためには、やはりお互いに自分の分限を知ることが大切である。欲に生きるが、欲にとらわれぬ心がまえを持つこと、である。そのためには、まず欲の真の姿を知らねばならない。そして、それを素直に生かすことを考える。そこから、お互いの幸福も生まれ、毎日の生きがいも見出され、そして、真に繁栄への道が開かれてくると思うのである。

『新政経』（一九五九年七月）

◉

◉

◉

確かに人間の心には、愛憎の念とか損得の念とかさまざまな欲望があります。ですから、そういったものにとらわれて他人を見れば、自分のもてるものを奪おうとしているのではないか、あるいは自分の立場を損なおうとしているのではないかという疑いの気持ちも起こってくるかもしれません。しかし、そうした不信感から生まれてくるのは、不幸で非能率で悲惨な姿以外の何ものでもないという気がするのです。大切なのは、やはりまず信頼するということ。信頼することによってだまされるとか、それで損をするということも、ときにはあるかもしれません。かりにそういうことがあったとしても、信頼してだまされるのならば自分としてはそれでも本望だ、というくらいに徹底できれば、案外人はだまさないものだと思います。自分を信じてくれる人をだますということは、人間の良心が許さないのでしょう。〝人間というものは信頼に値するもの〟、そういってよいのではないかと思うのです。

『人生心得帖』

◉　◉　◉

指導者はつねに自分の指導理念にあやまりがないか、正しい使命感、信念をもっているか、自分のやり方は適切であるかといったことを自問自答し、また他の人にも問いたずねていきつつ、検討を怠ってはならないと思うのです。ですから、指導者は最もよく他人に意見を聞き、いわゆる衆知を集めそれを生かせる人でなくてはなりません。同時に指導者は自分の集団、団体の欠点にとらわれてはならないと思います。自分に対してはきびしいものをもつことが必要ですが、他人に対しては、いわゆる清濁あわせ飲むといいますか、寛容な心をもつことが大切だと思うのです。また、私欲にとらわれないことも、心しておくべきでしょう。指導者といえども人間ですから、いろいろな欲望をもつのは当然です。しかし、自分一個の欲望にとらわれるのは指導者としては好ましくないことであり、極力避けなくてはならないと思います。もっと大きな、団体のこと、国のことを思う、いわば大欲というものをもちたいと思うのです。

『指導者の条件』

立志という言葉を幸之助は大切にし、揮毫もした。志は武士の心と書くが、そうした日本の伝統精神というものも、明治生まれの人間の一人として尊んだ。戦争を起こした世代として、その責任をとり、日本の復興に貢献しなければならないと述べたこともある。幸之助の行くところ、この志という言葉は常に寄り添っている。「志を立てよう。本気になって、真剣に志を立てよう。生命をかけるほどの思いで志を立てよう。志を立てれば、事はもはや半ばは達せられたといってよい」と代表作『道をひらく』にも記している。「生命をかけるほどの思い」で立てた志が、道を必ずひらくというのである。

志

何ごとにおいても辛抱強さというものが大事だが、近ごろはどうもこの忍耐の美徳というものがおろそかにされがちで、ちょっとした困難にもすぐ参って、悲鳴をあげがちである。そして事、志とちがった時には、それをこらえて更に精進をし、更に力を蓄えるという気はくがまるで乏しくなり、そのことの責任はすべて他にありとして、専ら人をののしり、社会を責める。これは例えば、商売で品物が売れないのは、すべて世間が悪いからだと言うのと同じことで、これでは世間は誰も相手にしてくれないであろう。買うに足る品物であり、買って気持のよいナービスでなければ、人は誰も買わないのである。だから売れなければ先ず自らを反省し、じっと辛抱をして更に精進努力をつづけ、人々に喜んで買って頂けるだけの実力というものを、養わなければならないのである。車の心棒が弱ければ、すぐに折れてガタガタになる。人間も辛抱がなければ、すぐに悲鳴をあげてグラグラになる。お互いに忍耐を一つの美徳として、辛抱強い働きをつづけていきたいものである。

『四季のことば』

◉　◉　◉

だいたい人間というものは、自分の仕事に働きがいを見出せば、あまり疲れを覚えないものである。そういう人は、そのみずからの仕事にいわば生命をかけるほどの思いを持ちつつ、さらに喜びをもってその成果を高めようと、いろいろみずからの方法をあみ出してゆくものである。いいかえれば、みずからの使命を肝に銘じて、その使命達成のために自分をすてるというか、没入させてゆくというほどの志をもってやるわけである。ここで自分をすてるというのは、ほんとうはすてるのでなく、自分を力強く生かすということになるのである。そういう徹した考え方をもって仕事をするところにこそ、われも生きひとも生きる真の成功の道があるのではないだろうか。

『その心意気やよし』

運

幸之助はみずからが立ち上げた松下政経塾の採用面接において「運が強いか」と「愛嬌があるか」を観るようにしたという。いずれも、結果を見てからなら、判断できるのかもしれないが、初見では主観的な判断が避けられない。しかしそうした資質が経営・人生にも重要だと幸之助が考えていたのは揺るぎない事実である。第一部でも触れたが、幸之助自身「自分は運が強い」と思っていた。失敗したら自責をしても他責をしないところに、丹羽正治（元松下電工会長）は松下の伝統精神があるとし、継承しようとした。また運命を強く認識し、それに従いつつ生きることが大切だと考えたところにも「幸之助らしさ」がみてとれる。

説得というものは、他人に対するものばかりとは限らない。自分自身に対して説得することが必要な場合もある。自分の心を励まして、勇気をふるい起こさねばならない場合もあろうし、また自分の心をおさえて、しんぼうしなければならない場合もあろう。いろいろな場合があろうと思う。そうした際には、自分自身への説得が必要になってくるわけである。自分自身であれこれ考え、自問自答をくり返し、そうして自分で納得できる考え方、自分なりに割り切れる考え方、適切な考え方というものをさがし出し、それでよしとする。私がこれまで自分自身への説得をいろいろしてきた中で、今でも大切ではないかと思うことの一つは、「自分は運が強い」と自分に言い聞かせることである。本当は強いか弱いかわからない。しかし、それを強いと考える。自分自身を説得して、強いと信じさせるのである。そういうことが、私は非常に大事ではないかと思う。私自身、そう信じてきたのである。

『人を活かす経営』

◉　◉　◉

ぼくは自分で独立して電気器具製造の事業を始めて七十年になりますが、自分の意志だけで事業を始めたのかというとそうはいえない。自分の意志以上に、何か見えない大きな力、運命の力というべきものがあってこの事業を始めたのだ、と感じてきたのです。ですから、非常な困難に直面したこともたびたびありますが、ぼくの意志は基本的に動揺しなかったですね。もちろん、個々の問題については、ときに自分の気持ちが動揺し、心配もしました。晩に眠れないということも、今日までの過程には再々ありました。けれども、そこまでいきつくと、そのつぎに生まれるものは何かというと、いや、これは自分の運命だ、自分はこういうように生まれついているのだ、だから、これよりほか仕方がない、これで倒れれば仕方がないのだ、というような、あきらめというか、そういうものがぐぐっと生まれてきたのです。それで勇気も出て、動揺もおさまって、さらに仕事に没頭することができたと思うのですね。ぼくは常づねそういうことを感じてきたわけですよ。

『人生談義』

運は努力によって生み出すもの、と言う人がいますね。そういう見方も大事だとは思いますが、運があるからこういう成果があがったのだという見方も非常に大事だと思いますよ。つまり成功して順調にいっているときは運がいいのだと思い、困難なときは自分のやり方がまずいからだと考える。そういう考え方をした方が自分を御していく上において楽ではないか、とこう思うんです。人間というものはともすれば、うまくいったら自分の腕でやったと思いがちですね。それがおごりに通じる。それでは具合が悪い。だからうまくいったのは自分の運がよかったのだと考えたらいいし、また事がうまくいかないときは運がないと思わず、腕がないと思う。そうすれば、自分の腕を上げなければならないと考えますわな。ぼくも幸いにして成功した部類に入るのかもしれませんが、これは自分の力ではない、運のおかげである、自分も努力をしたけれど、その努力はせいぜい一割か二割で、大部分は運のためである。そう考えて、あんまりえらそうなことを言ったらあかんと、こう思っているのですよ。ただね、そのときどきでは懸命にやってきた。いま考えても「よくやったな」と自分で自分の頭をなでてやりたい気持ちになれる、それが自分にとって幸せなことだと思いますね。

『人生談義』

◉　◉　◉

謙虚

「謙虚な誇り」をもって生きるというのが、日本人の理想の姿だと幸之助は考えた。この表現はパラドクスのようでそうではない。それを日本人はなんとなく知っているはずだ。奥ゆかしくも凛とした行き方や、腰は低いが決して卑屈にならず、背筋がしっかり伸びている姿を、日本人ならどこかで見たことがあるにちがいない。幸之助はこうも言う。「謙虚で礼儀正しく、公平で正義感があり、知識も広い、そして何にもまして私心にとらわれず何が正しいかを的確に判断できる」といったような資質のことを徳というのだと。積徳の道は永遠に続く遥かな道のりだが、そこに、幸之助は謙虚さを求めるのである。

きょうつくったもの、きょう売ったものがどういう結果かということは、あすにはもう知らなければいけません。それを、きょう売ったものを、あすその結果を知らないということではいけないのです。かりにその品物に欠点があって、それがやや一般に知られ、お客さまから小言を聞き、「それでは改良しましょう」というようなことでは、時すでに遅いわけです。さらに、お客さまから言われても、「そんなことはないでしょう」というような態度がもしあるとするならば、これはもう商売になりません。たとえ、お客さまのほうが明らかに思い違いをされて小言を言われたという場合でも、それをそのまま受けて、「いいと思いますが、そうおっしゃるなら、悪いところがあるかもしれませんから一ぺん調べてみます」という謙虚な心に徹しなければいけないのです。そうすれば、決して問題はこじれません。また、欠点があってもすぐ直せることになります。そういうことは、私はきわめて平凡な、尋常なことだと思うのです。『道は無限にある』

◉　◉　◉

いま思えば、こういうことは言えるのかもしれません。それは、自分の運命というものを積極的に受けとめ、知らず識らずのうちに前向きに生かしてきた、そのために一つの道がひらけてきたのではなかったか、ということです。つまり、家が貧しかったから丁稚奉公に出されたけれど、そのことを決して不幸なことだとは思わなかった。そのおかげで、商人としての躾を素直に受けることができたし、人情の機微も知ることができた。生来身体が弱かったけれど、身体を大事にしたし、人に頼んで仕事をしてもらうことも覚えてきた。学問がなかったので、常に誰にでも謙虚に教えを乞うてきた……。こうした結果、今日のぼくがあるとも考えられるのです。『人生談義』

◉　◉　◉

人間が誇りをもつということは大事だと思うが、しかしそれは謙虚な誇りでなければならない。さもなければ、自分のみが偉いと思い込み、他人がバカに見えてきて人のことばを軽視するということにもなってくる。そこには、みずからの成長もないし、またいらざる争いが起こるということも考えられるであろう。

『思うまま』

◉　◉　◉

青い空に、ゆったりと白い雲が流れていく。常日ごろ、あわただしさのままに、意識もしなかった雲の流れである。珍らしくもあり、何となくなつかしくもある。仕事一すじとよく言われる私だが、それでも雲の流れにフトした感懐はおぼえる。あるいは人一倍この感情は強いかも知れない。ただ雲を見るまがない、意識するまがない。そんなあわただしい日々をすごしているだけである。これは私だけではないであろう。みんなそれぞれにあわただしく、みんなそれぞれに忙しい。だから雲の流れなど見るヒマもなかろうし、雲に感懐を寄せるいとまもなかろうと思うのである。しかし、時には静かに流れゆく雲の姿を仰ぎ見給え。早くおそく、大きく小さく、白く淡く、高く低く、ひとときも同じ姿を保ってはいない。崩れるが如く崩れざるが如く、一瞬一瞬その形を変えて、青い空の中ほどを、さまざまに流れゆく。これはまさに、人の心、人のさだめに似ている。人の心は日に日に変っていく。そして、人の境遇もまた、昨日ときょうは同じではないのである。きょう、安泰であったとしても、それがそのまま明日の安泰にはつながらない。明日は思わぬ災難に、思わぬ悲運を嘆かなければならぬかも知れない。朝悲運の心で家を出た人が、夜に思わぬ喜びを抱いて帰らぬとは誰が断言できるであろう。刻々に移りゆく人の世のさだめに、人は喜びもし、嘆きもするのである。喜びもよし、悲しみもまたよし、人の世は雲の流れの如し。そう思い定めれば、あるいは人の心の乱れも幾分かはおさまるかも知れない。そして、喜べども有頂天にならず、悲しめども徒らに絶望せず、こんな心境のもとに、人それぞれにそれぞれのつとめを、謙虚に真剣に果すならば、そこにまた、人生の妙味も味わえるのではなかろうか。

『光雲荘雑記』

この心をどうしたら涵養できるのか——。晩年においても、自分は素直な心の〝初段〟だと公言したのも、その心がひらく境地は、どんなに努力を重ねても到達することがかなわない永遠の目標であることを意味していたからではないだろうか。幸之助は、出会った一流の人々に共通するのは、この素直な心を持していることだと述べたこともある。そして「素直な心とは、いいかえれば、とらわれない心である。自分の利害とか感情、知識や先入観などにとらわれずに、物事をありのままに見ようとする心である」と説いたのは、みずからの経営思想の要諦をまとめた『実践経営哲学』においてであった。

素直な心

経営というのは、天地自然の理に従い、世間、大衆の声を聞き、社内の衆知を集めて、なすべきことを行なっていけば、必ず成功するものである。その意味では必ずしもむずかしいことではない。しかし、そういうことができるためには、経営者に素直な心がなくてはならない。

『実践経営哲学』

素直な心になれば、物事の実相が見える。それにもとづいて、何をなすべきか、何をなさざるべきかということも分かってくる。なすべきを行い、なすべからざるを行わない真の勇気もそこから湧いてくる。さらには、寛容の心、慈悲の心というものも生まれて、だから人も物もいっさいを生かすような経営ができてくる。また、どんな情勢の変化に対しても、柔軟に、融通無碍に順応同化し、日に新たな経営も生み出しやすい。ひと言でいえば、素直な心はその人を、強く、正しく、聡明にするのである。強さ、正しさ、聡明さの極致はいわば神であるともいえよう。だから、人間は神ではないけれども、素直な心が高まってくれば、それだけ神に近づくことができるとも考えられる。したがって、何をやっても成功するということになる。経営においても然りである。

『実践経営哲学』

◉　◉　◉

自己の運命を判定し、自己の価値を判定する、その正確な判定法はないものであろうか。判定する機械があれば便利だけれども、そんな機械はもちろんない。しからばどうするか。結局、素直な心をもって、自己を観察する以外に方法はないであろう。素直な心をもって自己を観察すれば、自己の価値というもの、自己の力というものがはっきりと分ってくる。そうすれば、力以上のことに野望をもたず、だから過ちがないということになる。これは何も人に教えてもらわなくても分ることである。それには常に素直な心をもって自己を正当に観察できねばならない。自分はどういう運命をもっているか、また、どういう価値をもっているか、常に考えなければならない。その上で、それにふさわしい活動をしていけば、別段、大きな過ちもなく、それ相当に世の人に受け入れられて、花も咲き実もなっていくに違いないと思う。

『新政経』(一九六一年六月)

◉　◉　◉

結局、人間は素直な心になりさえすれば、よろこびはよろこびとして分り、悲しみは悲しみとして分る。その他あらゆる物事の実相というものが分ってくる。そして、素直な心が次第に高まってくるに従って、さらに世の実相が明らかとなるのである。

『新政経』(一九六一年六月)

◉　◉　◉

たとえば、戦国時代の武将には禅にいそしむ人が多かったと聞く。禅の修行というのは、自分の心のとらわれをなくそうとするものでもあり、それは素直な心に通ずるものがある。戦という一つの経営、それも文字どおり命をかけた最も真剣な経営にあたって、古の武将たちはできるかぎりとらわれのない心で臨もうとし、そのために禅を通じてそういう心を養ったとも考えられる。私自身はこういうことを考えている。聞くところによると、碁というものは特別に先生について指導を受けたりしなくとも、およそ一万回打てば初段ぐらいの強さになれるのだという。だから素直な心になりたいということを強く心に願って、毎日をそういう気持ちで過ごせば、一万日すなわち約三十年で素直な心の初段にはなれるのではないかと考えるのである。

『実践経営哲学』

Ⅱ　家族が語る幸之助の素顔

松下幸之助は少年期に家族と離れて、働き、生活をした。一一歳のときに父を、一八歳のときに母を亡くしている。二〇歳でむめのを妻とし、井植家と縁戚関係になり、独立し、開業した。経営が伸展する中、幸子氏を授かり、やがて平田正治を女婿として松下家に迎え入れた。正治は伯爵家の次男であり、加賀百万石といわれた前田家の血も流れる名門の出だった。

本章ではこの幸之助の家族三人、妻と娘夫婦の言葉を拾い上げる。松下正治は、第一部でも触れたように、松下電器の二代目社長として事業継承をした。二〇一二（平成二四）年に没したが、残された言葉を見る限り、「創業者」「幸之助」「父」「親父（オヤジ）さん」という具合に、時と場合に応じて幸之助の呼び方を使い分けていたようである。

妻・むめのは、幸之助を「主人」と呼んでいる。難儀をしても苦労などと思ったことはなかったという淡路島育ちの気丈な女性は、初期の松下において、公私ともに女房役であり、「もう一人の経営者」であった。一九九三年に没している。そして娘の幸子氏も、数少ないが娘でなければ知りえない父の素顔について語っている。「命知」と「ＰＨＰ」という幸之助の思想・哲学を知る上で欠かせない二つのトピックについても、その記憶を披露している。そうした記述・発言の中から、幸之助の性格や人柄をうかがい知ることができるものを選んだ。

なお正治の言葉の出典のみ、書名・雑誌名（年月号）をそれぞれの末尾に付した。書籍は、一九九五年刊行の『経営の心』（ＰＨＰ研究所）、二〇〇三年発行の私家版『松下幸之助から松下正治へ』（大阪企業家ミュージアムでのインタビューをもとに制作）、一九九三年刊行の日本放送出版協会編『日本の「創造力」』13（同協会）。雑誌は『松風』（松下電器産業株式会社）、『ベンチャークラブ』（東洋経済新報社）、『月刊Asahi』（朝日新聞社）からのものである。また、むめのの言葉はすべて一九九四年にＰＨＰ研究所より刊行された唯一の自著『難儀もまた楽し』から、幸子氏の言葉はすべて『ほんとうの時代』一九九七年八月特別増刊号の『松下幸之助の生き方・考え方』（ＰＨＰ研究所）からのものである。

松下正治の〝証言〟

創業者（松下幸之助）は常に強烈な問題意識を持っていました。そして、四六時中、仕事のことを考えていました。そのため、枕もとにはいつもメモ帖を置いて、夜中でも何かアイデアがひらめくと、すぐにそれを書き止めていました。誰かと世間話をする時も、どこかに出かけた時も、常にそこからなにかを学び取ろうと努めていました。

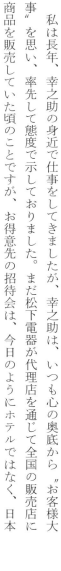

『松風』二〇〇〇年新年号

◉　◉　◉

私は長年、幸之助の身近で仕事をしてきましたが、幸之助は、いつも心の奥底から〝お客様大事〟を思い、率先して態度で示しておりました。まだ松下電器が代理店を通じて全国の販売店に商品を販売していた頃のことですが、お得意先の招待会は、今日のようにホテルではなく、日本旅館や料亭で開催していました。宴席の準備は、係の人や担当の社員が用意万端整えますが、幸之助は、開宴前には必ず、私をはじめ会社幹部を連れて、会場となる大広間の下見をします。そして、広い座敷の隅々まで自ら足を運んで、座敷に並ぶお膳や座布団の配列は乱れなく一直線に揃っているかどうか、席順や間隔は適切かどうか、丁寧に点検し、少しでも不十分なところがあれば、自分で直していきます。幸之助にとっては、整然と形を整えるだけで終わらずに、どうしたらすべてのお客様に、気持ちよく、愉快に、ひとときを過ごしていただけるかという、まさにお客様へ尽くす心、感謝の心の表し方が問題であったのです。

『経営の心』

◉　◉　◉

私が松下電器へ入社する直前、昭和十五年（一九四〇年）頃の話です。幸之助から人生観やものの見方、考え方について、しばしば話を聞く機会がありました。ある時、いつものように向かい合って話を聞いていますと、そのうちに幸之助は、目の前のたばこ盆から何気なく一本抜いて火をつけました。「ほとんどたばこを吸われないのに、珍しいことだな……」と思いました。しかし幸之助は、たばこを持ったことさえ無意識のようで、一言一言、身を乗り出し、熱心に話します。私も熱心に聞いていましたが、ふと気がつくと、指に挟んだたばこから灰が長く垂れ下がり、火がすでに指もとまで来ています。注意してあげないと火傷をしないか、灰が落ちて高価な絨毯を焦がしはしないか、と私は気が気ではありません。そうかといって、あまりにも熱心に話してくれているので、話の腰を折るのもどうかと躊躇しているうちに、やっと気がついて、たばこの吸い殻を灰皿に捨てました。その時、私は二十七歳。まだ青二才の私にさえ、幸之助は身を打ち込んで話をするのです。この人は何か違うな、と思いましたし、さらに異常な迫力と身の引き締まる感動を覚えたことを、今でも鮮明に記憶しています。

『経営の心』

◉　◉　◉

松下電器における社員教育制度は、創業後五年目の大正十一年（一九二二年）七月に始められた〝住み込み店員制度〟にさかのぼります。第一次本店・工場の竣工に伴って広くなった本店内の社屋を利用して、松下幸之助夫妻は店員と起居を共にし、幸之助が直接店員の指導育成にあたるとともに、母・むめの（幸之助夫人）が三度の食事はもちろん、寝具に至るまで、身の回り一切の世話をしました。十代後半の若い店員たちは、毎朝五時に起床、自分たちで朝会をすませると、建物の内外を清掃することから一日が始まります。当時を経験した社員の記録には、「所主（幸之助）から、何ごとも誠心誠意ぶつかっていく精神を日々繰り返して指導され、夫人からは、規則正しく過ちのない生活を送れるよう、特に礼儀作法を厳しく躾けられた」とあります。店員にとっては、一日の仕事が終わってから夜の銭湯への往復が、日常自由に外出できる唯一の時間、寝る前には、幸之助夫妻のいる居間の前の廊下に正座して、「お先に休ませていただきます。お休みなさい」と挨拶していました。さらに、無断外出厳禁、帰宅時間の厳守なども決められていましたが、こうした厳しい指導、躾の反面、月二回の休日には、牛肉のすき焼きが腹いっぱい食べられるなど、家族としての慈愛をもって育てられました。生来、体の弱かった幸之助だけに、常時身近で多くの若い店員を指導していくのは大変だったと思いますが、それ以上に、母の苦労も並大抵なものではなかったと思います。母は、ちょうど相撲部屋の親方のおかみさん同様に、自分の子供を育て、家事を切り盛りし、さらには多くの店員たちの母親代わりの世話までして、一切を取り仕切る多忙で寸暇もない毎日だったと聞いています。その上、会社の経理事務まで担当していましたから、本当に大変なことだっただろうと思います。住み込み店員制度は、松下電器が大阪市・大開町から大阪府・門真村（現門真市）へ移転する昭和八年（一九三三年）まで続けられました。

『経営の心』

◉

◉

◉

当時（戦後）、父が悔しかったことは、財閥だと言われたことです。戦時中、木造船とか木造飛行機とかまで手を拡げたのは、お国に尽くす当然のことであったのに、形だけ見て、財閥だと認定されるのは、どう考えても納得が出来なかったわけです。何度も陳情し、数年後に、ようやく財閥指定解除の了解を得ましたが、それまでの間は、父にとって面白くない毎日でした。大分やけ酒を飲んでいたのを覚えています。父は以前から、話の中で、「自分は将来隠居の身になったらね、人間というものはどういうものであるかということを研究したいと思っているんだ」と度々話していました。しかし、そう言われても、私には何が何だか分かりませんでしたが、それが「ＰＨＰ」になったと思います。戦後、数年間、個人保証の大借金を抱え、仕事をしたくても金は無いし、材料もくれない。いわば、仕事をしてはいけないと言われているに等しい失意の時、「ＰＨＰ」をやろうと考えたのだと思います。ですから、「ＰＨＰ」は頭の片隅にあったものが、数十年早く実現した事になります。

『松下幸之助から松下正治へ』

◉　◉　◉

いつ頃のことかはっきりしないのですが、松下幸之助創業者が大分の代理店を訪問することになり、夫婦で出かけられた時の話です。結婚以来、夫婦で旅行をする機会などろくになかったため、創業者から、良い機会だから一緒に行こうと誘われたのだそうです。代理店の訪問を終えた後、別府温泉で休養し、門司行きの汽車に乗ったのですが、その時、幸之助創業者が突然、「窓から見えるナショナルの看板の数を数えてくれ。私はこちら側を見るから、おまえはそちら側だ」と言われたのです。母は、次々と目の前を通り過ぎていくほうろう看板を、必死になって数えたのだそうです。「ゆっくりと旅行ができると楽しみにしていたのに、眼も腫れ上がり、とんだ目にあった」と母は、愚痴っぽく、しかし、夫の仕事にかける情熱の凄さに、半ばあきれながらも感心したように話していたのを憶えています。

『松風』二〇〇〇年新年号

幸之助の場合、欠点の多い人、あるいはみんなからあまり好かれていない人をきちんと〝適所〟に当てはめた結果、その人がそのポジションにおいては非常に力を発揮したという例がたくさんありました。私は、そのつど、幸之助が人の持ち味をうまく引き出す点に感銘するとともに、〝適材適所〟がいかに大事であるかということを無言のうちに教えられました。つまり、人間というのは、とかく円満な性格の人が好まれますが、会社を発展させていくには、温厚篤実、円満な人たちだけでは無理だと思います。もちろん、円満で、協調性のある人が大勢いなければ組織がぎくしゃくしますが、中には強烈な個性の持ち主も絶対に必要です。そういう人は、確かに周囲から批判も多いのですが、こと、適性に合った仕事を任せたら、抜群の能力を発揮し、成果をあげる場合が多いのです。そういう強烈な個性の人を組織の中でどう使っていくか。この点でも、幸之助はあたかもオーケストラの名指揮者のように、それぞれの楽器の妙なる音色を引き出して、全体として最高のシンフォニーを指揮していました。

『経営の心』

◉　◉　◉

私が社長になってからも、二人で仕事の打ち合わせをする。私が自分の考えを述べ、おやじさんが「それならこうしよう、分かったな」となって別れるわけです。翌朝、担当の人間に「こう決まったから、君、ひとつ準備してくれ」と言うと、ちょっと来てほしいと言われる。そうすると「君、ああいうふうに決めたが、やめとこ」という朝令暮改が何度もありました。こうしたことがあまりに繰り返され、ある日、かなわんと思って話をしましたが「君、君子は豹変するという言葉を知っているか」と言われてしまいました。一晩寝て考える。一度決めても「大丈夫かな、落ちている手はないかな」と深く考えていくうちに「やめとこ」という結論に達することもあったわけです。とことん考えることで、その分、信念も生まれてきたのです。

『ベンチャークラブ』一九九九年二月号

◉　◉　◉

昭和五十六年に松下電器の本社の敷地内に「創業の森」をつくることになって、そこに親父さんの銅像を建てようということになりました。しかし、親父さんは照れ屋であまり乗り気ではありませんでした。私は、せっかくの機会ではあるし、なんとか親父さんを説得したいと思いました。その時、頭に浮かんだのは母むめののことです。創業以来、株式会社になるまでの相当長い期間、親父さんが体をこわしたり、気がくじけそうになった時に常にそばにいて支えてくれたのは母でした。まさに親父さんと一心同体で松下電器を築き上げたもうひとりの創業者だといえると思います。母は晴れがましいことを避ける性格で、これまで表面にはほとんど出ていません。そこで私は、「この際、ご一緒の銅像をお建てになってはいかがですか、社員の皆さんも喜んでくれると思います」と提案しました。それでも親父さんは、すぐには賛成してくれませんでしたが、結論は「それじゃあ、そうしておこう」ということになりました。親父さんが亡くなった今、二人の銅像を建ててよかったと、しみじみ喜んでおります。

『日本の「創造力」』13

◉　◉　◉

亡くなった井植歳男さん（三洋電機創業者）がまだ松下電器の専務でおられた当時、ふっとこういうことを言われたことあるんです。「オヤジさんは一つの真理とか、信条とか、そういうものを持ち出すんだと。自分はそれを実践するために製造現場へ入って、実際にいいものをつくるんやと。そういう役割を私は果たしてきた」ということをおっしゃった。これは私、事実だと思いますね。井植さん自身も、こういう得意な道に自分の能力を発揮したいということで、非常に満ち足りた気持ちでやっておられたんじゃないですか。それじゃ、オヤジは思想的なものだけしか言わなかったというふうに間違って受けとられると困るけども、どっちかというと、そのときはいいコンビで、役割を果たしておったんじゃないですか。オヤジのいう天地自然の理だとか、あるいは素直な心とかは、決して党利党略じゃなくてね。やっぱりオヤジは理想というものを持ち、燃えていた。そこにオヤジの真骨頂があったと言っていいんじゃないですか。

『月刊Asahi』一九八九年八月号

中内さん（ダイエー創業者）の「薄利多売」と松下幸之助の「厚利多売」とでは、大きな差があるわけです。もちろん、メーカーが出来るだけ安くする努力は必要ですが、「厚利」と「高利」は全く違います。「高い利益」ではなく、「厚い利益」を意味しているのです。基本観念が違うので、長い間、取引をしていなかったのです。ところが十年程前から、取引をしたいというご希望を承るようになり、松下電器としても取引再開すべきと考えまして、両者歩み寄りの形で、道が開けました。当時、中内社長さんを当社営業本部の事務所に迎え、食事を共にしながら、打ち解けた雰囲気のもとで懇談しました。大変喜んでいただきました。

『松下幸之助から松下正治へ』

◉　◉　◉

私がオヤジの分身だったかどうかは、自分じゃ答えにくいな。オヤジさんから見たら、そうだと思ったことあるかもしれないし、そうでないなと思った点もあるかもしれまへんな、これは。もう死んでしまってわからんけど。聞いてみたこともないけどね。

『月刊Asahi』一九八九年八月号

妻・むめのの「幸之助」観

縁談は方々から言ってくださったのですが、その中で主人（幸之助、以下同）がいちばん条件が悪かったと思います。父が心配して、いろんなところで八卦を見てもらっていました。というのは金銭的に食べていかれないのが分かっていましたから。そのことを主人はあとから私の母に聞いて、「あんた、八卦見てうちに来たんやね」と言うのです。私はやはり気ままな性格なもので、お姑さんがいないところ、気楽にいけるところを選んだのだと思います。金銭的なことは二の次だったのです。

◉　◉　◉

世間からは、主人は商売がうまいとか、経営の名人とか言われているようですが、そんな面も確かにありますが、それよりも私が感心するのは、商売の計画が上手だということです。それは見事というほかありません。ただ、立てた計画を遂行し、成功させるためには人が必要なのですが、運がいいことに、いつでも、それをキチンと遂行してくれる人が次々に出てくるのです。ほんとうに人に恵まれていたと思います。人生を〝運〟〝不運〟で決めるのは私は嫌いなのですけれども、主人はやはり、〝運〟があったように思います。運やツキがなかったら、物事もうまくいきませんし、また成功もできないでしょう。〝運〟がなかったら、いくら上手に計画を立て、実行していっても、一寸先から崩れていってしまうだろうと思うのです。主人は自分でも、「運がよかった」というようなことをいろいろなところで話していますが、私もそのとおりだと思います。

◉　◉　◉

主人は体が弱かったものですから、「電燈会社でずっと働くのは無理だと思う。商売をしたい」とよく申しておりました。何の商売かと言いますと、自分がおしるこが好きなものですから、「おしるこ屋をしよう」と言うのです。私は口に入れるものは水商売だと思っていましたから、「水商売は私には向きませんよ」と言ったことを覚えています。

◉　◉　◉

主人は年は若かったけれども、女を働かすことはいけないと思っていましたから、帰ってきたときに私がお針をしていたことはありません。ですから、分からなかったのでしょう。先だって、当時（お針の）仕事をしていた家のことを思い出し、「あの家その後どないなったかしら」と言いますと、主人は「おまえ、なんであの家知ってるねん」と聞くのです。「私、あの家のお針をやっていましてん」と答えますと、アッケにとられていました。それまで、このことを言ったことがありませんでした。

◉　◉　◉

当時、日曜日がお休みというのは非常に新しいやり方だったのですが、私たちは第一日曜と第三日曜をお休みにしていました。ところがそのころは遊ぶということは罪悪だと思われていたころですから、主人と日曜日に二人で遊びにいくにしても、お手伝いの人に聞こえては悪いし、家の中のことは小さいメモにお互いに書いて渡しあっていました。その日も珍しく一緒に映画へ行く約束をしたのです。しかし一緒に家を出るのは遊びにいくからだと思われてはいけないと思って、私は集金にいくか、お得意先回りをするようなふりをして、一足先に出ました。そして、約束のえびす橋の上で主人を待ったのです。ところが待っても待っても主人は来ません。「遅い、遅い」と思いながら二時間ほど待ちました。だんだん日は暮れてくるし、夕飯の支度も気になるし、入れ違いになるかもしれないがしかたがないと思って家に帰りました。するとどうでしょう。主人は職工さんが金属を抜く型をつぶしたため、それを一所懸命直しているではありませんか。私は文句を言おうと思っていたのに、拍子抜けして小さな声で「長いこと待って……」と言いましたら、「ああ、そやった、忘れとった」と言うのです。これが、他人と遊んでいたのなら怒ったでしょうけれど、大切な器具を直しているのですから怒ることもできません。

◉　◉　◉

主人は、といいますと、意志は強いのですが、どちらかというと、おとなしい性質の人です。早くいえば気が弱いともいえます。娘は、「お父さんはそんな気が弱いことはないわ、ただ性質がおとなしいだけですよ」と言うのですが、どうでしょうか。確かに言われてみればほんとうに気が弱かったら、事業はできないかもしれません。しかし、度胸はあります。それに強い意志をもっています。そう思いますね。そして主人は、いつも自分の心の中でいろいろと葛藤していると思うのです。私が、「私なんか、あなたのように心の中で葛藤なんかしませんよ」と言いますと、ただ、笑っているだけですけれど、ずいぶん胸の中では、いろいろと争っていると思うのです。主人も自分の思っていることと、違ったことをしなければならない場合もあるのでしょうね。だから、そこに葛藤があるのだと思います。

◉　◉　◉

主人のまわりには数多くの人がおりましたから、ときには人の見方がはずれるときもありました。まあ、今は大勢の方々で協議して、仕事を進めていますから、別にそう心配はないですし、またこのごろは主人も年をとってまいりましたから、少しは融通がきくようになりましたけれど、若い時分はそうはいきませんでした。自分の思ったとおりに人がやらなかったら、ぼろくそに言って怒ったものです。おとなしいと思っていた人が、その場合にはそうではないのですね。怒り方にもいろいろあって、たとえば弟の歳男は、「こら、何してるねん！」という、いわば単刀直入といいますか、そういう怒り方なのですが、主人のはそうではなく、「あなた何するんですか！」という怒り方、切り口上の怒り方になります。

◉　◉　◉

私は何ごとでもとことんまでやるのが好きなほうですから、じきに決着をつけるのですが、それも事によりけりです。夫婦での喧嘩の場合は絶対にいけないと思います。どちらが勝ってもしかたがありません。賞金をもらえるわけでもなし、ただ気まずい思いをするだけです。夫婦喧嘩もそのうち時間がたてば、だんだん気が静まり、そんなことは忘れることになるものです。ところが、うちの主人は喧嘩をしたら、いつも二日ぐらい口をきかなくなります。私はものを言わないでいることができないので、主人が返事をしなくても、こっちで自分だけ勝手に、「キャッキャッキャッ」と言っています。

主人なんかも、若いときにはお膳をひっくり返したり、お箸でお膳をパンと叩くこともありました。あるとき、熱いお茶がほしいと言うので、熱いお茶を入れたのです。それをガブッと主人は飲んだのです。すると主人は、目を白黒させている主人を見て、熱かったでしょうと言わずに、ハハッと笑ったのです。すると主人は、「お茶が熱いと言わなかった」と怒って、お箸でお膳をバンとやったのです。そうしたら、象牙のお箸の先が折れてしまいました。私は削ったら少し短くなると思って、そのままにしておきましたら、主人が自分で工場へ入り、削って揃えてきたことがありました。それで「せっかく折りなさったのだから、そのまま記念においておこうと思っておりましたのに」と言いますと、黙して語らずです。今でもこの話をしてよく笑い合うことがあります。

◉　◉　◉

主人は大切なこと、大事なことでもあまり私に相談しない人でした。たとえば、昭和三十六年(一九六一)の社長から会長になるときでも、また四十八年(一九七三)の会長を辞めるときでも、いっぺんもそのときに私に相談をしたことがありません。主人はその少し前にこういうふうに言うのです。「もう、わし、会長辞めんねん」と。ですから私はこう言うのです。「辞めんねんて、辞めたら老いぼれますよ」と。で、そうこうしているうちにすっかりそれを忘れてしまっていたら、もう辞めてしまっていたのです。ですから、「もう辞めはったん」と聞きますと、「うん、もう辞めてん」と、そんな感じです。相談とか、話しあうとか、そういうことはなかったのです。しかし、だからといって、私はそれが別に不足だとも、不満だとも思っていません。「あぁ、そらよかったですね」と言う程度です。そこが他人と私のちょっと変わっているところだと思います。これは、結婚当初からそうでした。主人が大阪電燈を辞めたときもそうだったのです。その日、帰ってきて、「今日、会社辞めてきてん」と言いますから、私は「あぁ、そうですか」、こんな調子なのです。私もだいぶ変わっていましょうが、私から見ると主人もだいぶ変わっていると思います。こういう夫婦ですから、ずっと過去のことを考えてみましても、主人と私とのあいだで意見が対立したということはなかったように思います。

娘が語る父親の記憶

若いころの父（幸之助、以下同）は体の調子があまりよくない人でした。一年の三分の一ぐらいは会社を休んで自宅で床についていたような気がします。大開町二丁目（現在の大阪市福島区）時代は自宅が会社の隣にありましたから、会社の人はみなさん家のほうへいらして、父の枕許で相談をしていました。大開町二丁目には、私が小学校一年生のときですから、昭和三年に移りました。ちょうどナショナルランプが全国的にヒットしたころで、会社が急激に発展しだしたため、とにかく父は忙しくしていました。その頃の父の枕許には、いつもナショナルランプが並んでいて、電池の持ち時間のテストをしていたような記憶が残っています。

父は引っ越しの大好きな人で、生涯で三十何回引っ越ししているんじゃないでしょうか、勘定しきれなくて途中でやめたんですけれど。まず一年に一回ぐらいは「どっかへいこう」といいだしました（笑）。昔は借家がいっぱいあったんです。だから「明日いく」と決めたら、もう次の瞬間には母が家探しに出かけていく。母も慣れていまして、石炭箱二つぐらいに手回りの道具、食器などを入れて、ポンと引っ越すんです。それが半年ぐらい経つと、またどこかへ引っ越すという具合で、放浪性があるって、母がよく笑っていました。京都の真々庵も母の知らないあいだに買ってしまって、母に「見にきたらあかん。こんな荒れた屋敷をなぜ買うたって、きっというに決まっとるから、ちゃんと整備するまでは見せん」といっていました。

◉　◉　◉

父は、どんな相手でも態度が変わらなかったのは偉かったと思います。まだ大学を出たばかりの人にでも「このごろ、どうだね？」と真面目に質問していました。ほとんど口癖のようなものでしたが、ちゃんと一所懸命に聞いているんです。晩年になってからも、うちへよく孫たちが遊びにきて、「大きいおじいちゃまに『どうだね？』なんて聞かれたよ。こっちがドギマギしたけれど、一所懸命に聞いてくださっていた」と話していました。きっと次の瞬間に違うほうを向いたら忘れているんだと思いますが、面と向かっているときは一所懸命聞こうという態度が終始一貫していたなと思います。

本質的には、人を呼んで宴会をするのは好きじゃなかったと思います。ただ、決して手を抜かない人ですから、お客様を呼ぶとなると、事前に自分で点検をして、準備万端整えるのです。光雲荘の庭など、ホウキをもってきて自分で掃いていましたよ。座敷の座布団も全部自分でそろえていました。そういうことは実にまめまめしく体を動かした人です。あの人には手厚く、この人にはいい加減ということは嫌だったんだと思います。誰に対してもできるだけのおもてなしをする姿勢で、それはいまでも私の脳裏にこびりついています。

◉　◉　◉

若いころの父は、大変気性の激しい人でした。私など、お食事のときにリラックスして食べた覚えがないんです（笑）。父は食事時間中でもしょっちゅう会社のことや仕事のことを考えてピリピリしていましたから。だから、一緒に食事をするのは落ち着きませんでした。母がよくあれで泰然としていられるものだと、私は大きくなってからでも不思議でしようがありませんでした。母は、あまり動じない人だったから父とつきあえたんだと思います。鈍感ではないけれども、肝っ玉が太かったんですね。母に比べると父のほうが繊細でした（笑）。父は食べるスピードも早かったですね。

父は、一般にいうところの家庭的な人ではなかったと思います。夏休みなどに家族そろって旅行にいっても、三日ももちません。二日目になるとイライラしだすんです。家におったらもっと仕事が片づいていたというわけです。

◉　◉　◉

父は早くに両親を亡くしていますので、他人様のなかで育ってきた人です。そのためか、いわゆる家庭的な温かさというものを知らないんですね。子どもや家族に対して愛情がなかったとは思わないのですが、愛情を表現する技術は不得手でした。たとえば、父が病気になって、私たちが病院に見舞いにいったようなときでも、必ず「何か用事か」って聞くんです。子どもがきても、リラックスして喋ることができない（笑）。そういうところが不器用でした。自分が親の愛情を受けて育っていないから、子どもとどう接すればいいのかわからなかったんじゃないかと思います。

◉　◉　◉

よく「俺はな、みなさんから税金を集めて国に納め、その手数料をもらってるんだ」っていっていました。相続のときは、税務署が「こんなにきれいにしている家はどこにもない」とおっしゃったくらいでした。

父は男女平等論者で、女だからこうしちゃいけないとかいったことは、ほとんどなく、女性でも力がある人はちゃんと認めていました。ですから、父は歯ごたえのある女性でないときらいみたいで、見た目にきれいな人は「きれいやな」といいましたが、「あの人はいい、しっかりした女性や」といった場合はみんな母のタイプなんです。

◉　◉　◉

躾については、私が小学校のとき、すでに界隈でいちばん大きい家でしたので、ほかの子より贅沢することを厳しく律されていました。新しい物を買うにしても、五十人のクラスのなかで半分の子どもが買ったら、うちも買ってやろうといった〝ルール〟を決めていたようです。「あの人も買ってる、この人も買ってる、自分もほしい」といっても駄目でした。小学校一年生ぐらいのとき、母と一緒に洋服を買いにいったことがあるんです。すごくすてきな洋服があったのですが、母は高いから別の洋服にしろというのを、どうしてもこれがいいと私がゴネて無理やり買ってもらったんです。家に帰ってから父に三時間ぐらい延々と叱られました。贅沢をしたら駄目だと。そういうことをしたら、こんなに叱られるんだとほんとうに身に沁みました。叱られたのはその記憶がいちばん強烈です。

◉　◉　◉

父でも母でも、私が返事をしなかったら、返事をするまで呼びましたね。だからいまだに反射的に「はい」って返事が出るんです。学校でも、「松下さん、返事だけはすごいね」ってよくいわれました（笑）。それから、食べ物の文句をいわないこと、他人への思いやりをもてということもきつく注意された記憶があります。

◉　◉　◉

天理教へ行ったのが昭和七年ですから、私が十歳ごろですね。ずいぶん刺激を受けて帰ってきました。そのときの様子を熱っぽく話しているのを覚えていますから。そんなふうに、感激したことや感動したことは、家族にもよく話していましたね。

◉　◉　◉

父は、いろいろな夢を追っていました。なかでもＰＨＰの夢はいっぱいもっていました。たまたま終戦がＰＨＰ活動を始めるきっかけになったのですが、もっと早い時分からＰＨＰ的なことは考えていたと思いますね。私自身、ＰＨＰの根本になっている話はしょっちゅう聞いていましたから。もっとも、これがＰＨＰ思想の何だというように体系立てて話すようなことはしませんでしたが、かなり以前から考えていたことはたしかです。人間の心の法則とか、人間の信仰、宗教との関係とか、それから人生の意義をどこに求めるかとか、あるいはこの宇宙のなかでの人間の位置づけとか、そういうことを考えるのは好きでした。松下電器の事業をやりながらも、真理とはこういうものではないかと、始終、追究し続けていたように思います。

「企業家・松下幸之助」略年譜

西暦	和暦	齢	関係事項	社会状況
一八九四	明治二七		11月27日、和歌山県海草郡和佐村にて出生	8・1日清戦争始まる
一八九九	三二	4	この年、父が米相場で散財し、和歌山市内に移住	2・1東京・大阪間に電話開通
一九〇四	三七	9	11月、小学校を四年で中途退学、単身大阪に出、大阪市南区（現中央区）の火鉢店に奉公	2・10日露戦争始まる
一九〇五	三八	10	2月、大阪市東区（現中央区）の自転車店に奉公	9・5ポーツマス条約調印
一九一〇	四三	15	10月、大阪電灯㈱に内線係見習工として入社	8・22韓国併合条約調印
一九一三	大正二	18	4月、大阪市関西商工学校夜間部予科に入学（翌年、夜間部本科中退）	10・6日本政府が中華民国承認
一九一五	四	20	9月4日、井植むめの（一九歳）と結婚	1・18中国政府に二一ヵ条要求
一九一六	五	21	10月、改良ソケットの実用新案を出願	9・1工場法施行
一九一七	六	22	6月、大阪電灯㈱退社、大阪市猪飼野で独立 8月、ソケットの製造販売を開始 12月、扇風機の碍盤一〇〇〇枚の注文が入る	この年、ロシア二月革命、十月革命が発生
一九一八	七	23	3月7日、大阪市北区（現福島区）西野田大開町で松下電気器具製作所を開設 この年、改良アタッチメントプラグ、二灯用差込みプラグの製造販売を開始	11・11（一九一四年からの）第一次世界大戦終結

一九二〇	九	25	2月、M矢の社章・商標を制定 3月、歩一会結成(戦後、労働組合結成を機に解散) 東京駐在所を設置、義弟・井植歳男が単身東京へ	3・15戦後恐慌起こる
一九二一	一〇	26	4月、長女・幸子出生(のちに平田正治と結婚)	11・4原敬暗殺される
一九二三	一二	28	3月、砲弾型電池式自転車ランプを考案発売 12月、中尾哲二郎が松下に入所	9・1関東大震災
一九二六	一五	31	6月、長男・幸一出生(翌年に死去)	12・25大正天皇崩御、昭和と改元
一九二七	昭和二	32	1月、電熱部創設 4月、電気アイロンの生産販売を開始 角型ランプに「ナショナル」の商標をつけて発売	3・15金融恐慌発生
一九二九	四	34	3月、松下電器製作所と改称、綱領・信条を制定 5月、橋本電器を買収して日本電器製造㈱を設立	10・24ニューヨーク株式市場大暴落
一九三〇	五	35	8月、国道電機㈱設立(翌年に解消) 11月、スーパーアイロンが商工省から国産優良品に指定される	この年、世界恐慌が日本に波及(昭和恐慌)
一九三一	六	36	3月、札幌、台湾に配給所を設置、販売強化 8月、ラジオ受信機が東京中央放送局のラジオセット・コンクールで一等に	9・18満洲事変
一九三二	七	37	9月、小森乾電池を吸収、乾電池の自社生産開始 4月、貿易部設置、輸出事業開始(一九三五年設立の松下電器貿易㈱の前身) 5月5日を創業記念日に制定、第一回創業記念式挙	5・15五・一五事件

一九三三	八	38	行、この年を命知元年とする 5月、事業部制を敷く、以降、全事業場で朝会・夕会が実施される 7月、大阪府北河内郡門真村(現門真市)を事業の本拠とする	3・27国際連盟の脱退を通告
一九三四	九	39	松下電器の遵奉すべき五精神(のちに七精神)制定 4月、松下電器店員養成所開校、所長に就任	7・8岡田啓介内閣発足
一九三五	一〇	40	4月、満洲奉天に出張所設置 12月、松下電器製作所を株式会社組織とし、松下電器産業㈱設立、事業部制を分社制とし、九分社設立	2・18美濃部達吉の天皇機関説問題化
一九三六	一一	41	3月、髙橋荒太郎が松下に入社	2・26二・二六事件
一九三八	一三	43	5月、高野山に物故従業員慰霊塔を竣工 9月、満洲松下電器㈱設立(終戦により閉鎖)	4・1国家総動員法公布
一九三九	一四	44	8月、生産工場としては海外初の松下乾電池㈱上海工場を開設(終戦で閉鎖)	9・1第二次世界大戦勃発
一九四〇	一五	45	1月、第一回経営方針発表会開催(以後、毎年開催) 5月、松下正治が松下に入社	10・12大政翼賛会発足
一九四三	一八	48	4月、軍の要請で松下造船㈱設立 10月、軍の要請で松下飛行機㈱設立 12月、M矢の社章を三松葉の社章に改定	2・1日本軍ガダルカナル島から撤退
一九四五	二〇	50	8月、終戦の翌日、臨時経営方針を発表、祖国の再建を訴える	8・15昭和天皇の玉音放送

一九四六	二一	51	2月、綱領・信条を改訂 この年から、GHQより制限会社の指定、財閥家族の指定等、各種制限を受ける 11月、PHP研究所（当初は経営経済研究所）を設立、所長に就任	11・3日本国憲法公布
一九四九	二四	54	4月、経営再建のため、初めて希望退職者を募る この年、負債一〇億円を抱え、物品税の滞納王と報道される	4・23一ドル＝三六〇円、為替レート決まる
一九五〇	二五	55	3月、事業部制を復活させる 7月、PHP研究活動を中断（一九六一年に再開）	6・25朝鮮戦争勃発
一九五一	二六	56	1月、第一回アメリカ視察、10月には欧米視察へ	9・8サンフランシスコ条約
一九五二	二七	57	1月、中川機械㈱と提携（のちに松下冷機㈱に） 10月、フィリップス社との技術提携成立 12月、松下電子工業㈱を設立	8・13日本が国際通貨基金（IMF）に加盟
一九五四	二九	59	1月、日本ビクター㈱と提携	7・1陸海空の自衛隊発足
一九五五	三〇	60	12月、九州松下電器㈱を設立	11・15自由民主党結党
一九五六	三一	61	1月、経営方針発表会で五カ年計画を発表 5月、大阪電気精器㈱を設立（のちに松下精工㈱に）	7・17「もはや戦後ではない」 経済白書発表
一九五七	三二	62	2月、ナショナル店会の結成を開始（のちに改組してMASTに） 11月、ナショナルショップ制度発足 この年から全国に販売会社の設立開始	この年、なべ底不況始まる

一九五八	三三	63	1月、松下通信工業㈱設立	4・5長嶋茂雄4三振デビュー
一九五九	三四	64	9月、アメリカ松下電器㈱（MECA）設立	この年、岩戸景気始まる
一九六一	三六	66	1月、松下電器産業㈱社長を退き、会長に就任	1・20米大統領にケネディ就任
一九六二	三七	67	5月、ドイツに、ハンブルグ松下電器㈲を設立 6月、東方電機㈱と提携（のちに松下電送㈱に）	10・5ビートルズレコードデビュー
一九六四	三九	69	1月、国内経営局、海外経営局を設置 7月、全国販売会社代理店社長懇談会（通称「熱海会談」）を開催 8月、営業本部長代行として経営改革を断行	10・10東京オリンピック
一九六五	四〇	70	4月、完全週休二日制を実施	4・1初の国産旅客機が就航
一九六七	四二	72	1月、経営方針発表会で「五年後には欧州を抜く賃金に」と呼びかける	3・6日本航空、世界一周路線の運航開始
一九六八	四三	73	7月、霊山顕彰会初代会長に就任 12月、本社構内に「科学と工業の先覚者の像」が完成	12・10三億円事件
一九六九	四四	74	8月、第一回販売会社懐旧懇談会を開催 11月、松下寿電子工業㈱を設立	1・18～19東大安田講堂事件
一九七〇	四五	75	5月、松下グループの連結決算を初めて公表 10月、二重価格問題で消費者団体による松下の全製品ボイコット運動に発展 12月、「現金正価」の呼称をやめ、¥表示を実施	3・14大阪で万国博覧会開催
一九七三	四八	78	7月、松下電器産業㈱会長を退き、相談役に就任	10～第一次オイルショック
一九七六	五一	81	5月、ホームビデオVX－2000を発売	12・24福田赳夫内閣発足

一九七七	五二	82	1月、松下住設機器㈱を設立 VHS方式ビデオの採用を発表 2月、松下電器産業㈱会長に松下正治、社長に山下俊彦が就任	9・5王貞治が第一回目の国民栄誉賞受賞者に
一九七八	五三	83	2月、全松下経営諮問会議を設置	5・20成田空港が開港
一九七九	五四	84	1月、松下電池工業㈱を設立 和歌山県から名誉県民の称号を受ける	1〜第二次オイルショック
一九八〇	五五	85	6月、松下政経塾を設立、理事長兼塾長に就任 7月、熱海で販売会社社長懐旧懇談会を開催	この年、日本の車生産台数世界一
一九八一	五六	86	5月、「創業の森」が本社構内に完成	1・20米大統領にレーガン就任
一九八七	六二	92	5月、勲一等旭日桐花大綬章を受章	10・19ニューヨーク株価大暴落
一九八八	六三	93	1月、㈶松下国際財団（現公益財団法人松下幸之助記念財団）を設立、会長に就任	6〜リクルート事件
一九八九	平成元	94	4月27日午前10時6分、永眠	1・7昭和天皇崩御、平成と改元

※年齢については、その年の誕生日までの松下幸之助の満年齢を記した。

〈編著者略歴〉
加護野忠男（かごの・ただお）
1947年大阪府生まれ。神戸大学大学院経営学研究科修士課程を修了後、同研究科博士課程に学ぶ。その後、同大学経営学部助手、講師、助教授を経て、88年に神戸大学経営学部教授、99年より神戸大学大学院経営学部研究科教授、2011年に退官、同大学名誉教授となる。現在は甲南大学特別客員教授をつとめる。日本の経営学界を牽引してきた一人であり、専門は経営戦略論、組織論である。著書には『経営組織の環境適応』（白桃書房）、『新装版　組織認識論』（千倉書房）、『経営はだれのものか』『松下幸之助に学ぶ経営学』（日本経済新聞出版社）など多数がある。

〈第一部「詳伝」執筆担当・第三部「人間像に迫る」編集協力〉
ＰＨＰ研究所70周年記念出版プロジェクト推進室（藤木英雄）

PHP経営叢書
日本の企業家２
松下幸之助
理念を語り続けた戦略的経営者

2016年11月27日　第１版第１刷発行

編著者　加護野忠男
発行者　清水卓智
発行所　株式会社ＰＨＰ研究所
京都本部　〒601-8411　京都市南区西九条北ノ内町11
70周年記念出版プロジェクト推進室　☎075-681-4428（編集）
東京本部　〒135-8137　江東区豊洲5-6-52
普及一部　☎03-3520-9630（販売）
PHP INTERFACE　http://www.php.co.jp/
組版　朝日メディアインターナショナル株式会社
印刷所
製本所　図書印刷株式会社

ISBN978-4-569-83422-1

PHP経営叢書「日本の企業家」シリーズの刊行に際して

わが国では明治期に渋沢栄一のような優れた企業家が幾人も登場し、中世、近世に営々と築かれた日本の商売道は近代へと導かれることになりました。以後の道程において、昭和期に戦争という苦難に遭いますが、すぐさま復興に立ち上がる中で、多くの企業家が躍動し、人々を束ね、牽引し、豊かな生活の実現に大いに貢献しました。一九四六（昭和二一）年一一月に弊社を創設した松下幸之助もその一人でした。事業経営に精励する一方で、「人間は万物の王者である」という言の葉に象徴されるみずからの人間観を、弊社の様々な活動を通じて世に訴えかけ、繁栄・平和・幸福の実現を強く願いました。

こうした時代を創った多くの企業家たちの功績に、素直に尊敬の念を抱き、その歩みの中の真実と向き合うところから得られる叡智は、お互いの衆知を高め、個々の人生・経営により豊かな実りをもたらしてくれるにちがいない。そうした信念のもと、弊社では創設七〇周年記念事業としてPHP経営叢書を創刊し、まずは日本の近代、現代に活躍した理念重視型の日本人企業家を一人一巻でとり上げる図書シリーズを刊行することにいたしました。空翔ける天馬の姿に、松下幸之助はみずからの飛躍を重ね合わせましたが、その天馬二頭が相対立しつつも調和する姿をデザインしたロゴマークは、個を尊重しつつも真の調和が目指される姿をイメージしています。「歴史に学び　戦略を知り　人間を洞察する」――確かな史実と学術的研究の成果をもとに論述されたこのシリーズ各巻が、読者諸氏に末永く愛読されるようであればこれに勝る喜びはありません。

二〇一六年一一月

株式会社PHP研究所